末代達賴

——性交教主的悲歌

The Last Dalai Lama

——The Sad Tale of the Godfather of Sex

編著者 張善思、呂艾倫、辛燕

ISBN   978-986-6431-29-6

目　　錄

附　　錄

編 者 的 話

　　第十四世達賴喇嘛，這位西藏流亡政治領導人及精神領袖，於 2011 年 3 月 10 日宣布將退出政壇[1]，乃至到了 2011 年 9 月 24 日，達賴喇嘛又說：「檢討並決定是否延續達賴喇嘛的轉世」[2]。關於這類隨時改變各種說法的情形，在達賴喇嘛身上卻是常常發生[3]，讀者會想：到底達賴喇嘛這幾次說法是否真實？因為此類說法已經有很多種版本了。所

---

[1] 新聞報導：http://www.nownews.com/2011/03/10/11490-2695269.htm。

[2] 資料來源：達賴喇嘛西藏宗教基金會
網址：http://www.tibet.org.tw/import_tibet_in12.php。

[3] 【1993 年，德國《明鏡周刊》記者曾問及轉世問題，達賴不假思索地表示：「在迄今為止的政權下，肯定不會有了。」1996 年 9 月，達賴在澳大利亞又稱，「我很可能是西藏最後一位達賴喇嘛。」「根據我的夢境和一些預兆顯示，我將活到 100 歲到 120 歲……」2007 年 11 月，達賴在訪問日本期間則表示，除了傳統的選定轉世靈童方式之外，**他的繼承人十五世達賴喇嘛也可從高僧中選出，或者依據他的人選指定。**2008 年 11 月 23 日，在回答西方記者提問時，達賴表示，如果藏人需要，他就會轉世；而如果藏人認為不再需要達賴轉世，那麼「我可能是最後一個達賴喇嘛」。他竟然宣稱，他的轉世靈童「可能是小男孩，也可能是小女孩。女孩子更富有同情心，但也比較容易獨斷專行」。2010 年 2 月 22 日，達賴在接受美國國家廣播電台採訪時表示，**為不讓中國政府通過尋找轉世靈童來宣布新的達賴喇嘛出現，他願意結束轉世制度。**】引自網址：
http://www.chinareviewnews.com/doc/1017/7/2/0/101772018.html?coluid=123&kindid=0&docid=101772018。

以，達賴嘛嘛多層面具的底下，到底眞實面是什麼？達賴心中打什麼主意呢？

在 2011 年，有一本法文著作《達賴喇嘛 ── 其實沒那麼「禪」── 達賴喇嘛不爲人知的那一面》(*Dalaï Lama─Pas si ZEN. La face cachée du Dalaï-Lama*)[4] 問世，作者是法國資深記者馬克沁・維瓦斯 Maxime Vivas，他於書中提到：

> 達賴喇嘛有**兩種面貌**：第一種是帶著永恆的微笑，標誌著所謂的善良、智慧、寬容、和平主義和面對迫害的無限忍耐；這個面貌是在雜誌封面以及法國和很多其他的國家出版有關西藏書籍中所呈現的。另一種則是緊皺著眉頭、一副被趕下王位的君主面貌，一心想著他一生最終的目標：回到拉薩重建政教合一的政權。……[5]

達賴喇嘛這個古西藏的土皇帝，加上教主的身分，是身兼政治統治權及宗教指導師的角色，然而一輩子卻逃離不了流亡生活的宿命。在遠離西藏流亡海外多年期間，經過努力包裝及行銷，於西方世界中遊走各方，並被媒體刻意美化後成爲眾所周知的學者、和平使者、人類代言人；甚至在 1989 年獲得舉世矚目的諾貝爾和平獎，如今被世人誤認爲是佛教

---

[4] Maxime Vivas ── 法國作家、記者、廣播電台文化節目主持人，《達賴喇嘛 ── 其實沒那麼「禪」── 達賴喇嘛不爲人知的那一面》(*Dalaï Lama─Pas si ZEN. La face cachée du Dalaï-Lama*)，出版社 Max Milo（巴黎），2011/8/18。

[5] 《達賴喇嘛 ── 其實沒那麼「禪」》，第一章，頁 17。

界的代表人物，但是佛教界卻未必贊成，根據德國圖賓根大學學者馮・葛拉森那波 (Helmut von Glasenapp) 在《佛教的神秘》 (*Buddhistische Mysterien*)中說，「**大部分的佛教徒認為金剛乘佛教的性交修行是偽佛教，拒絕承認它是佛教。**[6]」

　　這次達賴喇嘛宣布即將讓出政治權力，並宣稱不再轉世，如果達賴喇嘛這件事所說不是政治謊言的話，那就意謂這位「第十四世達賴喇嘛」將成為統治西藏地區皇朝政治力量的結束，那十四世達賴喇嘛就成為名符其實的「**末代達賴**」了，因此本書以此為書名，來探討相關議題，讓讀者更能深入瞭解達賴喇嘛的真實面貌。

　　再者，「達賴喇嘛」這個稱號很有名，在舊西藏社會，他除了是政治統治者之外，也是藏傳佛教（喇嘛教）中的最高宗教指導師，他在古西藏的政教合一制度中擔任最高領導者。很多迷信的信徒認為他是觀世音菩薩化身的代表人物，但是也有很多人認為他只是一個假冒大菩薩名號的騙子。例如 Geoffrey D. Falk 於他的書中說：

　　達賴喇嘛是藏傳佛教格魯派的領導者。「達賴喇嘛」
　　這個頭銜本身是蒙古文，意思是「智慧的海洋」或「智

---

[6] "Das Vajrayana …… stieß aber namentlich in seiner erotisierten Form auf heftigen Widerstand …… Da es von den überwältigenden Mehrheit des Buddhisten als eine Verfälschung der wahren Buddhalehre abgelehnt wird." 瓦弗夫列 (Bruno Waldvogel-Frei)，《達賴喇嘛微笑了…藏傳佛教的陰暗面》(*Und der Dalai Lama lächelte…Die dunklen Seiten des tibetischen Buddhismus*)，Schwengeler 出版社 (瑞士 Berneck)，2002 年，2004 第 2 版，頁 74。

慧如海洋的上師」。第一位達賴喇嘛生於 1391 年，之後每一任達賴喇嘛都被視爲是前一任的轉世。他們亦被認爲是觀世音菩薩──象徵慈悲的菩薩(佛)──的轉世。

現任達賴喇嘛──該信仰傳承的第十四任──丹增嘉措生於 1935 年。自從中國 1959 年佔領西藏後，他便逃離至印度達蘭莎拉。在同一個宗派裡，他前面的轉世在歷史上有留下自己的事蹟。[7]

　　從另一個層面來說，在德國有一對夫婦 Trimondi，他們曾經是達賴喇嘛的私人好友，當這對夫婦進一步深入研究藏傳佛教以後，瞭解藏傳佛教的真正核心──坦特羅（譚崔 Tantra）：乃是一個不排斥**性愛**、甚至**以性交修行爲中心主旨的宗教**；這個事實的發現令他們驚訝，因此對達賴喇嘛這個教主所弘揚的教義概念徹底反轉過來。後來他們也撰寫了《達賴喇嘛的陰暗面──藏傳佛教的**雙修、巫術與政治**》[8]這本書，內容揭露了達賴喇嘛侵略、好戰的政治權力，以及喇嘛教男女雙修的性交密法對女性的侵害。我們節譯一段德國 Trimondi 夫婦接受雜誌訪談文章中的說法：

---

[7] 譯自 Geoffrey D. Falk 著，《剝開上師僞裝的外衣──性、暴力、侵害及開悟》(*Stripping the Gurus ── Sex, Violence, Abuse and Enlightenment*)，出版社 Million Monkeys Press（加拿大多倫多），出版日期 2009 年，第二十二章，頁 176-177。讀者可直接從網路下載本書:http://www.strippingthegurus.com/ebook/download.asp。

[8] 書名原文爲 *Der Schatten des Dalai Lama ── Sexualität, Magie und Politik im tibetischen Buddhismus*。

爲了從藏傳佛教找到能夠解決世界問題的心靈指
導，我們研究了佛教的基本教義、坦特羅的文獻及歷
史，以及早期坦特羅修行者的傳記；此外，我們也著
手瞭解西藏歷史、達賴喇嘛的生平、以及流亡藏人的
政治。研究的結果，不僅讓我們大感意外，而且徹底
地翻轉了我們對藏傳佛教的看法。原本以爲的和平、
包容，其實是好戰、侵略的文化；原本以爲的親善女
性、兩性平等，其實是壓制、剝削女性，而爲了達到
這個目的，背後有一個極爲巧妙的宗教理論系統。

剷除異己、暴政統治、獨裁專制、權力深慾、巫術密
法、恐怖政治、踐踏人性……，所有我們想像不到的
事實，卻在藏傳佛教的典籍、儀軌以及歷史中，一一
呈現。認識到藏傳佛教的這些陰暗面之後，我們對藏
傳佛教的好感也因此出現個人危機：亦即我們再也不
能認同藏傳佛教是正面文化，並且與我們一向尊敬的
精神領袖、也是私人朋友的達賴喇嘛，漸行漸遠。[9]

　　由此可知，Trimondi 夫婦原先從不瞭解藏傳佛教（喇嘛
教）及達賴喇嘛開始，透過深入瞭解以後，才發現藏傳佛教
及達賴喇嘛面具下的眞實面貌，原來達賴喇嘛只是崇尚譚崔
性交的貪慾教主罷了。Trimondi 夫婦當時著手藏傳佛教的研
究時，他們是如同一般人相信達賴喇嘛眞的是抱持著包容、

[9] 〈合理質疑藏傳佛教〉"Begründete Zweifel"（2012/2/13 擷取自
http://www.trimondi.de/interv06.html），原文刊載於 1999 年 11 月
YABYUM 二號刊，。中文譯文及原文請參考附錄一。

人本、倫理、和平的價值觀的。可是隨著認識層面愈來愈深入，他們的觀點也愈來愈翻轉。Trimondi 說：「深入研究西藏歷史、喇嘛教的宗教儀軌、宗教極權企圖、流亡藏人的政治社會情形之後，我們完全改觀。」[10] 因為他們在研究中，清楚看出達賴喇嘛笑容的背後，正是譚崔基本教義、專制好戰、性力崇拜，而這些是與西方傳統社會的正向價值觀背道而馳[11]。

事實上，達賴喇嘛所弘揚的修行方法就是 Trimondi 夫婦描述的修行方式，一點都不誇張，例如達賴喇嘛在書中說：

根本心的修行方式是根據：〈一〉新譯派所講的「密集金剛密續」；〈二〉時輪空相法等等；〈三〉寧瑪派的大圓滿法。根據新譯派，修秘密真言到某種程度時，修者修特殊法，如利用性伴侶、打獵等等。雖然利用性伴侶之目的，不難被說成是為了用欲於道及引出較細的證空之識，……只有在這種崇高境界中，才能以悲心將瞋怒用於修道。是故，新譯派的此一修法之基，與大圓滿之基相同。[12]

達賴喇嘛也於《西藏佛教的修行道》書中說：

---

[10] 〈藏傳佛教將帶眾生何處去？〉 "Wohin führt der tibetische Buddhismus?"（2012/4/1 擷取自 www.gandhi-auftrag.de/Buddhismus.htm）。中文譯文及原文請參考附錄二。

[11] 同上。

[12] 第十四世達賴喇嘛講述，《迎向和平》，慧炬出版社出版，達賴喇嘛西藏基金會印贈（免費結緣），2002.7 初版第二刷，頁 93-94。

依據密續的解釋，樂的經驗得自三種狀況：一是射精，二是精液在脈中移動，三是永恆不變的樂。密續修行利用後二種樂來證悟空性。因為利用樂來證悟空性的方法非常重要，所以我們發現無上瑜伽續觀想的佛都是與明妃交合。[13]

達賴喇嘛在《藏傳佛教世界》一書中說：

在這四種自然發生的狀態中，給我們體驗根本淨光最好的機會是性高潮。……修行雙運的前提是行者必須有能力不漏點。根據《時輪本續》的解釋，性液的外漏對修行是有傷害的，本續中強調行者要能保持自己不外漏，即使是夢遺也不行。[14]

達賴喇嘛也在《揭開心智的奧秘》這本書中說：

而最強的感受是在性高潮的時候。這是大樂的修習(Practice bliss)之所以包括在最高瑜伽密續中的原因之一。一般人對於無上瑜伽密續(Anuttara yoga tantra)中，關於性以及其他的象喻存有諸多誤解。性的象喻真正的理由，完全是因為在四種明光出現的狀況當中，性高潮最為強烈。因此這種象喻才用在靜坐中，以延長明光出現的經驗，或使之更清晰鮮明──目的

---

[13] 達賴喇嘛文集(3)，達賴喇嘛著，鄭振煌譯，《西藏佛教的修行道》，慧炬出版社，2001.3 初版一刷，頁 85。

[14] 第十四世達賴喇嘛著，陳琴富譯，《藏傳佛教世界》，立緒文化事業有限公司，2004.10 初版八刷，頁 93。

就在於此。在性高潮時，因為明光出現的經驗較持
久，因此你較有機會加以利用。[15]

　　因此，達賴喇嘛除了上述末代皇帝的面貌外，他還有另
外一種面貌，也就是藏傳佛教（喇嘛教）「**譚崔性交**」的貪慾
教主，因此本書也將從**性交教主**—性力派雙修男女交合喇嘛
教主—為核心議題，來探討達賴喇嘛及藏傳佛教（喇嘛教）
的種種修行內涵與行為，讓讀者更能瞭解這個曾經神秘的宗
教實質。編者將從各國文獻證據及相關報導，輔以達賴喇嘛
及諸藏傳佛教（喇嘛教）上師、活佛的著作中，來舉證、比
對、分析、說明，讓讀者知悉達賴喇嘛所弘揚的藏傳佛教（喇
嘛教）的確備受爭議。

　　讀者可以從本書各章節說明的過程中，發現達賴喇嘛十
四世內心之中，其實一直夢想自己回歸封建時代的政治皇帝
及性交教主的角色，因為這個已經在西藏實行幾百年的騙
術——轉世制度，是結合政治統治及宗教性力之大權。我們
也將追溯到歷代達賴喇嘛的事蹟，從達賴喇嘛最早的傳承，
這樣的發現之旅揭開藏傳佛教（喇嘛教）之秘密，為了保有
宗教性力的思想實踐，必須要有政治力來維護，政治力乃是
後來才加上去的。因為歷代達賴發現：**當宗教騙術快撐不住
時，得要藉政治騙術來加強**。但是在現代科技進步、資訊發
達、交通便利的今天，政治騙術的底細會慢慢曝光，達賴喇

---

[15] 杰瑞米・海華、法蘭西斯可・瓦瑞拉編著：靳文穎譯，《揭開心智的
奧秘》，眾生文化出版有限公司，1996.6 初版，頁 147-148。

嘛這個「譚崔性交教」的教主，似乎一籌莫展地隨著歲月的流逝而曝露出許多不想被外人所知的秘密所苦惱，只能如同困獸一般唱唱「悲歌」而自我陶醉。

因爲這兩大主軸的緣故，本書定名爲《末代達賴——性交教主的悲歌》，內容將爲您介紹達賴喇嘛及其所領導的藏傳佛教「男女雙修」教義的眞實內涵，同時節錄引用多位外國知名學者之著作，以及各地訊息及報導，翻譯成爲中文及加以彙整，其中包含了歷代達賴喇嘛的祕史，達賴六世修雙身法的事蹟，以及《時輪經》譚崔性交灌頂儀式……等種種證據；另外也摘錄了許多達賴喇嘛在書中所說的雙身法、達賴喇嘛的黑暗政治手段，及引用了一篇達賴喇嘛所領導的寺院中發生孩童性侵害的文章，同時搭配《西藏生死書》作者索甲仁波切性侵害的報導，還有澳洲喇嘛秋達（Choedak）公開道歉及邱陽創巴仁波切的惡行惡狀等事蹟；內容非常精彩，請讀者慢慢閱讀。在編者上一本著作《喇嘛性世界》[16]中已引用諸多證據及國外媒體報導來詳細說明之，讀者亦可配合閱讀，就更詳細瞭解達賴喇嘛所弘揚藏傳佛教（喇嘛教）的一切修行動機與作法。

---

[16] 《喇嘛性世界——揭開藏傳佛教譚崔瑜伽的面紗》，正智出版社，2011.7 初版。

一、從達賴喇嘛的稱號談起

（一）達賴三世：第一任達賴喇嘛

達賴喇嘛這個稱號，在藏傳佛教中乃是政教合一的統領者，也是至高無上的「活佛、上師」，這個名爲「智慧的海洋」或「智慧如海洋的上師」意思的達賴喇嘛，是什麼時候才有？以及這種轉世傳承的制度是什麼時候建立的？我們從 Michael Parenti[1]，在〈友善的封建制度是西藏的神話〉（"Friendly Feudalism: The Tibetan Myth"）[2] 這篇論文中，可以看到達賴喇嘛名號出生的歷史。我們看「第一位的達賴喇嘛」是怎麼來的？Michael Parenti 說：

> 在十三世紀，忽必烈皇帝創立了第一位「大喇嘛」來領導其他的喇嘛，猶如教宗領導其主教一般。經過幾個世紀以後，中國的皇帝派遣了軍隊進入西藏，象徵對當時的大喇嘛——一位很有野心的二十五歲年輕人——表示支持。那位大喇嘛當時就給了自己一個封號：整個西藏的領導人「達賴喇嘛」（達賴是「海洋」的意思）。

---

[1] Michael Parenti 是享有高國際知名度的美國政治學家、歷史學家、文化評論家、大學教授及演說家；過去四十年來出版了很多著作，主題極爲廣泛，涵蓋美國政治、國際事務、新聞媒體、歷史、宗教等。資料來源：維基百科 http://en.wikipedia.org/wiki/Michael_Parenti。

[2] Michael Parenti，〈友善的封建制度是西藏的神話〉（"Friendly Feudalism: The Tibetan Myth"）。文章網址：http://www.michaelparenti.org/Tibet.html。

　　他的前兩次轉世也被追溯承認爲前兩任達賴喇嘛，因
　　此這位達賴喇嘛就是達賴三世。……」[3]

　　其實第一任的達賴喇嘛就是「達賴三世」，因爲他的前
兩位轉世也是後來才被追溯爲達賴喇嘛，也就是由第三世開
始，才追封前面兩世的自己[4] 爲達賴一世及達賴二世。至少
頭兩世的達賴喇嘛自己都不知道自己被封爲達賴喇嘛，由此
可見第一世達賴喇嘛這個「活佛」乃是後來人創造追封的，
根本是要配合政治運作才產生的。我們再根據〈第十四世達
賴喇嘛官方國際華文網站〉指出：在第三世達賴喇嘛
(1543-1588)的時候，蒙古國王俺答汗獻上「達賴喇嘛」的
尊稱。從此時開始才有了正式的「達賴喇嘛」的稱號。[5]
也就是說眞正有達賴喇嘛傳承的名號，那是從第三世開始，

---

[3] 〈友善的封建制度是西藏的神話〉。原文爲：In the thirteenth century,
Emperor Kublai Khan created the first Grand Lama, who was to preside
over all the other lamas as might a pope over his bishops. Several
centuries later, the Emperor of China sent an army into Tibet to support
the Grand Lama, an ambitious 25-year-old man, who then gave himself
the title of Dalai (Ocean) Lama, ruler of all Tibet.
His two previous lama "incarnations" were then retroactively recognized
as his predecessors, thereby transforming the 1st Dalai Lama into the 3rd
Dalai Lama. 文章網址: http://www.michaelparenti.org/Tibet.html

[4] 編案：其實藏傳佛教活佛的轉世漏洞很多，前兩世者根本就不是達
賴三世本人，乃至後代任何一世達賴喇嘛都不是前面的達賴喇嘛，
都是宗教騙術罷了，然此議題非本處討論範圍，讀者透過後面內文
就可以看穿這個宗教謊言的底細。故此處不詳細討論。

[5] 資料來源：第十四世達賴喇嘛官方國際華文網站
http://www.dalailamaworld.com/topic.php?t=122&sid=fe847dc5328ed89
4ec504b8561fb9638。

前面的兩世達賴喇嘛不具有政治地位，他的核心身分就是藏傳佛教其中一個宗教師號稱的轉世罷了。

　　但是三世達賴喇嘛從一個只是以修雙身法的性力宗教─喇嘛教、性交教─的活佛，為何在這個時候慢慢成為政教合一的統領者，乃至延續到現代的十四世達賴喇嘛？達賴喇嘛這樣結合政治與宗教的政教合一之傳承，當初真正的原因是什麼呢？

　　我們從現代藏傳佛教學者朵藏才旦研究發現的一個現象為線索來看，從近代發現的這個現象事實，就可以看出在達賴三世那時候的問題癥結，他說：

> 活佛是沒有限額的。同時，成佛的條件又變通性大，渠道較廣泛，因而，**活佛隊伍的擴展壯大就顯得很客觀，速度很驚人**。在 1958 年前，僅甘肅、青海兩省藏區就有 1517 名活佛，衛藏康區自然更多了。[6]

　　也就是說，「喇嘛活佛數量之氾濫」是藏傳佛教喇嘛們從古至今一直存在的嚴重問題，但是各派喇嘛們要解決這個問題，那就必須要藉著政治力量的加入，才能排除異己而一枝獨秀，因此這個政教合一的傳承就這樣發生，乃至一直延續下來，傳到今天十四世達賴喇嘛末代皇帝。因為在藏傳佛教（喇嘛教）從根本教義上就會存在這個問題，乃至法國記

---

[6] 朵藏才旦編著，《藏傳佛教文化概覽》甘肅民族出版社（蘭州），2002年，頁 36。

者維瓦斯甚至認為:「幾乎已經降級到異教的層次[7]」。我們來看他是怎麼說的:

> 我寫「異教」?這個字看起來很強烈。什麼是異教?簡單地說,它是一個有著宗教涵義的組織,它是極端而且不妥協的;這樣的組織領導者剝奪了信徒一切的個人自由,強迫他們從事宗教儀式,還操縱他們的心智以便繼續掌控他們。組織擁有金字塔型的架構,所有權利都集中在一位有領袖魅力的當權者——上師——手中。上師不讓信徒接觸其他的教義或法門,還強迫他們在一個令他們精疲力盡(因為缺乏休息及飲食,工作繁重)並且會抑制他們心智能力的環境中求生存。(這個)**異教團體會以剝削他們錢財的方式來增加集團本身的財富,使得這些信徒需要完全依賴教團才能夠生存。**[8]

　　因為結合政治力量的當權活佛、上師,除了可以依照譚崔性交的修行方式,繼續與多位明妃修無上瑜伽性交大法;若結合政治力量的話,那就如同一國的皇帝一般,可以統治整個人民及信徒,並擁有許多招之即來、揮之即去的數不盡明妃;尤其在古西藏交通不便的那個年代,更是需要這樣來維繫神權的統治。所以從達賴三世開始,就慢慢結合蒙古族等軍隊,來醞釀強大的政治實力,乃至後代的達賴喇嘛可以

---

[7] 法文原文: "……quasiment avilie au niveau d'une secte,……" ;
《達賴喇嘛——其實沒那麼「禪」》,第八章,頁85。
[8] 《達賴喇嘛——其實沒那麼「禪」》,第八章,頁85。

自己的武力統治整個西藏地區幾百年，西藏居民的農奴生活，直至十四世達賴喇嘛流亡出走才告結束。

（二）達賴四世：邁向成為性交教主之位

接著我們再繼續看達賴三世和他下一任達賴四世的所作所為，透漏出他們不離譚崔性交的特質，而能從一群勤修譚崔性交法門的喇嘛群之中，爭奪當性交教主地位的跡象；同時也可以顯示出，為了政權的爭奪而使後世達賴喇嘛往往無法擺脫被暗殺而夭折的悲慘宿命。我們從 Michael Parenti 文章的內容來瞭解：

> 這位第一任（應該說第三世）達賴喇嘛占領了許多其他宗派的寺院；若有佛教著作與他自己宣稱的神聖事實有矛盾，據說他還會摧毀這些經典。他的下一任達賴喇嘛（第四世）追求著奢侈、淫逸的生活：他享有許多情婦[9]，經常與朋友開派對，並且做出了被認為是本尊轉世不該有的其他行為舉止。這些出軌的行為造成他後來被自己底下的僧侶暗殺。就這樣，一百七十年之內，即使他們神聖的身分是被公認的，共有五位達賴喇嘛被他們自己底下的高層僧侶或其他的朝臣暗殺。〔作者附註：資料來源（1）作者 Stuart Gelder and Roma

---

[9] 不僅達賴四世有很多情婦，達賴六世也跟很多女人性交，請見本書後面的舉證。乃至第十四世達賴喇嘛也要求喇嘛要以「性伴侶」來修行譚崔性交，所以達賴會有情婦是很正常的。

Gelder，書名 *The Timely Rain: Travels in New Tibet*,出版社 Monthly
Review Press（紐約），1964，頁 119, 123；(2) 作者 Melvyn C.
Goldstein，書名 *The Snow Lion and the Dragon: China, Tibet, and the
Dalai Lama*，出版社 University of California Press（美國柏克萊），
1995，頁 6-16〕[10]

　　Michael Parenti 於其著作中舉出許多歷史證據，讓我們
看清所謂香格里拉的神話，其實已顯示達賴喇嘛從一開始就
是集暴力、殘酷於一身的政權，目的就是要徹底安全地實踐
譚崔性交雙身法。由這些例子也證明達賴喇嘛政教合一的封
建制度傳承，其實是很可怕的。這樣一脈相傳而打殺異己的
行為，不僅達賴三世如此，達賴五世更是達到極點，乃至今
日的達賴十四世也不遑多讓[11]。

　　撰寫《達賴喇嘛的陰暗面——藏傳佛教的雙修、巫術與
政治》這本書的作者——德國 Trimondi 夫婦，在接受
YABYUM 雜誌訪談的這篇〈合理質疑藏傳佛教〉[12] 文章中，
也有提到暴力行為、允許謀殺這個部分，同時也指出了根本
核心的問題，也就是「譚崔性交的無上瑜伽」雙修法這個重
點，我們看 Trimondi 夫婦怎麼說：

---

[10] 〈友善的封建制度是西藏的神話〉。
[11] 有關達賴十四世暴力打壓異己的內涵（如雄天事件等），我們將在後
　　面章節舉出，請讀者繼續讀下去，就可以知道這類殘暴政治手段，
　　也是達賴喇嘛藏傳佛教的傳承內涵之一。
[12] 〈合理質疑藏傳佛教〉 "Begründete Zweifel"（2012/2/13 擷取自
　　http://www.trimondi.de/interv06.html），原文刊載於 1999 年 11 月
　　YABYUM 二號刊，中文譯文及原文請參考附錄一。

佛教對密續修行是「純粹意象」或「實際」的討論，由來已久。這也難怪。因為修習金剛乘（譯註：藏傳佛教、喇嘛教）時，幾乎必須犯盡所有的佛制戒律。出家人須遠離淫行，金剛乘卻要求性交；甚至還要求暴力行為、允許謀殺。

這個「意象」或「實修」的討論，也存在於藏傳佛教，這突顯了一件事：幾乎沒有一位大喇嘛不是以雙修為其修鍊基礎，不管他本身是否已經在修鍊密法。舉個例子：黃教始祖宗喀巴擁有「持戒清淨」的崇高形象，據說他從來沒有跟實體明妃雙修過。姑且不論這個說法是否真實，擺在我們眼前的事實卻是：宗喀巴本人就寫了有關譚崔密法的重要論著（譯註：《菩提道次第廣論、密宗道次第廣論[13]》等）；他對「意象或實修」的態度是很明確的：「女性同伴（編案：女的性伴侶）是解脫的基礎[14]。

---

[13] 宗喀巴於《密宗道次第廣論》中也是這樣說：【為講經等所傳後密灌頂，謂由師長與自十二至二十歲九明等至，俱種金剛注弟子口，依彼灌頂。如是第三灌頂前者，與一明合受妙歡喜。後者隨與九明等至，即由彼彼所生妙喜。】（法尊法師譯，妙吉祥出版社，1986.6初版，頁 399-400）也就是必須由師長喇嘛活佛與九位性伴侶明妃──從十二歲至二十歲各種不同年齡一名，一一與上師喇嘛譚崔性交，而同時進入第四喜的性高潮之中，這樣觀樂空不二，而後上師喇嘛再一一射精於這些女性明妃的下體之中，然後收集使用之。他的《菩提道次第廣論》後半部的止觀，則是以隱晦的密語來說明雙身法的樂空雙運淫樂境界，所以台灣的廣論團體不敢明目張膽公開傳授雙身法的止、觀內涵，通常只對少數核心信徒祕密傳授。

[14] 例如第十四世達賴說：【根據新譯派，修秘密真言到某種程度時，修

只要深入研究各種文獻，很快都會發現：密宗的無上密續是傾向、甚至規定必須使用實體明妃的。這是符合密續的精神及內在邏輯的，就如我們在書中所詳細描述的那樣。[15]

從 Trimondi 夫婦這篇報導所舉證的說法，可以知道達賴喇嘛的祖師，也就是藏密黃教的創教祖師宗喀巴，在他的著作中，非常清楚地說明，以實體明妃來實踐雙身法有其必要性，作爲樂空雙運事業手印的實體明妃並不只是象徵，而是喇嘛實修樂空雙運時的工具，例如宗喀巴在《密宗道次第廣論》中說：

爾時續部之名亦曰笑續、視續、執手或抱持續、二相合續，共爲四部。……事行瑜伽及上瑜伽四續部者，以笑視抱持二合執手而表示之。如是事續等中有以諸尊顧視顯示智慧方便隨貪。有以歡笑，有以執手，有以抱持，有以二合。[16]

事實上不僅達賴喇嘛的祖師宗喀巴在《密宗道次第廣

者修特殊法，如利用性伴侶、打獵等等。雖然利用性伴侶之目的，不難被説成是爲了用欲於道及引出較細的證空之識。】（引自：達賴喇嘛著，《慈悲與智見》，羅桑嘉措──西藏兒童之家，1997.3 修版三刷，頁 246。）

[15] 〈合理質疑藏傳佛教〉"Begründete Zweifel"（2012/2/13 擷取自 http://www.trimondi.de/interv06.html），原文刊載於 1999 年 11 月 YABYUM 二號刊，中文譯文及原文請參考附錄一。

[16] 宗喀巴著，法尊法師譯，《密宗道次第廣論》卷二，妙吉祥出版社，1986.8 月出初出版，頁 44。

論》中有強調必須要修雙身法，規定必須每日八時以實體明妃修樂空雙運，各代達賴喇嘛都實踐雙身法的譚崔性交樂空雙運，乃至今日的第十四世達賴喇嘛，也在自己諸多著作中提到藏傳佛教雙身修法的必要性，而且最後得要用實體明妃男女交合。例如達賴喇嘛在他的書中說：

> 秘密集會檀陀羅裡，有關與明妃和合的章節中，說若與實體明妃行樂空雙運，才會成就真正的身曼荼羅修行，如果僅與觀想中的明妃行樂空雙運，則其成就不大。[17]

另外在他的《藏傳佛教世界》[18] 一書中，也有非常多的地方提到「無上瑜伽」雙身法，例如達賴喇嘛在這本書第100頁中的說法是與宗喀巴的意思一樣，達賴喇嘛說：

> 在《金剛幕本續》中解釋，密宗系統有四部。不過，只有無上瑜伽能完全展示密續的深廣與獨特，因此我們應該視其他三部為邁向無上瑜伽的進階。雖然四部密續都是利用慾望來導引行者入道，但使用的欲望層次卻不相同。在第一部「事續」中，入道的欲念僅僅是對具有吸引力的異性凝視而已，其他三部──行部、瑜伽部和無上瑜伽部──的入道意念則分別是對此異性微笑，進而想牽手、觸摸，乃至

---

[17] 達賴喇嘛著，《喜樂與空無》，唵阿吽出版社，（台北），1998.3初版，頁137-138。

[18] 第十四世達賴喇嘛著，陳琴富譯，《藏傳佛教世界》，立緒文化事業有限公司，2004.10初版八刷，頁100。

最後想望性的結合。

　　也就是說「密續」中所談的密宗道修行，從初學階段到最後階段，總共就是「事續、行續、瑜伽續和上瑜伽續」四部，全部都是在談如何透過男女兩性關係來修雙身法，從一開始的微笑、互相凝視，進而相抱，以致於最後的男女二根相合大修無上瑜伽；這就是藏傳佛教最主要的修行內容。而其中最後的第四部，稱為「二相合續」、「上瑜伽」等，就是密宗道的中心思想和最究竟修行方法——「無上瑜伽」。達賴喇嘛強調說：「**密乘的奧義最完整地表達在無上瑜伽的教義及修行中**[19]……」，「**在藏傳佛教中也有一個思想與修證體系即密續（Tantra）**[20]」，亦即達賴喇嘛認為「無上瑜伽」雙身法可以最完整地代表藏傳佛教密宗的教義和修行。但是所有的喇嘛都在修這個無上瑜伽雙身法，因此達賴喇嘛與其他各派修雙身法的喇嘛沒有什麼多大的差別，因此達賴喇嘛必須要得到政治勢力的加持，才能安穩地繼續當性交教的教主；當政治力量完全掌握了，就是他要登基為喇嘛教最高性交教主地位的時候。

（三）達賴五世：毀滅報復的手段及性交教主的濫觴

　　其實從達賴三世開始，就已經開始展現佔領很多其他宗派寺院的手段來擴張政治宗教勢力，以政治勢力來保障自己

---

[19] 《藏傳佛教世界》，頁 91。
[20] 《藏傳佛教世界》，頁 25。

能夠繼續當性交教主,因此積極參與政治奪取權力乃是一個
重點。到了十七世紀的時候,達賴五世更是用強烈的政治手
段操作,他借用蒙古軍的強大武力做後盾,侵佔了古西藏的
各個宗派寺院,打殺各派人士,並徹底建立完成了西藏政教
合一的統治體系[21],唯一弘傳如來藏真正佛法的覺囊巴也一
樣被他消滅,也因此而導致黃教「達賴喇嘛」成為西藏密宗
的領導人物,這樣登上了「藏傳佛教、喇嘛教、性交教」的
統治者,成為名符其實的「西藏土皇帝兼性交教主」,這樣
的傳承一直持續到達賴喇嘛十三世;至於達賴十四世,雖然
仍是性交教主,但是卻當一個沒有江山的流亡皇帝,因為舊
西藏廣大農奴被解放的時代已經來臨了。因此關鍵人物就是
這個達賴五世,我們繼續看 Michael Parenti 所說:

> 在這幾百年之間,各個藏傳佛教不同的宗派之間彼此
> 互相較勁產生衝突,及草率處死的案件都非常的劇烈
> 暴力。1660 年達賴五世在西藏倉(Tsang)地區遭遇民
> 眾造反;這個地區是達賴喇嘛的對手宗派——以噶瑪巴
> 為最高喇嘛的噶舉派——之大本營。達賴五世要求對造
> 反者採取嚴厲的報復手段,指示蒙古軍隊徹底毀滅那
> 些家族裡的男人、女人及小孩,「就像被石頭砸碎的

---

[21] 根據〈第十四世達賴喇嘛官方國際華文網站〉指出:第五世達賴喇
嘛時代,是西藏政治較混亂的時期。雖然如此,這些的一切不確定
都被蒙古種族的首領固實汗(Gushir Khan)擺平,1642 年承尊五世
達賴喇嘛在日喀則的升座,承尊達賴喇嘛為西藏的政教領袖。
http://www.dalailamaworld.com/topic.php?t=124&sid=fe847dc5328ed8
94ec504b8561fb9638。2012/2/13 擷取。

雞蛋一樣……總之，要銷毀他們家族任何存在的痕
跡，包括他們的名字在內。……(作者附註：資料來源　作
者 Erik D. Curren，書名 *Buddha's Not Smiling: Uncovering
Corruption at the Heart of Tibetan Buddhism Today*，出版社 Alaya
Press，2005，頁 50) [22]

　　由此記載可以知道，達賴五世乃是非常的殘暴，用盡凶
狠的手段來打壓異己。但是達賴五世不僅如此，在他想要統
一那個時代的古西藏地區，在成為政治皇帝及性交教主地位
的同時，他用暴力殘酷的手段滅掉對手宗派 —— 以噶瑪巴為
最高喇嘛的噶舉派 —— 之外，對於其他的宗派，也是一樣的
殘忍手法對付。例如達賴五世也用同樣的手法打殺滅盡當時
西藏唯一真正佛法的宗派 —— 弘傳他空見如來藏法的覺囊
巴：

譬如西藏密宗黃教之土觀羅桑卻季尼瑪誣指覺囊巴
為同於印度教溼婆神之法，又誣蔑覺囊巴為同於古
印度數論派之教法（詳見《土觀宗派源流》所說）：
然後由達賴五世，授意薩迦與達布，聯合打殺覺囊巴
信徒，驅逐覺囊巴領袖多羅那他（別譯名為打那拉
達），再燒燬覺囊巴之著作，並封存其刻版；復又將
覺囊巴之著作加以篡改，再以種種著作曲解其法
義，掉換其封存之覺囊巴著作刻版，如是完全摧滅

---

[22] 〈友善的封建制度是西藏的神話〉。

覺囊巴。[23]……

……達賴五世藉用蒙古可汗之軍隊及清朝之政治勢
力，令覺囊巴無所奧援，而後唆使薩迦與達布，聯
手打殺弘傳如來藏法之覺囊巴，驅逐覺囊巴專弘如
來藏法、破斥雙身法之末代領袖多羅那他，逼令覺
囊巴一切寺院悉皆改宗黃教，覺囊巴遂告滅亡，唯
餘法系傳承表相，如來藏妙法遂永絕於西藏人民。
凡此皆是密教善於利用政治力量，以擴大自宗勢力
之事實也。[24]

從這裡我們知道達賴五世時期，就已經完成暴力佔領整
個西藏地區，因此掌握了政治及宗教的生殺大權，這樣完全
展現殘暴性侵的手段，然而這種手段在藏傳佛教（喇嘛教）
之中，其實很早就有跡象產生。我們看 Gilles Van Grasdorff
在《歷代達賴喇嘛祕史》[25] 這本書中就有提到，早在十一
世紀的時候，廣修譚崔性交的喇嘛們，就已經使用這種暴力
傾向的作法，例如：

奇怪的西藏……在十一世紀，有諸多對譚崔有著狂熱
信仰的喇嘛們後來居然成為強盜；他們大量橫掃宋朝

---

[23] 平實導師著，《狂密與真密》，正智出版社，2002.2 初版，頁
1254-1255。
[24] 平實導師著，《狂密與真密》，正智出版社，2002.2 初版，頁
1316-1317。
[25] 作者 Gilles Van Grasdorff，《歷代達賴喇嘛祕史》(*L'histoire Secrète
des Dalaï-Lamas*)，Flammarion（法國第四大出版社），2009 年。

中國邊界的城市，攻擊經過絲路的車隊、放火焚燒他人的財物、強姦婦女、並且還殺人。還不僅於此，這些對佛法[26] 有著狂熱信仰的喇嘛們還會舉行殺人的宗教儀式；儀式之後他們會把受害者身體的某些部位與糌粑混合著吃。（作者附註：到了十七世紀，第五世達賴喇嘛嘗試著終止這種祭典以及食人喇嘛所作出的**譚崔儀式**。不過終究無效，因為這種**譚崔**儀式源於藏傳佛教（如《**時輪經**》）裡傳授的秘密修行方法。）[27]

　　同樣的情形也發生在現代，例如十四世達賴喇嘛也會欺壓同門師兄，達賴喇嘛這樣剷除異己的暴力手段，是令西方人感到錯愕的，因為假借諾貝爾和平獎得主的達賴喇嘛，他常常標榜博愛，但是私底下居然會欺壓迫害一些同門師兄弟；根據法國資深記者馬克沁·維瓦斯（Maxime Vivas）所著的《達賴喇嘛──其實沒那麼「禪」》書中第二章〈達賴喇嘛是聖誕妖怪〉[28] 中，作者表示只因他師兄弟們供奉雄天本尊。另根據法國新聞台 France 24 報導，達賴喇嘛於 2008 年 1 月 7 日「在南印度的一所大學裡發表了一場演說，言論的暴力程度非常罕見。」達賴喇嘛禁止他的弟子和雄天的供奉者講話，而且他多年來還規定這些信奉雄天的僧侶們**「不得進出商店、公共場所，甚至醫院」**，使他們在日常生

---

[26] 編案：達賴喇嘛他們這些藏傳佛教所傳的譚崔性交外道法，根本就不是佛法。

[27] 《歷代達賴喇嘛祕史》，第三章，頁 59。

[28] 歐洲傳說中的虛構人物，用來嚇唬不乖的小孩。據說聖誕老公公會發送禮物給聽話的小孩，而不聽話者則會被聖誕妖怪鞭打。

活當中受到「**嚴重的歧視**」。達賴喇嘛一個人所做出的這些決定，他的弟子們必須透過媒體渲染把它們合理化。因此西藏流亡政府的總理指出：「**雄天供奉者最主要是我們的政治敵人、內部的敵人。**」[29] 他還肯定地說道：

> 他們隨時都可能殺害任何人、毆打任何人。雄天供奉者與中國人很明顯相互掛勾。他們全部都是拿中國的資金援助。[30](作者附註：資料來源為〈France 24〉新聞節目。)

但是從最早的達賴喇嘛到十四世的達賴喇嘛，都是用這種說謊栽贓的手段來攻擊其他教派，維瓦斯(Maxime Vivas)在書中諷刺地指出：「**達賴喇嘛自己還不是好幾十年來都收取美國中央情報局的資金援助[31]。**」維瓦斯同時表示：

> 達賴喇嘛所代表的西藏佛教四大宗派之一的「黃教」教徒人數也不過佔全世界佛教徒百分之二的人口，不但沒有獲得「全世界的尊敬」，目前還備受爭議，包括一部分跟隨他流亡海外的追隨者對他也有所質疑。他歧視中國其他五十五個種族(請見書後面會說明)；其實他所能利用的也只不過是西方幾乎所有各大媒體，而這些媒體以刺激、塑造和扭曲民意的方

---

[29] 法文原文：" ……les Shougdèn sont avant tout des ennemis politiques, des ennemis de l'intérieur"，《達賴喇嘛——其實沒那麼「禪」》，第二章，頁 25。

[30] 如同對正覺抹紅一樣，達賴喇嘛抹紅雄天的信仰者。任何人只要不是與他們同一陣線，一定會被達賴喇嘛抹紅。

[31] 摘錄自《達賴喇嘛——其實沒那麼「禪」》，第二章，頁 26。

式，促使善於煽動群眾的政治家忠心地在達賴喇嘛面
前彎腰屈身。

因此，從三世達賴喇嘛（第一任）、五世達賴喇嘛，乃
至到了今天的十四世達賴喇嘛都是不離暴力手段和權力
慾、性慾。這個眞實面目不僅國外有智之士瞭解，其實在台
灣的一些理性人士，也早就發現這個事實，因此就已經提出
呼籲：「**喇嘛教非佛教，雙身法非佛法**」，例如，正覺教育基
金會執行長張公僕先生[32] 就有說出達賴喇嘛暴力的眞實
面，張公僕說：

1998 年 1 月 5 日瑞士公共電視台（Swiss Public TV）
播放了一部名爲「一段達賴對黃教內部的宗教清洗的
記錄/ *Dalai Lama and Dorje Shugden*」的影片[33]，片中
詳細的介紹達賴專制獨裁，運用宗教的力量，強力
壓制和殺害信仰非藏密的 Dorje Shugden（金剛神雄
天）的藏民之種種作爲，把他們的房子和所有物品統
統燒毀，到處張貼其信仰者的照片和可能會出現的
場所，試圖鼓勵信徒殺害雄天的信仰者；信仰雄天
的藏民們害怕的離開達蘭薩拉，逃難到印度；因爲
如果被達賴信徒找到，一定會被殺死。片中還有對
達賴的訪問片段，以及在達賴集團的專制統治下，

---

[32] 原爲執行長，現在已被選任爲董事長。
[33] Youtube〈一段達賴對黃教內部的宗教清洗的記錄[By Swiss Public
TV]part1 of 3〉：
http://www.youtube.com/watch?v=0-vI5fs8EUI&feature=channel_page。

藏民被奴役的珍貴影片資料。

2008 年 8 月 8 日法國電視 24 台（France 24）也播放一部影片，叫作「達賴的惡魔行徑/ *The Dalai Lama's demons*」[34]；影片中直指在有些喇嘛心中，達賴已不再是他們信奉依止了；因為倡導和平、民主、慈悲、博愛的達賴，也是迫害他們需要遠離家鄉到處逃難的人，認為達賴是雙面人。喇嘛們和西藏民眾，在達賴的禁令下，商店不賣東西給他們，連醫院也不能進去，每天生活在極大的恐懼中，怕被殺害。影片中有被達賴所害喇嘛的照片，最後還有婦女泣訴，如果達賴是真的佛，怎麼會做這麼多恐怖的事傷害任何一個人類！

兩個月後的 2008 年 10 月 9 日，同樣是法國他們的電視 2 台（France 2）另外播放了一部名為「達賴的軌跡/ *Sur les traces du Dalaï Lama*」[35]，片中質疑達賴獲

---

[34] France 24 官方網站，有影片＋介紹（英文）：
http://www.france24.com/en/20080808-dalai-lama-demons-india-buddhism-dorje-shugden
Youtube〈*The Dalai Lama's demons Part1*〉：
http://www.youtube.com/watch?v=ZpvkCryGfws&translated=1
〈*The Dalai Lama's demons Part2*〉：
http://www.youtube.com/watch?v=QsUqLRXtaJE&feature=related。

[35] 影片網址:France 2 官方網站，有影片＋介紹（法文）：
http://envoye-special.france2.fr/index-fr.php?page=reportage-bonus&id_article=953
〈達賴的軌跡/ *Sur les traces du Dalaï*〉

得諾貝爾和平獎的正當性。並展示了達賴許多矛盾
面目，如：達賴接受某國中央情報局的補助一年 165
萬美元，可是達賴在 1959 年的時候說：「這些款項，
是我哥哥接受的，我一點都不知道。」但法國電視台
揭發達賴到 1973 年，還繼續接受這些款項，很明顯
的在說謊。在表現西藏歷史時，該節目提到 14 世紀
以來西藏落後的封建統治，並指達賴流亡前對西藏
實施專制統治。還介紹了達賴對其他教派的壓制和
排斥。

此外，1974 年，達賴「流亡政府」的官員們陰謀刺殺
不丹國王[36]，顛覆不丹政權，想要另立不丹新君，要
將不丹全國控制在自己手裡，作爲達賴「流亡政府」
活動的基地。但是事機敗露，不丹國王迅速逮捕了
準備行刺的達賴集團駐辛布辦事處人員，粉碎了這
一陰謀。接著，不丹政府下令居住不丹的藏人加入
不丹國籍，接受不丹的法律管轄，將不願加入國籍
者一律驅逐出境。至今，不丹政府一直仍對達賴「流
亡政府」保持警惕。[37]

　　從這些事實的記載，大家會想爲什麼一個號稱修行的團

---

http://www.wretch.cc/blog/kc4580455/13164873。
擷取日期：2012/2/13。

[36]　http://tw.knowledge.yahoo.com/question/article?qid=1710122801753。
擷取日期：2012/2/13。

[37]　資料來源：眞心新聞網，網址：
http://www.enlighten.org.tw/trueheart/72。擷取日期：2012/2/13。

體會這樣作呢？其實答案不難，我們看藏傳佛教弘揚譚崔性交的祖師們是怎麼說就很容易明白了。我們看達賴喇嘛的老祖宗，也就是號稱至尊的宗喀巴，在他的不傳秘本《密宗道次第廣論》卷 14 戌二〈時輪規〉中號召上師和弟子說：「(受秘密灌頂後) **汝可殺有情，受用他人女，不與汝可取，一切說妄語。**」[38] 也就是說，宗喀巴鼓勵受過譚崔性交秘密灌頂的喇嘛們，可以恣意的殺害眾生、姦淫他人妻女，任意偷盜 (不與取)，並且一切的妄語都可以說。這樣殺、盜、淫、妄等等戒律都可以犯，只要能獲得女人與錢財，一切惡行在所不計；所以 Gilles Van Grasdorff 書中註解中說，達賴五世嘗試改善這個問題，但是事實上卻沒有效，因為這是喇嘛教祖師的規定，就算已經當上西藏土皇帝及性交教主的達賴五世，也無法推翻老祖宗的規定，因為達賴五世自己也得要勤修雙身法的無上瑜伽樂空雙運，因此雖然作一些表面功夫說要廢止，當然不會成功。而且宗喀巴允許「一切說妄語」，為了安撫舊西藏老百姓，只好說一些要廢止的表面話。因此重點是這個秘密灌頂的雙身法，修雙身法就得要有足夠的婦女來行樂空雙運，因為消耗的數量很大。我們看這個被藏傳佛教號稱為「至尊」的宗喀巴，於《密宗道次第廣論》卷 13 的一些說法，就知道喇嘛他們為什麼要那麼多婦女了：

> 先供物請白者，以慢帳等隔成屏處，弟子勝解師為金剛薩埵，以具足三昧耶之智慧母，生處無壞，年

---

[38] 宗喀巴著，法尊法師譯，《密宗道次第廣論》，妙吉祥出版社，1986.6 初版，頁 403。

滿十二等之童女，奉獻師長。如《大印空點》第二云：
「賢首纖長目，容貌妙莊嚴，十二或十六，難得可二
十，廿上為餘印，令悉地遠離，姊妹或自女，或妻奉
師長。[39]

　　從這一段宗喀巴的說法中知道，達賴喇嘛的祖師強調修
雙身法是必須要與真實女人性交來完成無上瑜伽的譚崔性
交；而且不只用一個女人性交，得要好幾個女人同時輪座雜
交，這樣實行多位男女雜交而完成無上瑜伽的修行。但是喇
嘛看同一批女人時間久了、用久了，又會覺得面目可憎；而
且喇嘛們練就金槍不倒的功夫，性交時間通常很長，明妃長
期這樣被喇嘛交合也承受不住，當然要常常更換新的明妃，
消耗量其實很大。如果找不到願意與喇嘛合修的女人時，用
搶的也行：「不與汝可取。」如果硬搶時，那些女人的丈夫
不肯接受，就殺了那些不接受的丈夫，這就是宗喀巴的教
導：「汝可殺有情，受用他人女。」

　　但是性交教材只有古時候宗喀巴才有嗎？其實不然，現
任的性交教主——達賴十四世，一樣是推行這個無上瑜伽雙
身法，而且他還強調要用實體明妃來行樂空雙運的譚崔性交
才能成就大，而不是用觀想的女人，我們看十四世達賴喇嘛
在他的書中是這麼說：

　　秘密集會檀陀羅裡，有關與明妃和合的章節中，説

若與實體明妃行樂空雙運，才會成就真正的身曼荼
羅修行，如果僅與觀想中的明妃行樂空雙運，則其
成就不大。[40]

　　另外我們再來看，撰寫《達賴喇嘛的陰暗面——藏傳佛
教的**雙修、巫術與政治**》的德國 Trimondi 夫婦在 YABYUM
雜誌訪談中也有提到，即便是達賴喇嘛的格魯派修行者，在
修習密續時仍然是必須與實體明妃雙修的。Trimondi 夫婦在
這篇〈合理質疑藏傳佛教〉[41] 文章中說：

十四世達賴爲首的西藏流亡喇嘛，在西方社會的示現
是「獨身僧人」。事實上，除了格魯一派（也就是黃
教）之外，其他三派—噶舉派、薩迦派、寧瑪派—沒
有一派奉行這個「獨身法」。即便是格魯派本身的修
行者，修習密續時也仍然是必須與實體明妃雙修的。
我們來看看美國 Miranda Shaw 教授的書[42] 引述了當
今黃教上師—耶喜喇嘛、格桑嘉措格西、達杰格西—
的自述，這三位上師都與實體明妃合修過雙身法。而

---

[40] 達賴喇嘛著，《喜樂與空無》，唵阿吽出版社（台北），1998.3 初版，
頁 137-138。

[41] "Begründete Zweifel"（2012/2/13 擷取自
http://www.trimondi.de/interv06.html），原文刊載於 1999 年 11 月
YABYUM 二號刊，中文譯文及原文請參考附錄一。

[42] 譯註：Miranda Shaw 著《性愛與覺悟：藏傳佛教中的女性》
（*Passionate enlightenment: women in Tantric Buddhism*），Princeton
University Press 出版社，1995/9/18。

蘇格蘭的 June Campbell 也在她的書中[43] 詳述了她與
噶舉派上師—聲名顯赫的卡盧仁波切—的雙修關
係。這兩位女性都是藏學專家，也曾經是佛法的修行
人，她們比一般人都更瞭解藏傳佛教的系統。

　　不僅藏傳佛教（喇嘛教、性交教）的祖師宗喀巴、歷代達
賴喇嘛、Trimondi 夫婦這麼說，我們再舉藏傳佛教現代很有
名的上師陳健民，在他的書中也是這麼說：

你不單只用觀想，而且用實體的，用真正的女人，
那麼就是第三灌。爲什麼要用真正的女人而不只是
觀想一個呢？因爲觀想的他的物質條件（編案：物質條
件是指射出的精液與兩兩性器官的交合）就不夠了。用實體
的（編案：眞人明妃），那物質條件就很夠，他就等於
有這個資本了，有這個被昇華的資本，有這個本
錢。有這個本錢，然後才能眞正的修，才眞正有智
慧。譬如你觀想個女的，你甚至觀來觀去，你雞巴
都硬不起來。你要有個眞正的女人，它就硬起來，
他就搞起來，它就發生眞正的作用[44]（編案：能夠眞正實
行性交而射出精液作爲密灌甘露之作用）。

　　所以實體明妃（眞實的女人）對於達賴喇嘛及其他喇嘛來

[43] 譯註：June Campbell 著《空行母：性、定位與藏傳佛教》（*Traveller in Space: Gender, Identity and Tibetan Buddhism*），The Athlone Press 出版社，1996 初版，Continuum 出版社，2002 修訂版。
[44] 陳健民著，徐芹庭編《曲肱齋全集》（一），普賢錄音有聲出版社，1991.7 出版，頁 238。

說，需求量很多，因此在正常手段無法得到足夠女人的情形下，就避免不了用暴力手段得到。因此殘暴的特質也是歷代達賴喇嘛們與其他喇嘛之間，彼此對付對方的手段，乃至兇殘到了慘不忍睹的地步。其中的主因就是他們要獲得免費且數量多的女人可以修雙身法而隨時換新。因此達賴五世在政治上面大力消滅異己，統一了古西藏，到了達賴六世的情形如何呢？我們繼續看達賴六世的行為。

（四）達賴六世：娼妓王子的故事

A、布達拉宮的純潔大師？

因為達賴五世利用武力打殺其他教派，因此奠定了他政治上的皇帝地位，同時也可以保障他「性交教主」受用一切女人的權力。因此到了達賴六世倉央嘉措的時代，在政治統一的前提下，他當然就可以徹底實踐性交教主的無上瑜伽雙身法了。從歷史事實上來看，達賴六世喜愛與女人們性交是出了名的，與他修雙身法性交的女人幾乎遍布全城；而他自己也絲毫都不隱諱這件事，例如他在詩中自己這麼說：

──當我在布達拉宮，
──人們都稱我為「純潔海洋」大師；
──當我在城裏街頭遊蕩，
──人們都稱我為娼妓王子；

　　（參見 John Stevens 的 *Lust und Erleuchtung. Sexualitaet im*

Buddhismus，Bern，1993）[45]

　　從這裡可以知道，這時候的達賴喇嘛，已經展現出眞實面，眞正就是喇嘛教的**性交教主**，俗稱就是**娼妓王子**。關於達賴六世的其他事蹟，在《剝開上師僞裝的外衣——性、暴力、侵害及開悟》這本書第二十二章中有介紹達賴六世是怎麼樣的人物。作者說：

> 據說第六世達賴喇嘛……不適任，愛過很多女人，並且喜愛賭博及喝酒。〔作者：Sumner Carnahan，書名：*In the Presence of My Enemies*，出版社：Heartsfire Books（美國聖塔菲），出版日期：1995〕[46]

> 他連一位完全被認可的僧侶該遵守的規則都不遵守。他平常有喝酒的習慣……
> 不顧西藏喇嘛及僧侶神聖的風俗習慣；一開始非常的照顧他的頭髮，之後便開始喝酒、賭博，到後來沒有一位女孩、已婚女人、美貌的男人或女人，能夠逃過他不受控制的淫欲。〔作者：Patrick French，書名：*Tibet, Tibet: A Personal History of a Lost Land*，出版社：Alfred A. Knopf

---

[45] 此詩乃《西藏文化談》編譯者耶律大石摘譯達賴六世詩作之一段。（《西藏文化談》，〈楔子（序）——也說六世達賴倉央嘉措逸事〉，正覺教育基金會，2008.3 初版，頁 1-2）。（原著 Trimondi《達賴喇嘛的陰暗面—藏傳佛教的雙修、巫術與政治》*Der Schatten des Dalai Lama - Sexualität, Magie und Politik im tibetischen Buddhismus*）。

[46]《剝開上師僞裝的外衣》，第二十二章，頁 177。

（美國紐約），出版日期：2003 年〕[47]

　　從這裡的記載知道，在六世達賴喇嘛統治下，任何一個女孩、已婚女人，乃至**長得貌美的男人**，全部都離不開他淫威蹂躪。論實質，這是很嚴重的病態色情狂，但是為何是這樣呢？其實我們看歷代達賴喇嘛的祖師宗喀巴於書中的說法，就知道原來這是達賴喇嘛乃至一切真修藏傳佛教喇嘛們必須的修法，從古到今都是一貫這樣修的。宗喀巴於《密宗道次第廣論》中是這樣說：

> 為講經等所傳後密灌頂，謂由師長與自十二至二十歲九明等至[48]，俱種[49]金剛[50]注弟子口[51]，依彼灌頂。如是第三灌頂前者，與一明[52] 合受妙歡喜。後者隨與九明等至[53]，即由彼彼所生妙喜[54]。……[55]

---

[47] 《剝開上師偽裝的外衣》，第二十二章，頁 177。

[48] 編案：也就是必須由師長喇嘛活佛與九位明妃性伴侶——從十二歲至二十歲每種年齡各一名，每個人都與上師喇嘛性交，而同時進入第四喜的性高潮之中，這樣可以來觀樂空不二，然後上師喇嘛再於這些女性明妃的下體之中一一射精，然後收集使用在灌頂壇中。

[49] 這樣具備九明之紅白菩提——上師與明妃混合後之淫液精液，這樣是俱有男女雙方之種子。

[50] 藏傳佛教（喇嘛教、性交教）說這個男女淫液的混合液名為金剛菩提心，其實這是盜用佛法名相來使用。

[51] 當藏傳佛教喇嘛的修學者，得要吞下這麼骯髒的淫液混合液，他們的理智到哪裡去了，真是匪夷所思，真是不可思議。

[52] 那九個跟上師性交過後的明妃，藏傳佛教的弟子要與其中一位明妃繼續性交來學譚崔性交大法。

[53] 後者就是那位弟子，則是隨著師父性高潮以後，自己即與九位明妃繼續性交，然後同入性高潮中，這樣叫做九明等至。

　　所以，從達賴喇嘛的祖師宗喀巴的說法，我們就知道喇嘛教（藏傳佛教）從一開始的動機，就是要以性交修行爲核心，而且照宗喀巴的說法，那是要一位男上師與九位女明妃輪座雜交，或者師徒二個男喇嘛與九個女明妃佛母，這樣交替輪座行譚崔性交。因此，這樣的達賴喇嘛，說其爲**性交教**主是很貼切的；若是用現代話來說，也可以說之爲**色情片達人**。因爲上從宗喀巴，乃至到了現代的達賴喇嘛及一切藏傳佛教（喇嘛教）的喇嘛、仁波切，他們傳承的教法，就是希望透過男女性交達到遍身都有性高潮，透過這樣的過程來說之爲修無上大法，騙人說這樣就是佛教成佛時的**正遍知**，能夠這樣達到全身都有性高潮的快樂觸覺就是修成**報身佛**的果位了，因此就瞧不起正統佛教的釋迦牟尼佛，貶低釋迦牟尼佛爲化身佛。其實，論實質，這與一般男女裸體性交做愛、與道家的洞玄術是沒有任何差別的；但是達賴喇嘛等一切的藏傳佛教（喇嘛教）活佛們，卻把這種譚崔瑜伽世俗淫樂冠上佛法的果位名詞而說得冠冕堂皇，認爲他們這樣的性交、雜交乃是在佛法上的修行，騙人說是高尚尊貴的修行方法。例如十四世達賴喇嘛就是這樣說：

在高潮時，透過特殊的專注技巧，有能力的行者可以

---

54 也就是透過喇嘛上師與九位明妃一一性交行淫之後，再各各射精在九位明妃陰戶之中，然後從這些陰戶之中取得喇嘛上師與九位明妃混合的淫液，這樣集合起來的淫液混合物，名爲甘露，這就是爲弟子灌頂的東西。

55 宗喀巴著，法尊法師譯，《密宗道次第廣論》，妙吉祥出版社，1986.6 初版，頁 399–400。

延長甚深、微細而具力的狀態，利用此來了悟空性。
然而，如果是在凡夫的精神內涵中進行性交，是沒有
任何利益的。[56]

其實這只是意識的境界，錯把凡夫的淫樂境界當作是佛
法中的最高修證，落入外道的五現涅槃中，根本不是佛法，
卻錯認為最高佛法的修行。在編者上一本著作《喇嘛性世界》
中也有介紹到藏傳佛教裡包含了譚崔儀式，儀式當中有奇怪
的「性虔誠」形式[57]。然而這些性儀式對達賴喇嘛這個性交
教主及信徒們，有什麼意義呢？我們從《歷代達賴喇嘛祕史》
作者的描述就可以知道詳情：

在佛教裡(譯案：藏傳佛教)，事實上陰道是投胎之門，
而男女性交則是一種可使人進而接觸宇宙祕密的儀
式。性交的過程根本上是被儀式化的：每一個眼神、
每一個撫摸、每一種接觸的形式都被賦予象徵意義。
性交伴侶們共同尋找一條道路，可以帶領他們通往比
性交行為本身更為崇高之目的地。性交行為給予他們
一種力量、一種知見，而這些是他們在性交行為之外
無法獲得的……[58]

---

[56] 達賴喇嘛著，丁乃竺譯，《達賴生死書》，天下雜誌股份有限公司，
2004.12 第一版第十二次印行，頁158。
[57] 詳情請見〈西藏的譚崔性交〉這篇文章(張善思、呂艾倫編著，《喇
嘛性世界——揭開藏傳佛教譚崔瑜伽的面紗》，正智出版社，2011.7
初版，頁27-29)
[58] 《歷代達賴喇嘛祕史》，第九章，頁129。

達賴喇嘛也在《揭開心智的奧秘》這本書中說：

而最強的感受是在性高潮的時候。這是大樂的修習
(Practice bliss)之所以包括在最高瑜伽密續中的原因
之一。一般人對於無上瑜伽密續(Anuttara yoga tantra)
中，關於性以及其他的象喻存有諸多誤解。性的象喻
真正的理由，完全是因為在四種明光出現的狀況當
中，性高潮最為強烈。因此這種象喻才用在靜坐中，
以延長明光出現的經驗，或使之更清晰鮮明——目的
就在於此。在性高潮時，因為明光出現的經驗較持
久，因此你較有機會加以利用。[59]

　　從達賴喇嘛書中的說明，我們瞭解原來藏傳佛教最高層
次密法「無上瑜伽」的修行內容就是在「性高潮」中，去體
驗所謂的「根本淨光」，或稱之為「明光」，因為達賴喇嘛認
為那是最好的時機。事實上，這只是假藉體驗根本淨光之名
義，實際上是要去追求恣意的性慾享樂而一心不亂領受淫
樂。更何況達賴喇嘛所謂的「根本淨光」，其實只是意識覺
知心中有生有滅的境界罷了，這和佛法中實證不生不滅第八
識如來藏，進而證知萬法都從如來藏中出生的智慧而成就無
漏智，根本一點關係都沒有。

　　達賴喇嘛認為修習「無上瑜伽」的關鍵就是在男女雙修
交合的時候，喇嘛們必須能夠持續保持性高潮而不中斷，控

---

[59] 杰瑞米・海華、法蘭西斯可・瓦瑞拉編著：靳文穎譯，《揭開心智的
　　奧秘》，眾生文化出版有限公司，1996.6 初版，頁 147-148。

制自己不洩漏精液——不射精，並在長時間的性高潮中去體驗根本淨光——體驗覺知心一念不生的專心享樂境界。藏傳佛教認爲這就是證得「無上瑜伽」中的「空樂不二」，就是證得「無漏法」，說這時一念不生享受淫樂的覺知心就是空性，說這樣就是佛法中的開悟，其實只是常見外道所墮的意識境界。讀者若有興趣也可詳閱正覺教育基金會出版的《淺談達賴喇嘛之雙身法——兼論解讀〔密續〕之達文西密碼》[60] 這本書，編者在此僅爲讀者摘錄一些重點舉示。我們再繼續看六世達賴的荒唐事，從中讀者也可以慢慢瞭解「性交教主」乃是歷代達賴喇嘛的別號。

B、滿城盡是達賴六世臨幸過的女人

　　我們看另外一段記載，就知道古西藏的人民在第六世達賴喇嘛的統治下，已經到了迷信的程度，同時我們也可以看到這位性交教主的心，已經淪落到性氾濫、性變態的地步，例如：

有一位早期的達賴喇嘛，他愛女人的嗜好是特別出名的。當時民眾只要家裡有女兒有獲得被達賴喇嘛透過性交來傳授信仰的殊榮，一般的作法就是在他們住家的上方要升起一幢旗子。據說城裡的旗子在風中滿天飄揚。[61]〔作者：Mariana Caplan，書名：*Do You Need a Guru*，

---

[60] 吳明芷居士著，《淺談達賴喇嘛之雙身法》，正覺教育基金會，2008.6 初版。

[61] 我們從達賴在書中常說明必須要雙修性交，可知這些女人乃是被欺

出版社：Thorsons（英國倫敦），出版日期：2002 年〕

那位第六世達賴喇嘛倉央嘉措生於 1683 年，死於
1706 年，生活在以農業爲主的傳統西藏。那距離現
在只不過才幾百年而已。基於他們這種轉世的傳承，
當現任達賴喇嘛自己本身對性交議題表達一、兩個看
法時，我們不需要感到太驚訝。的確，當被問到在他
錯失的世俗經驗當中哪一項讓他感到最遺憾時，這位
已達退休年齡的僧侶「指向自己的鼠蹊，然後笑著說：
『我顯然會懷念這個』。（作者：Mark Ellis，文章名稱："Dalai
Lama: I've Missed Sex"[62]，*The Mirror* 報紙，日期：2003 年 7 月
29 日）」[63]

　　由這裡可以看出來，達賴喇嘛心心念念都是想著「譚崔
性交」，因爲藏傳佛教譚崔性交的教義，就是要透過性交而
將淫行的喜樂說爲修行。現任的達賴喇嘛爲什麼會懷念鼠蹊
部的生殖器官呢？其實每一世的達賴喇嘛都是這樣勤修雙
身法的，他們一向認爲藏傳佛教的成佛都是依靠陽具與女陰
來成就的。例如現代的十四世達賴喇嘛說：

騙的對象。其實這些喇嘛都是性侵害者，只是有的用「邀請、壓迫、
誘拐、欺騙、威脅、逼迫」，我們不僅要反問讀者：您希望被誤導
嗎？

[62] 原書所引網址：
http://www.mirror.co.uk/news/allnews/content_objectid=13231174_meth
od=full_siteid=50143_headline=-DALAI-LAMA--I-VE-MISSED-SEX-
name_page.html。

[63] 《剝開上師僞裝的外衣》，第二十二章，頁 177。

臍處的明點和性器官頂端的明點具有射出的力量，經
由淨化，樂可以轉為不變之大樂，無漏（註：明點精液
的不外洩）同時可用在修行道上。[64]

　　把精液不漏失，套上佛法中超越欲界而且可以不再受生
的出三界無漏法名詞，騙人說他們也證得佛法的無漏法了。
像這樣套上佛法名詞而鼓吹譚崔性交的無上瑜伽說法，在第
十四世達賴喇嘛的另外一本書中也是說明得很清楚：

對於佛教徒（編案：藏傳佛教的喇嘛）來說，倘若修行者
有著堅定的智慧和慈悲，則可以運用性交在修行的
道上，因為這可以引發意識的強大專注力，目的是
為了要彰顯與延長心更深刻的層面（稍早有關死亡過程
時曾描述），為的是要把力量用在強化空性領悟上。否
則僅僅只是性交，與心靈修行完全無關。當一個人
在動機和智慧上的修行已經達到很高的階段，那麼
就算是兩性相交或一般所謂的性交，也不會減損這個人
的純淨行為。在修行道上已達到很高程度的瑜伽行
者，是完全有資格進行雙修，而具有這樣能力的出家
人是可以維持住他的戒律。[65]

　　達賴喇嘛說的**持戒清淨**定義是與佛法中的定義完全不
同，是要每天都與女信徒性交而不射精，才算是持戒清淨；

---

64 達賴喇嘛著，丁乃竺譯，《達賴生死書》，天下雜誌股份有限公司，
　2004.12 第一版第十二次印行，頁 149。
65 達賴喇嘛著，丁乃竺譯，《修行的第一堂課》，先覺出版股份有限公
　司，2003.5 初版 7 刷，頁 177-178。

若有一天沒有與女人性交，依宗喀巴的三昧耶戒規定，就是
持戒不清淨。因爲他們都不受持佛陀設立的戒律，全依自己
施設的三昧耶戒來定義持戒清淨與否。但還是有很多民眾，
乃至學佛人是不知道藏傳佛教就是以譚崔性交爲核心要
點，因爲這些以達賴喇嘛爲首的喇嘛們，常常避重就輕的帶
過或者說謊，高調地說喇嘛們與女信徒性交都是持戒清淨的
人。有時則是睜眼說瞎話扯謊，例如在台灣的達賴喇嘛西藏
宗教基金會的董事長達瓦才仁，很明顯的在媒體面前說謊，
因爲他曾說：「**藏傳佛教絕不允許僧人與女性有雙修的行
爲。**」[66] 可是明明從古時候的一切喇嘛，到現代的十四世
達賴喇嘛，皆在書中明文規定要修雙身法，而且還說明很清
楚、很詳細，達瓦才仁卻是公開說謊話，眞是徹底實踐宗喀
巴在《密宗道次第廣論》卷十四的教導：「（受秘密灌頂後）**汝
可殺有情，受用他人女，不與汝可取，一切說妄語。**」我
們再舉一例證明達瓦才仁說謊，因爲達賴喇嘛主張修性交雙
身法的說法是白紙黑字寫出來，他是有主張過佛教出家人是
可以男女雙修的，例如《達賴喇嘛在哈佛》這本書中說：

當我們經驗心的細品層次時，……這層意識可以轉化
爲了悟空性、無我的智慧……首先行者必須試著停止
粗品意識。因此，必須改變紅、白明點的移動。這就

---

[66] 2011 年 11 月 14 日（週一）〔自由時報記者林良哲、許國楨、謝文
華／綜合報導〕〈聖輪疑搞雙修　再爆比丘尼涉媒合〉
網址：http://www.libertytimes.com.tw/2011/new/nov/14/today-so2.htm。
擷取日期：2012/2/13。

是牽涉到雙修的地方。……行者可加以運用的意識，
是發生在行房之時。因此，雙修是密乘道上的一個法
門。[67]

　　看來藏傳佛教的確是有男女雙修法門的，即使是號稱持
戒最清淨的格魯派[68]，也是倡導雙身法的，他們所謂的持戒
清淨就是依三昧耶戒的規定，每天與女信徒上床精進修行雙
身法。不但如此，達賴喇嘛所弘的藏傳佛教根本教義其實就
是要以雙修達到性交時全身遍樂的目的，說這樣就是佛法中
的**正遍知**成佛境界。

C、只愛與女人性交

　　我們再從法文書籍《歷代達賴喇嘛祕史》第五章中引證
資料繼續瞭解達賴喇嘛傳承的外道性力本質，作者 Gilles
Van Grasdorff 於這個章節裡介紹第六世達賴喇嘛的生平。這
個名為倉央嘉措(Rigdzin Tsangyang Gyatso)第六世達賴喇
嘛，1697 年他十五歲的時候，就來到了布達拉宮。很快地
大家發現他只對女人感興趣，他除了繼承前幾任達賴喇嘛的
性交教主的寶座之外，根據歷史記載，他還是個寫情詩的高
手。作者說他：

---

[67] 達賴喇嘛著，鄭振煌譯，《達賴喇嘛在哈佛》，立緒文化，2004.7
初版，頁 132-133。

[68] 其實格魯派也是修雙身法，而且還更殷勤地修譚崔性交，只因為格
魯派祖師宗喀巴主張「**一切說妄語**」，所以這些喇嘛才會說妄語，讓
民眾以為格魯派最清淨，我們由前舉達賴五世、達賴十四世，以及
達瓦才仁公開說謊的的案例就可以證明。

對修道的學習越來越抗拒。他唯一感興趣的是時輪經
裡的性儀式[69]。他十四歲便開始與多位十歲的女孩共
修時輪金剛灌頂；這些女孩一直到二十歲爲止都被視
爲身上具有正面效果的能量。[70]

　　其實這個說法我們在達賴喇嘛的祖師宗喀巴的著作中
也可以證實，因爲宗喀巴說秘密灌頂時，這些想要性交的喇
嘛，得要找十二歲到二十歲各一位，總共九位明妃一起與師
長修譚崔性交，《密宗道次第廣論》是這樣說的：

爲講經等所傳後密灌頂，謂由師長與自十二至二十
歲九明等至〔由主持密灌的上師與這九位少女或女人同時達到
性高潮〕，俱種金剛注弟子口〔蒐集射精後與九位少女下體
淫液混合的液體名爲俱種金剛，注入接受密灌的弟子口中吞食〕，
依彼灌頂〔要依這種儀式來作灌頂〕。如是第三灌頂前
者，與一明合受妙歡喜。後者隨與九明等至，即由
彼彼所生妙喜。[71]

　　也就是說，六世達賴從十四歲開始，就按照宗喀巴在《密
宗道次第廣論》的教導，實踐譚崔性交的輪座雜交，這樣的
灌頂必須由師長輩的喇嘛活佛與九位明妃性伴侶——從十
二歲至二十歲每種年齡各一名，一一與上師喇嘛實修譚崔
性交以後，並且與每一位明妃同時進入第四喜的性高潮之

---

[69] 《時輪經》相關譚崔性交的內容，請參考本書後面第二章的舉證。

[70] 《歷代達賴喇嘛祕史》，第五章，頁 79。

[71] 宗喀巴著，法尊法師譯，《密宗道次第廣論》，妙吉祥出版社，
1986.6 初版，頁 399-400。

中，這樣來觀樂空不二；然後這個上師喇嘛再一一射精於這些明妃佛母的下體之中，這樣全部收集在一起而拿來灌頂使用。因爲這些喇嘛都妄想得到「具有正面效果的能量」，這樣來採陰補陽。十四世達賴喇嘛在自己的書中也說：

> 當行者在密宗道達到較高層次時，他們會被要求去尋找明妃〔女性密宗修行人〕或勇父〔喇嘛或男性密宗修行人〕以作爲入道的動力，當進行雙運時〔一面動作引生淫樂同時觀察淫樂及受樂的覺知心空無形色而說爲空性〕，男性行者有較高的證量就可以幫助女性行者證悟佛果；同理，女性行者如果有較高的證量也可以協助男性行者證悟。因此不論行者的性別，其效果是互補的。[72]

　　這根本與佛法中說的空性或開悟完全無關，但是回到世間法的健身或所謂的佛法上面來說，眞的能夠如達賴喇嘛說的獲得互補嗎？其實都只是喇嘛教的謊言，因爲實際上這些女性都是被性侵的對象，只是透過宗教的謊言，加上政治的勢力，這樣在迷信的人之中才能得逞。我們再看一則文獻說明就知道：

> 無論如何，達賴喇嘛祖國裡的其他喇嘛看來「錯失」性交的程度跟他不一樣；猶如一位西方女性教師兼藏傳佛教信徒嘗試著整理她自己本身對這個議題的感受時，說道：「這位年長的喇嘛——一位已實證了無上

---

[72] 第十四世達賴喇嘛著，陳琴富譯，《藏傳佛教世界》，立緒文化事業有限公司，2004.10 初版八刷，頁 110。

金剛乘大手印修行法的上師—怎麼會找他寺院裡的
一位十三歲或十四歲的比丘尼每一年擔任他的性交
明妃呢？這位喇嘛的妻子又作何感想呢？……我曾經
與多位和自己的喇嘛上師上過床的西方女子交談
過。有一些女子說她們很喜歡那麼做，因為那會讓她
們感到自己很特殊。有一些女子則說她們感到自己被
利用，因而離開修行之道。另一些女子說她們就像母
親般地照顧那些喇嘛。但沒有任何一位女子把與喇嘛
上床的經驗述說成是一種獲得法義的經驗[73]；那些性
交本身一點譚崔的內容都沒有。性交的受益者是喇
嘛，不是那些女子。」〔作者：Jack Kornfield，書名：*After the
Ecstasy, the Laundry: How the Heart Grows Wise on the Spiritual
Path*，出版社：Bantam（美國紐約），出版日期：2000 年〕[74]

　　修譚崔性交的藏傳佛教喇嘛活佛上師們，他們的目的就
只是要性交罷了，因此透過可以快速成佛的謊言來迷惑女
性，而讓這些女性願意與他們性交，因此得到佛母的名號。
論實質來說，這些喇嘛都是性侵害、性詐欺者，都是假藉佛

---

[73] 在《喇嘛性世界》引用的〈我是坦特羅（譚崔）密教的性奴隸〉這篇
報導中，曾經擔任卡盧仁波切的明妃（秘密性伴侶）的蘇格蘭哲學家
June Campbell 女士也質疑：【整個坦特羅（譚崔）密教思想會不會
根本只不過是個大妄想？而密教無上瑜伽的男女雙修與一般男女的
做愛真的是否有任何差別？】（張善思、呂艾倫編著，《喇嘛性世界
——揭開藏傳佛教譚崔瑜伽的面紗》，正智出版社，2011.7 初版，頁
57）

[74] 《剝開上師偽裝的外衣》，第二十二章，頁 178。

法的名義，針對不同的女性而用「邀請、壓迫、誘拐、欺騙、威脅、逼迫」等種種手段達成罷了，因此這篇文章的作者才說「**性交的受益者是喇嘛，不是那些女子**」。例如：現任達賴喇嘛在他的書籍中，就有提到性交開悟的說法。如達賴喇嘛說：

> 印度大師佛智所撰《文殊聖語》提到，吾人的身體結構和四大，即使是在凡夫的層次，在睡覺、打哈欠、昏厥和**性高潮的時候，也會自然地經驗到明光的微細層次**。……在這四種狀態中，進一步發展的**最佳機會是性交**。雖然我使用「性高潮」這個普通名詞，卻不是指一般的性行為，而是觀想與明妃交合的經驗，……。[75]

達賴喇嘛這個說法是與譚崔瑜伽大師奧修的說法一致，都是主張要在性高潮的時候來修行，如奧修說：

> 一個達到靜心的人能夠在一天二十四小時裡面持續地經驗著伴侶只能在**性高潮當中才能夠經驗的同樣的喜樂**。這兩種喜樂的經驗當中並沒有基本的差別。[76]

---

[75] 達賴喇嘛文集(3)，達賴喇嘛著，鄭振煌譯，《西藏佛教的修行道》，慧炬出版社，2001.3 初版一刷，頁 36。

[76] 奧修著，謙達那譯，《了解性、超越性──從性到超意識》奧修心靈系列 59，奧修出版社，2006.4 初版，頁 33，ISBN 書號 9578693648。

　　因此現見各地有很多喇嘛性侵、性詐欺事件的發生[77]，顯然不是巧合，都不是偶發的個案；因爲達賴喇嘛所弘揚的藏傳佛教（喇嘛教、性交教）根本教義就是這樣，都假借佛教開悟的名義，其實目的就是喇嘛想要找女人性交得到性高潮來洩慾罷了，性交樂空雙運完畢以後，喇嘛與女信徒們都沒有證得什麼佛法，對佛教的教義依舊是門外漢，因此才說「**性交的受益者是喇嘛，不是那些女子**」。瞭解這個前提以後，讀者們接觸到這些喇嘛們時，應該要以智慧簡擇，這樣來保護自己不被性侵。編者在此請問讀者：您希望被誤導嗎？您願意被性侵嗎？

D、每夜與女人交合，不丟一滴精液

　　我們再從耶律大石先生編譯的《西藏文化談》中可以得知六世達賴的荒唐歷史，然後舉出一些文獻證據，並加以說明分析達賴喇嘛所弘揚的藏傳佛教（性交教）的本質。《西藏文化談》書中說：

我們再來看倉央嘉措的「愛情生活」：

---即使我每夜都和女人交合，

---我也從來不丟失一滴精液。（參見 John Stevens 的 *Lust und Erleuchtung. Sexualitaet im Buddhismus*，Bern，1993）

倉央嘉措在這裏要表明什麼？哪位藏迷能給個解釋？據稱倉央嘉措曾在布達拉宮的頂上給他的手下

---

[77] 如《喇嘛性世界》中所舉證甚多世界各地性侵的事件報導，頁 57-59。

做過如下表演：他將尿撒出去後再用陽具將尿液吸收回來。（參看 Guenther Schulemann,：*Die Geschichte der Dalai Lamas*, Leipzig 1958）誰知道倉央嘉措練的是什麼功？[78]

這裡提到六世達賴在他的情詩中說：「即使我每夜都和女人交合，我也從來不丟失一滴精液。」乃至提到六世達賴「練的是什麼功？」看來一般人無法想像，事實上這是藏傳佛教（喇嘛教）的喇嘛們爲了勤修雙身法而練的閨房性交技巧。不僅六世達賴是這麼說，現任性交教主—第十四世達賴喇嘛—也有同樣的說法，我們看十四世的達賴喇嘛這樣說：

同樣的，有時侯貪心在特殊的情況下，可以轉爲菩提道用，所以觀想本尊的時侯，有時可以看到女相的本尊。至於喝酒、吃肉以及男女的結交，這唯有在無上瑜伽才有講到的，其他三部沒有。在無上瑜伽中，有講到喝酒、吃肉的問題，而這是與男女結交有關係的。其中談到最主要的問題，就是男女的結交問題，也就是雙身的問題。以瑜伽者來講，如果他是男性，他所依的就是佛母，瑜伽者若是女性的話，那她所依的就是佛父。也就是說佛父佛母是互相依靠的。爲什麼呢？因爲經由身軀的結交之後，

---

[78] 《西藏文化談》〈楔子（序）──也說六世達賴倉央嘉措逸事〉，頁3。（耶律大石編譯，原著 Trimondi《達賴喇嘛的陰暗面─藏傳佛教的雙修、巫術與政治》*Der Schatten des Dalai Lama - Sexualität, Magie und Politik im tibetischen Buddhismus*）

粗分的意識和氣流會慢慢的緩和下來，漸漸的消失了！而為了使達到最究竟的目的，所以他必須產生大樂才有辦法，為了能永恆的保持這個大樂，所以他的精液絕對不能漏出，一滴都不能漏出，他有辦法運用這個精液！假使他在行雙身法時，將精液射出來，那他必須要有辦法一滴不漏的收回，否則就是違背了梵行，就是犯了大罪。[79]

　　這根本就不是梵行，因為梵行者是住在初禪的境界中，早就遠離欲界愛；當他死後往生到色界天以後，所住的初禪天境界中連異性都不存在，所有人都是中性身而沒有男女根。當他仍然在世時，並沒有特別想要看到異性，對所有異性只是當作有情眾生而沒接觸的慾望，更不會有想要交合的慾望，這才是梵行的真義；達賴卻自己曲解說，與女人性交射精後，只要能夠吸回身中就是清淨的梵行，這是公開說謊欺瞞大眾。其實在一般男女性行為當中，男方最終必將因為高潮射精而漏失精液，也就是達賴喇嘛所謂的損失精氣能量；即使能像道家房中術一樣忍住而不射精，仍然不是梵行。達賴喇嘛在《藏傳佛教世界》中又說：

在這四種自然發生的狀態中，給我們體驗根本淨光最好的機會是性高潮。……修行雙運的前提是行者

---

[79] 理成紀錄，〈達賴喇嘛和中國佛教訪問團之問答〉，達香寺法訊〈利生〉，中華民國八十七年元月刊（27期），第二版。

必須有能力不漏點。根據《時輪本續》的解釋，性液的外漏對修行是有傷害的，本續中強調行者要能保持自己不外漏，即使是夢遺也不行。[80]

　　然而藏傳佛教性交教主─達賴喇嘛十四世─卻在書中標榜：**不只精液可以不漏失，甚至還要能吸收性伴侶的精氣能量，而且反向逆引這一個女性淫液及男性精液混合能量而上傳至頭部！**但是實質上，這都只是喇嘛們的妄想罷了。我們看達賴喇嘛也在他的書中怎麼說：

例如，從事一般性交行為的平凡男女，其生殖液的移動，大大不同於從事性交行為的高度得證瑜伽士和瑜伽女。儘管這男人和女人的生理構造不盡相同，但是從生殖液開始流下直到某個特定部位的時候，應該還是有相似的地方。平凡人的性交行為與高度得證密續修行人的性交行為，生殖液都會流到生殖器的部位，差別在於是否能控制生殖液的流動。密續修行人被要求必須能控制生殖液的流動，所以經驗豐富的修行人甚至可以讓生殖液逆流，即使當它已經抵達生殖器的尖端時也不例外。經驗較不豐富的修行人就得在離尖端較遠處便使它逆流，因為如果生殖液流到太近尖端的位置，會比較難控制。有種方法可以訓練控制力，那就是將吸管插入

---

[80] 第十四世達賴喇嘛著，陳琴富譯，《藏傳佛教世界》，立緒文化事業有限公司，2004.10 初版八刷，頁 93。

生殖器，瑜伽士先透過吸管把水吸上去，然後吸牛
奶，藉以增強性交時生殖液逆行的能力。經驗豐富
的修行人不僅可以從非常低的位置讓生殖液逆行，
也可以讓生殖液回到頭頂的部位，即生殖液原來降
下來的地方。[81]

　　其實這樣的籠罩說法，連達賴喇嘛自己都做不到，乃至
現代的喇嘛們也都辦不到，因為現見藏傳佛教的一切喇嘛都
沒有這個功夫，因此才搞出很多性侵後，乃至最後墮胎或懷
孕生子的事件發生；或者射精後逼女信徒要吞下他們射出的
精液，謊稱是白菩提，想要避免射精後違犯了密宗的三昧耶
戒，然後對外宣稱這樣就是持戒清淨了。就算達賴喇嘛所說
的吸回身中的功夫是可以辦得到，也就是他們與女人性交
後，當他們的精液射出體外後，有辦法可以一滴不漏的從陽
具吸回身中。就算諸喇嘛們真的可以辦到，那仍然是邪說，
不是正統佛法，因為完全不符合佛法三乘菩提的正理。而且
這種唬人的說法，其實，早就被有智之士公開破斥過了[82]，
達賴喇嘛所說將精液、尿液吸回腹中的功夫，實質上是與佛
法一點關係都沒有。更何況達賴喇嘛說要吸回原來的地方，
乃至引到頭部頂上，那根本就是謊言。其實就算能夠吸回，

[81] 達賴喇嘛著，楊書婷、姚怡平譯，《心與夢的解析》，大是文化有限公司，2008.9 初版，頁 186-187。

[82] 詳細破斥內容，請參考平實導師著《狂密與真密》第四輯，正智出版社，頁 1330-1332、1357-1358。或參考《達賴真面目——玩盡天下女人》（中英對照版），附錄三〈達賴雙身法舉證〉，正智出版社，2011.1 出版，頁 173-177。

也只是吸回膀胱而已，絕對不是原來的貯精囊中。我們舉出平實導師在《狂密與眞密》第四輯中的一段破斥文，來說明達賴喇嘛這種邪說的落處：

> 復次，密宗常以上師是否能於合修雙身法時，達到大樂而享受射精之至樂後，復將射出之精液吸回腹中而上提遍於全身，作爲上師是否眞已具足傳授密法之證量。然此邪見有大過失：謂射精後，重新吸回身中時，已非吸回精囊中，而是吸回膀胱，與尿液混雜，稍後仍將因爲尿急而排出體外，有何「不損精氣」之可言者？若謂「吸回膀胱中，無礙於提取精液之淨分」者，其言與實情不符，精液已與尿液混雜故；除非能另行發明一法，將尿液與精液之氣分隔離。是故密宗所主張：「不能射精後重新吸回腹中者，不可修證雙身法」之明禁，以及主張：「若有重新吸回腹中之功夫者，即可與一切女人合修雙身法，包括比丘尼、母、女、姨母、舅母等皆可合修」之明禁行，如是等三昧耶十四根本戒，其實皆是依於外道邪見而施設之戒禁取見也。

> 復次，享受大樂而射精後，吸取淨分者，何如令其留存身中繼續安住而不令出？不如世俗氣功之直接上提，更加有益自身也，何須行淫令出而後吸之？多此一舉也。復次，密宗所修由異性身中吸取淫液淨分之行，同於中國房中術採陰補陽之妄想，縱使眞能採陰補陽，俾益自己色身，又何益於佛法之修

證乎！其實與佛法解脫道及佛菩提道悉皆無干也。以如是外道法修證、與佛法無關之密宗上師，而遵崇之遠過於 佛，豈非顛倒想耶？

密教既然不肯依 釋尊所說之法為主為歸，而依密教上師等人為主為歸，而諸密宗上師所弘之法復又全是外道法，悉與解脫道及佛菩提道完全無關，則可了知密教絕非佛教；何以故？謂彼等所說諸法，悉皆不能與 佛說諸經互相比對印證故，悉皆與 佛說諸經法義互相違背故，由是可知密教絕非佛教也。[83]

　　後來達賴喇嘛知道平實導師在書中如此辨正，他刻意在後來出版的書中辯稱確實是吸回身中原來的地方；然而他這個說法是永遠經不起醫學檢驗的，只是重施故技而在原來的謊言上面再加上一重謊言罷了。而他說的這些樂空雙運的法義，從生起次第到最後的無上瑜伽，全都與佛法的實修無關，只是盜用佛教表相、佛法名詞來欺騙世人；由此證明達賴喇嘛說的佛法修行、功夫、證量、開悟、空性、梵行、無漏的本質，都只是一場世紀大騙局，證明達賴喇嘛在本質上只是一個冒充佛教僧人的騙子。

E、放蕩者的稱號

　　我們繼續看《西藏文化談》[84]書中所陳述的內容：

---

[83] 平實導師著，《狂密與真密》第四輯，正智出版社，頁 1330-1332。

[84] 《西藏文化談》，正覺教育基金會，2008.3 初版。（耶律大石編譯，

再來看倉央嘉措的詩：

----將清澈的雪山水

----和魔蛇的金剛（Vajra）滴露混合，

----再加上一點仙液。

----讓女飛天（Dakini）作甜酒女郎。

----如果你懷著純淨的願望飲下，

----你就不會再有危險去品嚐地獄的滋味。（參見 Per K. Sorensen: Divinity secularized. An inquiry into the nature and form of songs ascribed to the sixth Dalai Lama, Wien 1990）

----只要那一輪蒼白的月亮還在東山之上

----我就仍在從姑娘的體中

----抽取喜悅和力量（參見 Erwin Erasmus Koch: *Auf dem Dach der Welt. Tibet.Die Geschichte der Dalai Lamas*, Frankfurt 1960）

比起前一首來，這兩首詩算是隱諱多了，不加解釋，常人看了不知所云，如同《離騷》中的美人香草，倉央嘉措的詩中是有所指的，我在這裏先不做深入解釋。倉央嘉措還在布達拉宮裏建了一個「蛇房」，將拉薩城裏的娼妓酒女找來「作法」。根據 Sorensen 所說，倉央嘉措和這些女子的交合儀式是有象徵意義的。

寫了這麼一段與常人印象迥異的倉央嘉措，想使大家

原著 Trimondi《達賴喇嘛的陰暗面—藏傳佛教的雙修、巫術與政治》 *Der Schatten des Dalai Lama - Sexualität, Magie* und *Politik im tibetischen Buddhismus*）

明白，如果不瞭解喇嘛教的本質，光靠現代人自以為
是的天真幻想去解釋（舊）西藏是多麼的荒誕可笑。
不光是倉央嘉措，整個喇嘛教都躲藏在虛假的外殼
裏，我希望通過我的文章能使大家對喇嘛教的本質有
所瞭解。[85]

　　這位達賴喇嘛還在布達拉宮的「蛇房」與娼妓酒女「作
法——修譚崔性交的樂空雙運」，這樣的行為是非常吻合藏
傳佛教（喇嘛教、性交教）性交教主的名號。《歷代達賴喇嘛祕
史》的作者 Gilles Van Grasdorff 也是這樣描述：

1702 年，倉央嘉措才剛剛滿十九歲。他的初戀情人離
開他了，不過從此以後，這位達賴喇嘛不斷地與妓女
和酒館侍女發生關係。[86]

　　因此這樣不斷地與妓女和酒館侍女發生性關係的行
為，就如同前頁所引達賴喇嘛自己的詩中說：「當我在城裏
街頭遊蕩，人們都稱我為娼妓王子。」[87] 據說在一家位於紅
丘陵的啤酒屋裡他被取了「**放蕩者**」的外號。Gilles Van

---

[85] 《西藏文化談》〈楔子（序）——也說六世達賴倉央嘉措逸事〉，頁
　　3-5。（耶律大石編譯，原著 Trimondi《達賴喇嘛的陰暗面—藏傳佛教
　　的雙修、巫術與政治》*Der Schatten des Dalai Lama - Sexualität, Magie
　　und Politik im tibetischen Buddhismus*）
[86] 《歷代達賴喇嘛祕史》，第五章，頁 81。
[87] 《西藏文化談》〈楔子（序）——也說六世達賴倉央嘉措逸事〉，頁 2。
　　（耶律大石編譯，原著 Trimondi《達賴喇嘛的陰暗面—藏傳佛教的雙
　　修、巫術與政治》*Der Schatten des Dalai Lama - Sexualität, Magie und
　　Politik im tibetischen Buddhismus*）

Grasdorff 書中敘述他在那裡度過的一個夜晚：

君主（譯案：指第六世達賴喇嘛）馬上就注意到攝政者
Sangye Gyatso 也在那裡；隨著歲月的流逝 Sangye
Gyatso 已成為他夜晚共同放蕩的同伴。這又是一個很
漫長的夜晚；像這樣的夜晚不難看到第六世達賴喇嘛
詮釋他自己撰寫的劇本，或詼諧地朗誦歸依三寶的改
編文；所謂三寶就是佛、法、僧，指的就是教導者、
教導的內容以及僧團；據說這篇改編文的作者是竹巴
袞列（Drukpa Kunley）：

我歸依老人已變乖的陰莖；陰莖的根已枯萎了，猶
如一棵枯死的樹一般翻倒著。
我歸依老婦女鬆弛的陰道；陰道已經敗壞了，無法
進入，猶如一塊海綿一般。
我歸依年輕老虎陽剛的閃電；閃電很驕傲地豎立
著，不畏懼死亡。
我歸依少女的蓮花[88]，以大喜樂[89] 的巨浪灌滿她，

88 以達賴喇嘛為首的藏傳佛教喇嘛們，在他們的秘密術語中，所謂的
蓮花，就是女性的性器官陰戶。如學者書中說明：【隨著雙身修法的
出現，加之這種修法只由師徒單傳，不做公開宣講，因此又產生一
系列象徵性的、為修法時使用的秘密術語。如以「金剛」表陽具，以「蓮
花」表陰戶，以「入三昧耶」表男女事，等等。雙身修法和大樂思想
來自印度教的性力派。】李冀誠、顧綬康編著的《西藏佛教密宗藝
術》，外文出版社（北京），1991 年第一版，頁 34。詳圖請參閱附
錄五 B·達賴喇嘛生殖崇拜性圖騰。
89 大喜樂就是性高潮時的明光境界。達賴喇嘛說：【而最強的感受是在
性高潮的時候，這是大樂的修習之所以包括在最高瑜伽密續中的原

並幫她解除心中所有的羞愧和壓抑……。[90]

　　我們仔細觀察現任達賴喇嘛所弘傳的「藏傳佛教」，其教義乃是以「譚崔性交」爲本質之宗教，與佛教中的修行法門及實證境界完全無關，應該稱爲「喇嘛教、性交教」才對。編者在上一本書中，引用〈藏傳佛教、印度慾經和譚崔性交〉這篇文章，就說明得很清楚：「**西藏佛教徒所信仰的宗教，是有著佛教的表相，但內涵卻是他們原本以大自然和性交爲本質的宗教。**」[91]，這是幾位旅居中國的歐美作家深入西藏瞭解喇嘛教以後的結論。而且喇嘛教所說內容，也是與釋迦牟尼佛在大乘與小乘中所教導的「離欲」[92]完全背離，全無佛教的本質，根本不是佛教。

因之一。……**性高潮時，因爲明光出現的經驗較持久，因此你較有機會加以利用。**】（杰瑞米・海華、法蘭西斯可・瓦瑞拉編著：靳文穎譯，《揭開心智的奧秘》，眾生文化出版有限公司，1996.6 初版，頁 147-148）。

[90] 《歷代達賴喇嘛祕史》，第五章，頁 82-83。

[91] 張善思、呂艾倫編者，《喇嘛性世界》，正智出版社，頁 18。

[92] 佛陀在《楞嚴經》卷 6 中說：【阿難！云何攝心、我名爲戒？若諸世界六道眾生，其心不婬，則不隨其生死相續。汝修三昧，本出塵勞；婬心不除，塵不可出；縱有多智、禪定現前，**如不斷婬必落魔道**：上品魔王，中品魔民，下品魔女；彼等諸魔亦有徒眾，各各自謂成無上道；我滅度後，末法之中多此魔民，熾盛世間廣行貪婬，爲善知識，令諸眾生落愛見坑，失菩提路；汝教世人修三摩地，先斷心婬，是名如來先佛世尊第一決定清淨明誨。】（大正藏，冊 19，《大佛頂如來密因修證了義諸菩薩萬行首楞嚴經》卷 6，頁 131 下 15-24。）

（五）達賴七世至十三世：短命夭折且多災的活佛

　　據說第六世達賴喇嘛於 1706 年 11 月 14 日被暗殺[93]；也有傳言指出是清朝的康熙皇帝下令處死，不過至今仍無法證實。但這個達賴六世卻是把「性交教主」身分發揮到淋漓盡致，雖然最後還是被放逐而死於非命；乃至達賴六世之後的多位達賴喇嘛，也是慘遭短命夭折的宿命，或者過著流亡的生活。我們看之後的達賴七世到達賴十三世的壽命[94]，就知道很多任達賴喇嘛都是一、二十歲就夭折死亡，乃至有的只有九歲就死亡，或者被暗殺而死，或者因病而死，或者性交過多而死，或者流亡他鄉過著顛沛流離的日子[95]；這些短命夭折的詳細原因說法有很多種，不管是哪一種說法，所呈現出來的結果就是：**這些達賴喇嘛是短命、無福的人，不可能是佛或菩薩**。然而現代藏傳佛教（喇嘛教、性交教）卻常常宣傳達賴喇嘛為觀世音菩薩轉世化身，例如：在「第十四世達賴喇嘛官方國際華文網站」上面就說：「**達賴喇嘛每一世向來都被視為觀世音菩薩之化身，而觀世音菩薩是代表慈**

---

[93]《歷代達賴喇嘛祕史》，第五章，頁 84。

[94] 達賴七世（1708-1757）49 歲、達賴八世（1758-1804）46 歲、達賴九世（1806-1815）9 歲、達賴十世（1816-1837）21 歲、達賴十一世（1838-1856）18 歲、達賴十二世（1856-1875）19 歲、達賴十三世（1876-1933）67 歲，資料來源：達賴喇嘛西藏宗教基金會資訊網，網址：http://www.tibet.org.tw/snowtibet_his_6.php。

[95] 達賴十三世算是比較多一點壽命，但是卻過著長達十多年二次流亡逃難的日子。資料來源：達賴喇嘛西藏宗教基金會資訊網，網址：http://www.tibet.org.tw/snowtibet_his_6.php。

悲的菩薩，也是守護西藏的菩薩。」[96] 然而這樣的謊言，對於理智而不迷信的人來說，其實很容易揭穿；只有迷信愚癡的人才會相信。

　　我們可以發現歷任的達賴喇嘛多是性交教主，他們靠這樣的傳承在古西藏地區流傳著佛菩薩轉世的謊言，也都以性力派的譚崔瑜伽雙身法為主修；而今達賴喇嘛已經號稱轉世十四次了，現任的達賴喇嘛為第十四世；但是我們從可稽的歷史資料及事實來看，這些歷代達賴喇嘛絕大多數都是未成年即夭折死亡，短命早夭的多；乃至前幾世的達賴喇嘛也是被暗殺、處死，或者具有嚴重貪愛淫慾、殘暴等無福的跡象。然而佛法中的觀世音菩薩卻是倒駕慈航的妙覺菩薩，福慧雙具的妙覺菩薩豈會有如此無福橫逆之果報呢？由這個簡單的事實現象與道理，有智者就可以知道達賴喇嘛根本就不是觀世音菩薩轉世，他只是一介凡夫而已。

　　然而，在古西藏地區文明不發達的時期，卻被政教合一的愚民政策及宗教信仰的宣傳手段，吹捧為大菩薩轉世化身。法國知名歷史學家 Gilles Van Grasdorff 經過多方查證以後，在他的書中做了以下的結論：「**達賴喇嘛及西藏經由櫥窗所展現出來的故事太美妙了，不可能是真實。**」[97] 事實上也是如此，這樣的編造的神話謊言已經慢慢沒有用了，因

---

[96] 網址：http://www.dalailamaworld.com/topic.php?t=48，2012/1/28 擷取。

[97] 法文原文 "l'histoire du dalaï-lama et du Tibet se cache derrière une vitrine bien trop idyllique pour être réelle. ，《歷代達賴喇嘛祕史》，序，頁 18。

爲到了現代資訊發達、交通便利的時期，可以多方查證而知
道眞實面。尤其過去十多年來，諸多證據、性醜聞案及多位
西方作家揭發了達賴喇嘛所弘藏傳佛教（喇嘛教、性交教）不
爲人知的一面，令大眾感到錯愕，並且發現很多事實證明，
達賴喇嘛的傳說及藏傳佛教（喇嘛教、性交教）所說的修證內
涵皆是謊言。

（六）達賴十四世：流亡不忘譚崔性交的末代達賴

　　達賴十四世乃是現任的性交教主，也可能是末代的達賴
喇嘛，但他一生幾乎不住在西藏，卻認爲自己是一個過去舊
西藏統治者的流亡皇帝。雖然如此，從前面所舉甚多文獻證
據，顯示出十四世達賴喇嘛書中主張修雙身法的內涵，因此
可以知道，達賴喇嘛雖然在流亡，然而在雙身法的實修上面
卻是沒有少過。例如：第十四世達賴喇嘛公開主持的《時輪
經》灌頂儀式就不下二十五次[98]，顯然他對《時輪經》中全
部的性交儀式灌頂非常熟悉。例如耶律大石編譯的書中提到
十四世達賴喇嘛非常喜歡《時輪經》中譚崔性交的實修：

　　1953 年，十四世達賴第一次接受《時輪經》灌頂，
　　主持大喇嘛是 Ling Rinpoche(林仁波切)，他受到第幾級
　　的灌頂？這是個秘密。此儀式使十四世達賴受到很大

---

[98] 資料來源：《西藏文化談》，第十七章，頁 90。（耶律大石編譯，
原著 Trimondi《達賴喇嘛的陰暗面─藏傳佛教的雙修、巫術與政治》
*Der Schatten des Dalai Lama - Sexualität, Magie und Politik im
tibetischen Buddhismus*）

衝擊(生理上和心理上)，他立即坐關一個月。他從此
認為《時輪經》極樂境界，決心要比他任何一個「前
任」都更多地主持舉行《時輪經》灌頂。1954 年，
十四世達賴第一次主持《時輪經》灌頂，根據他自己
的透露，是應「一群俗家女性」的要求而舉行此儀式
的。如果大家瞭解那個年代西藏的社會狀況，不知道
什麼樣的「俗家女性」能夠接近年輕的「活佛」，並
且可以向他提出宗教上如此意義重大的要求？1956
年和 1957 年，十四世達賴再次在拉薩主持《時輪經》
灌頂，1970 年他主持了離開西藏以後的第一次《時
輪經》灌頂，據他自稱在此前他有一個夢：「當我醒
來時，我知道，我將在未來盡可能地多舉行此種儀
式。在我的前生我和《時輪經》有緊密的關係，這是
緣份。」[99]

　　事實上自古以來整個藏傳佛教的寺院都是在修這個
法，但因上師與明妃合體修雙身性交，是不容於重視倫理
的華人社會，因此喇嘛上師們特別交代要隱密、秘密來修
這個雙身法。例如十四世達賴喇嘛在他的書上說：「修習密
教必須隱密」[100]，如果是一個正統的修行法，為什麼要隱
密呢？我們下一章將帶領大家來看這個《時輪經》所描述的

---

[99]　《西藏文化談》，頁 89。（耶律大石編譯，原著 Trimondi《達賴喇
　　嘛的陰暗面─藏傳佛教的雙修、巫術與政治》*Der Schatten des Dalai
　　Lama - Sexualität, Magie und Politik im tibetischen Buddhismus*）
[100]　達賴喇嘛十四世著，黃啓霖譯，《圓滿之愛》，時報文化出版企業
　　有限公司，1991.9 初版一刷，頁 149。

內涵，瞭解之後，讀者就知道：原來達賴喇嘛眞是名符其實的性交教主。他當然不是佛教徒。

二、藏傳佛教的《時輪經》

──變態的性交灌頂儀式

俗話說：「千呼萬喚始出來，猶抱琵琶半遮面」，這在引述一個女子要大家千呼萬喚才肯出來，但出來的時候仍然遮遮掩掩地，很害羞地抱著琵琶遮住自己半邊的面容，不敢讓大家清楚地看見；這是古代女子不樂於拋頭露面的羞報，是很貞淑的表現；但似乎也很適合用來形容藏傳佛教不合人倫的修行狀態，因此達賴教導這類喇嘛修行無上瑜伽時，都得非常隱晦而見不了光明[1]，其中又以《時輪續》之類的譚崔性交修行法最不能曝光。

然而十四世達賴喇嘛卻認為《時輪經》是極樂境界，決心要比他任何一個「前任達賴喇嘛」都更多地去主持、舉行《時輪經》灌頂。但是這個《時輪經》其實都是以譚崔性交為主要核心內涵，事實上達賴所傳喇嘛教的中心議題就是「譚崔性交」。這個譚崔性交又以《時輪經》[2]為依據，有時候用《時輪續》的名字[3]。這些修《時輪經》的舊西藏喇嘛們，經過一代又一代的政治鬥爭，到目前為止，是以達賴喇

---

[1] 如前達賴喇嘛在書上所說：【修習密教必須隱秘】。

[2] 【產生於十世紀的《時輪經》是密宗最後一個經文，它代表著密宗教義的最高峰。】（《西藏文化談》，頁46）。

[3] http://www.dalailamaworld.com/topic.php?t=110。2012/2/13 擷取

嘛為修《時輪經》的最高代表，具有傳承教主的本質意義，若是對於《時輪經》的內容沒有實際修練過，就不能代表藏傳佛教成為喇嘛教的「大寶法王」，因此各代的達賴喇嘛，乃至現在的性交教主—十四世達賴喇嘛—才會那麼重視《時輪經》的弘傳與修證。

（一）時輪經簡介——以性交為主的宗教儀式

其實譚崔性交的目標就是號稱可以**即身成佛**——盡此一生鍛鍊譚崔性交而能掌握男女兩性能量的能力，希望達到解脫的境界[4]。但是這都是達賴喇嘛們的妄想，因為性交的方法既不可能增長能量，而譚崔性交的境界也不離欲界貪愛的惡法，與真正佛法中所修的解脫不相應。喇嘛們卻是要秘密修行，乃至不能告訴任何不修雙身法的人，恐怕洩漏雙身法不堪入目的修行內容；因為這些譚崔性交根本不符合社會倫常的普世價值，唯恐世人知道這些底細而不再給與喇嘛們供養，因此達賴喇嘛才會說：「修習密教必須隱秘」。耶律大石先生編譯的《西藏文化談》第 48 頁中也說：

《時輪經》屬於密宗最高的神秘經文（Anuttara-Yoga-Tantra——無上瑜伽），它的秘密內涵是喇嘛教千方百計想要隱藏的，比如我們在喇嘛 Ngawang Dhargyey

---

[4] 作者瓦弗夫列（Bruno Waldvogel-Frei），《達賴喇嘛微笑了…藏傳佛教的陰暗面》（*Und der Dalai Lama lächelte... Die dunklen Seiten des tibetischen Buddhismus*），Schwengeler 出版社（瑞士 Berneck），2002，2004 第 2 版，頁 17。

關於《時輪經》的書中讀到:「要限制此書的擴散!
只有受過《時輪經》灌頂的人才可以閱讀。不小心而
產生的後果對本教的影響將是很負面的。」(參閱
Lharampa Ngawang Dhargyey: A commentary of the Kalachakra
Tantra, New Delhi 1985)

　　《時輪經》一共有十五級灌頂儀式,最低的七級是公開
的,這時達賴喇嘛心中對於灌頂時的譚崔性交觀想都不會告
訴受灌的信徒。而第十二到第十五級灌頂,是最高也是最秘
密的實際性交灌頂儀式。讀者若有興趣了解可以詳細閱讀
《西藏文化談》[5] 這本書第九章到第十二章(第 46 頁至第 66
頁)關於時輪大法的內容。若是對於達賴喇嘛所傳藏傳佛教
與正信佛教不同的內涵部分,讀者亦可參考平實導師著《狂
密與真密》四鉅冊[6],此套書中有更為詳細的辨正內涵。

　　前面所舉十四世達賴喇嘛在他的著作《藏傳佛教世界》
中,有交代《時輪續──時輪經》中有關雙身法的說明:

在這四種自然發生的狀態中,給我們體驗根本淨光
最好的機會是性高潮。……修行雙運的前提是行者
必須有能力不漏點(編案:不漏出精液)。根據《時輪本

---

[5] 耶律大石編譯,《西藏文化談》,正覺教育基金會,2008.3 初版。(原
　著 Trimondi《達賴喇嘛的陰暗面─藏傳佛教的雙修、巫術與政治》Der
　Schatten des Dalai Lama - Sexualität, Magie und Politik im tibetischen
　Buddhismus)
[6]《狂密與真密》第一輯~第四輯,正智出版社(台北市),2002 年初
　版。

續》的解釋，性液的外漏對修行是有傷害的，本續中
強調行者要能保持自己不外漏，即使是夢遺也不
行。[7]

　　因此歷代達賴喇嘛及隨其修學喇嘛教法的一切人，希望
在男女性交時達到性高潮而且保持很長久的時間；這是他們
所必須使用的手段，爲的就是在性高潮的時候可以忍住不射
精，指稱這時的覺知心空無形色而無言語妄想即是證得空
性，又指稱這時的性高潮快樂也沒有形色而同樣說爲空性，
就在性交之時繼續動作而忍住不射精，說之爲無上瑜伽樂空
雙運，瞞騙大眾說這樣就是佛法中的開悟境界，其實與佛法
中開悟證得第八識如來藏的智慧境界完全無關。在《歷代達
賴喇嘛祕史》這本書第五章中，作者也引用了其他的西方著
作來說明性交在藏傳佛教裡所扮演的角色：

　　Victor 和 Victoria Trimondi 在他們撰寫的《達賴喇嘛
　　的陰暗面》（*Der Shatten des Dalai Lama*）[8] 這本書當
　　中提到：「在金剛乘裡，一切都以性交為基
　　礎。⋯⋯」他們還說：「性交被視爲原料，它是性交
　　伴侶想要提煉出純淨心靈時所必須使用的那個最初
　　的、未加工的物質，就好像烈酒是可以從葡萄提煉

---

[7] 第十四世達賴喇嘛著，陳琴富譯，《藏傳佛教世界》，立緒文化事業
　有限公司，2004.10 初版八刷，頁 93。
[8] 出版社：Patmos, 1999 年，*Der Shatten des Dalai Lama* (英文書名：*The
　Shadow of the Dalai Lama*)，http://www.trimondi.de/SDLE/Index.htm。
　2012/2/13 擷取。

出來的一樣。因此，譚崔上師深信性交不僅含藏著
人類的秘密，它也是使人能夠成為神的方法。[9]」此
外，Trimondi 夫婦還解釋說：「性交過程越是激烈，
譚崔儀式的效果就越大。比如說 Candamaharosana
Tantra 裡提到，男性伴侶以快樂和貪婪的心吞食滲出
於女性伴侶陰道及肛門的液體，品嚐她的排泄物、
鼻涕以及她嘔吐到地板上所剩下的食物，而不會感
到噁心。雖然這一切都是以宗教儀式的方式進行，
不過可以看到偏差性行為恐佈的全貌。」（作者附註：

Victor and Victoria Trimondi, *Der Shatten des Dalai Lama,* Patmos,
1999.）[10]

達賴喇嘛所喜樂的《時輪經》內涵就是如此，然而這樣
的事實不僅 Trimondi 夫婦揭露，其實耶律大石在他編譯的
書中也有這種為了修雙身法而吃屎吃尿的教義描述：

在第十級的所謂智慧灌頂中，……弟子與智慧女有
如下的對話：智慧女問：「我之愛，你喜歡吃我的糞
便和尿液嗎？你能舔盡我蓮花內的血跡嗎？」弟子：
「為什麼我不愛呢？噢！母親！我要膜拜婦人，直
到我『大徹大悟』……。」（參閱 *Dalai Lama I:selected works,*

---

[9] 其實達賴喇嘛所弘揚的譚崔性交就是如此，妄想透過性交可以大徹
大悟而成為神聖者，例如《西藏文化談》所介紹的第七級灌頂：【如
果沒有「智慧女」參加，則修練者不可能達到「大徹大悟」。修練者
與智慧女的性交合，是此灌頂儀式的核心內容。】（《西藏文化談》，
頁58）。
[10]《歷代達賴喇嘛祕史》，第五章，頁 79-80。

Bridging the sutras and the Tantras, Ithaca 1985）[11]

所以達賴喇嘛所樂愛的譚崔性交修行法，真不是一般正常人的行為，我們將繼續為大家舉證這個性交教主他所弘揚譚崔性交的內涵，讓讀者知道其中行為真是匪夷所思，也與佛教的真正教義完全無關，卻被達賴喇嘛推崇為最高修證。請讀者繼續看後面的說明。

（二）《時輪經》儀式中要吃人肉和喝精液、經血

達賴喇嘛所弘揚的《時輪經》不僅要吃屎喝尿，乃至在這些譚崔性交的儀式中，得要吃人肉和喝精液、經血。也就是說，藏傳佛教的《時輪經》儀式中還規定要吃五肉和飲五甘露，我們看《西藏文化談》第 58 頁中說：

在《時輪經》的秘密灌頂儀式中，修練者必須吃五肉（狗肉、人肉……等），喝五露（人血、精液、經血……等）(參照：註十一)[12]。

我們看台灣佛教界中很有名氣的印順法師，他也有相同的結論。這個替法尊喇嘛潤稿《密宗道次第廣論》的印順法師，在他的書中明白的寫出來，他是這麼描述：

佛世以依教奉行、為最勝之供養，佛後亦供以燈明

---

[11] 《西藏文化談》，第十一章，頁 60-61。
[12] 此處附註引用自宗喀巴所著的《密宗道次第廣論》，因篇幅太長，請讀者逕行參閱《西藏文化談》第 58-59 頁。

香華等而已。密教以崇拜者爲鬼神相，其供品乃有
酒肉。有所謂「**五甘露**」者，則尿、屎、骨髓、男
精、女血也。更有「**五肉**」者，則狗肉、牛、馬、象
及人肉也。以此等爲供品而求本尊之呵護，亦可異
矣。[13]

　　讀者可能會想：「達賴喇嘛應該不是這樣說的吧？」其
實不然，達賴喇嘛正是這樣教導他的弟子的，例如十四世達
賴喇嘛在他的書中也是這麼說：

在下三部的密續中，吃肉是嚴格禁止的。**但無上瑜
伽續行者都最好要吃肉，飲五甘露**。無上瑜伽續的修
行圓滿者，能夠透過禪觀的力量，轉五肉和五甘露
爲清淨的食物，然後食用以增強體力。但如果有人
以聲稱自己是無上瑜伽續行者爲吃肉辯護，當他們
在吃五肉和五甘露時，就不可以挑嘴，喜歡某一
些，而厭惡其他的。[14]

　　因此達賴喇嘛所弘揚的《時輪經》的種種灌頂，都離不
開這些恐怖又噁心的儀式，其中在第九灌頂中受灌頂的弟子
還要去吃上師大喇嘛與年輕智慧女交合後的淫液，而另外書
中也說：

---

[13] 印順法師著，《以佛法研究佛法》，正聞出版社（台北），1992.2
修訂一版，頁 146-147。
[14] 達賴喇嘛著，鄭振煌譯，《西藏佛教的修行道》，慧炬出版社，
2001.3 初版一刷，頁 54-55。

儀式間的食品除了「五肉」「五露」外，《時輪經》還推薦：「唾液、鼻涕、眼淚、糞便、尿、人脂肪、骨髓、肝、膽、血、人皮、腸子。」最好的人肉來源是所謂的「七生者」，就是一個連續轉世七次的人，有著優良的品質：語音優美、眼睛漂亮、身體光潔、有七個影子、他有著大慈大悲的心靈；吃這樣一個人的肉會有魔術般的效果。密宗的修練者應該對這樣一個七生者膜拜，獻給他花朵，然後要求拯救爲天下痛苦的生靈。七生者就會毫不猶豫地犧牲自己的生命。他的肉就可以被製成藥丸，吃此藥丸可以掌握「騰空術」。這樣的藥丸在今天的確仍有買賣，最具有魔力的是這位聖人心臟內的血和他的頭顱骨。[15]

　　達賴喇嘛所傳的《時輪經》譚崔性交，不僅有吃大小便排泄物及人肉等的荒唐事，連達賴喇嘛自己與明妃合修譚崔性交後的精液及經血都要讓弟子吃。其實這樣的修行方法，在達賴喇嘛的祖師宗喀巴的著作中就已經說過，例如達賴喇嘛同時與好幾個女人實行雜交而完成譚崔性交以後，就可以取得名爲紅白菩提心的東西，可以當作《時輪經》中所提到的密灌甘露；而這個「紅白菩提心」就是喇嘛在男女雙方都達到性高潮的時候，所排泄於女性陰戶中的精液與淫液的混和物。上師就是以之作爲秘密灌頂用途之甘露，受密灌的密宗弟子還得在舌頭上品嚐一番之後吞下去。我們看宗喀巴

[15]《西藏文化談》，頁 65。

於《密宗道次第廣論》中的說法：

> 爲講經等所傳後密灌頂，謂由師長與自十二至二十歲九明等至[16]，俱種[17]金剛[18]注弟子口[19]，依彼灌頂。如是第三灌頂前者，與一明[20]合受妙歡喜。後者隨與九明等至[21]，即由彼彼所生妙喜[22]。……[23]

耶律大石編譯的《西藏文化談》中有更詳細的揭露：

> 第九級灌頂按照隱語的描繪是這樣的：弟子蒙著眼，大喇嘛結合陰陽，將茶和酸奶混合的「仙露」給弟子嚐，使他體會極樂。但實際中的景象卻是：弟子獻給大喇嘛貴重的衣物等貢獻品，然後他敬獻給大喇嘛一

---

16 編案：也就是必須由師長喇嘛活佛與九位性伴侶明妃——從十二歲至二十歲各種不同年齡一名，一一與上師喇嘛譚崔性交，而同時進入第四喜的性高潮之中，這樣觀樂空不二，而後上師喇嘛再一一射精於這些女性明妃的下體之中，然後收集使用之。

17 這樣具備九明之紅白菩提—上師與明妃混合後之淫液—俱有男女雙方之種子。

18 藏傳佛教密宗說這個男女淫液的混和液爲金剛菩提心，是盜用佛法名相使用罷了。

19 當藏傳佛教喇嘛的弟子居然要吞下這個噁心巴拉的淫液，眞是不可思議。

20 弟子要與那九個跟上師性交過後的其中一明妃繼續性交。

21 後者則是隨即與九位明妃同入性高潮中，這樣叫作九明等至。

22 即由喇嘛與九位明妃一一性交行淫，再各各射精之後而從九位明妃陰戶中取得喇嘛上師與九位明妃混合的淫液，集合起來名爲甘露而爲弟子灌頂。

23 宗喀巴著，法尊法師譯，《密宗道次第廣論》，妙吉祥出版社，1986.6 初版，頁 399–400。

個年幼苗條的智慧女，大喇嘛令弟子蒙上眼睛，然後吃喇嘛教的「食品」。大喇嘛為智慧女唱讚歌，對她膜拜，崇拜他為女神，然後和她交合。此一次大喇嘛射精，然後將（智慧女陰道中的）「紅白混合的仙露」用一根象牙勺刮出，裝在人頭骨（Kapala：卡巴拉——頭蓋骨）裏。此時大喇嘛令弟子到面前來，揭開蒙眼物，用手指沾「仙露」畫在弟子的舌頭上，說：「按照所有『佛祖』的教導，這就是你的聖餐！」弟子喜悅地答道：「今天我成功地誕生了，今天我的生命多富饒！今天我生在『佛祖』之家，現在我是『佛祖』的兒子！」此儀式表示弟子通過享受男精與女精的混合而達到了雄雌同體的地位。(參閱 David Snellgrove: *Indo-Tibetan Buddhism, Indian Buddhist and their Tibetan Successors*, Boston 1987) (參照：註十三)

此儀式還有另一說法：弟子憶念大師的「金剛（寶珠輪[24]）」於自己的嘴中，品嚐大師白色的 Bodhicitta：白色的 Bodhicitta 下降到弟子的心輪部，產生極樂的感覺……。此灌頂之所以叫秘密灌頂，是因為弟子參（餐）享了大師的秘密（白色的 Bodhicitta）。白色的 Bodhicitta 就是精液，在此儀式中大喇嘛將自己沾著精液的下體（金剛）放入弟子的嘴中。(參閱 Lharampa Ngawang Dhargyey: *A commentary on the Kalachakra Tantra*, New Delhi 1985) (參

---

[24] 寶珠輪喻指上師下體的龜頭。

照：註十三）」[25]

　　讀者了知這類《時輪經》的灌頂內涵真是骯髒恐怖，若您是他的徒弟與信徒，是否有吃過呢？想起來真是噁心。但是這樣的索隱行怪的修行，而且是利用女性來性交的修行方式，卻被藏傳佛教（喇嘛教、性交教）如達賴喇嘛等輩說為崇高的境界、大圓滿的教法，這些低下的行為卻因為達賴喇嘛等人假用佛法名相美化，讓人覺得是理所當然而且神聖，這真是荒唐無比。

（三）《時輪經》儀式：把妻女、母親姐妹獻給上師

　　在《時輪經》的儀式當中，這些跟隨喇嘛們學習最高境界的男性譚崔性交者，還被要求把自己的妻女、母親、姐妹、阿姨奉獻給上師合修這類雙身法。例如《歷代達賴喇嘛的祕史》中怎麼說：

　　因此，透過這些譚崔灌頂儀式，性交成為一種時間及心靈的力量。這些傳授給第六世達賴喇嘛的秘密修行方法持續不斷地延續到了今日，可以在藏傳佛教寺院裡實修時輪金剛最高階段時看得到。的確，《時輪經》第八至第十一級的灌頂階段只需要與一位女人共修，可是一旦到了第十二至十五級，則需要十位女人在師父身旁參與時輪經的儀式。學生甚至還有責任供

---

[25]《西藏文化談》，頁 59-60。

養一些女人給他的上師，而欲受灌頂的在家人有責任
把他們的母親、姊妹、女兒或阿姨攜帶過去……而
已受過獻身給神儀式的僧侶或初學者則有權利使用
各種社會階級、沒有親戚關係的女人。在秘密儀式當
中，參與者會親自體驗男性的精子與女性的經血（精
子與月經）。（作者附註：Victor and Victoria Trimondi, *Der
Shatten des Dalai Lama*, Patmos, 1999）

　　也就是說，如果信受達賴喇嘛所傳《時輪經》的譚崔性
交雙身法，那當他的程度修到第八級至第十一級的時候，必
須要找一位真正的女人來修，而且這個女人還要先奉獻給上
師喇嘛活佛性交，然後喇嘛們才會教導您如何與這個女人合
修雙身法。如果不是用真實的女人來修的話，那是不能達到
他們所謂的「大徹大悟」，例如《西藏文化談》所介紹的：

此階段的灌頂只有極少數的精英在極為保密的情況
下才能傳授。此階段的灌頂儀式中，必須有一年輕
女子參加，她的年紀必須是 10、12、16 或 20 歲。如
果沒有「智慧女」參加，則修練者不可能達到「大徹
大悟」。修練者與智慧女的性交合，是此灌頂儀式的
核心內容。[26]

　　達賴喇嘛的老祖宗宗喀巴於《密宗道次第廣論》中也是
這麼說：

---

[26]《西藏文化談》，頁 58。

如〈集密後續〉云：「金剛蓮華合〔男性生殖器和女性
生殖器結合〕，集諸有金剛〔集合所有的精液〕，身語意加
行，彼悉攝心中〔全部收攝在心中集中注意力〕，由金剛
路出〔由尿道中射出〕，降於弟子口〔降入弟子口中〕。」
傳密灌頂法者〔傳授密灌頂的人〕，次從蓮華取其金剛
〔接著從女性生殖器中取出精液和淫液〕，以大指無名指取
摩尼寶〔以大姆指和無名指取得此寶物〕。勝解如來化汁與
自菩提心無二，恐彼持語金剛彌陀慢之弟子，見而
不信，故遮其面，非彼手眼所及，誦：「〈金剛鬘經〉
所說之過去金剛持，為佛子灌頂，以妙菩提心，今
為子灌頂。」……次明妃從定起〔然後明妃從性高潮中起
來〕，不著衣服〔不穿衣服〕，於蓮華中取甘露滴〔從其
生殖器中取出精液和淫液混合物甘露〕，如是置彼口中〔一
樣放到弟子口中〕，彼亦如上而飲〔弟子也是一樣地喝下
去〕。[27]

　　因此這些要修達賴喇嘛所弘揚的《時輪經》者，他得要
找到能夠配合修雙身法的女人，這是很重要的工作；這個條
件是連未成年的童女或少女都可以使用，如果真的沒有年輕
貌美的女人可以配合修雙身法，甚至是年紀老邁的女人也可
以湊合用，如果弟子的供養夠豐盛而足以使喇嘛上師歡喜。
我們從一本達賴喇嘛授權發行的實修書籍──《吉祥時輪六

---

[27] 宗喀巴著，法尊法師譯，《密宗道次第廣論》，妙吉祥出版社，
1986.6 初版，頁 377。

68　　　　　　　　　　　　「末代達賴」——性交教主的悲歌

座上師瑜伽念修教授》可以發現這樣的說法，作者於書中說明「就是要與女人雙修性交，就算是年紀老邁亦無妨礙」，書中說：

> 依照「時輪派」所說，以年老婦女為明妃亦無不可（明妃年齡並無特別限制），但是「密集派」及「勝樂派」卻認為不宜以年老女子為明妃。一般而言，續典對於堪作事業手印的明妃年齡皆有說明。總而言之，拙火尚未過於衰損的女子即宜充當事業手印。但是行者若能與空行母的化身合修，即使年紀老邁亦無妨礙。[28]

接著若要繼續修《時輪經》譚崔性交第十二至十五級的話，還得要找更多的女人才能夠達到，這樣由九女與喇嘛上師及弟子等二位男性共修譚崔性交的儀式，其實可以在達賴喇嘛的祖師宗喀巴於《密宗道次第廣論》中發現同樣的說法，也說要「九明等至」，宗喀巴說：

> 為講經等所傳後密灌頂，謂由師長與自十二至二十歲九明等至，俱種金剛注弟子口，依彼灌頂。如是第三灌頂前者，與一明合受妙歡喜。後者，隨與九明等至，即由彼彼所生妙喜。

也就是說，這些要實修雙身法的人，必須經由師長喇嘛活佛與九位的性伴侶明妃一一與上師喇嘛譚崔性交，而這九

---

[28] 更朗仁巴羅桑蔣貝丹增傳授，丹增卓津漢譯，《吉祥時輪六座上師瑜伽念修教授》，盤逸有限公司出版發行，2008.2 出版，頁 202-203。

個明妃的年齡得要從十二歲至二十歲，各種不同年齡都有一名，這樣與上師喇嘛合修譚崔性交而同時進入第四喜的性高潮之中，這樣就可以觀樂空不二，而後這個上師喇嘛再一一地射精於這些女性明妃的下體之中。這樣性交完畢以後，再將精液和淫液混合液體當做甘露讓弟子飲用，完成灌頂儀式。

其實這秘密灌頂的儀式是非常噁心骯髒的，如果依照宗喀巴「密灌頂」的說法，那是要挑選年輕貌美的已受三昧耶戒的少女，奉獻給喇嘛在壇城中進行交合共修；如果沒有合適的人選，也是可以將自己的姊妹、女兒或妻子，乃至母親統統貢獻給上師喇嘛性交修大樂。宗喀巴也於《密宗道次第廣論》卷 13 有同樣的說法：

以具足三昧耶之智慧母〔以已受三昧耶戒之佛母〕，生處無壞〔性器官功能正常無毀壞〕，年滿十二等之童女，奉獻師長〔將十二歲之處女奉獻給喇嘛〕。如〈大印空點〉第二云：「賢首纖長目，容貌妙莊嚴〔容貌要勝妙莊嚴美麗〕，十二或十六〔最好是十二或十六歲的年齡〕，難得可二十〔如果很難找到的話，則二十歲也可以〕。廿上為餘印〔如果超過二十歲，則是次級的雙修對象〕，令悉地遠離〔會令成就遠離修行者〕。姊妹或自女，或妻奉師長〔將自己的姊妹、女兒或妻子奉獻給喇嘛〕。」……[29]

---

[29] 宗喀巴著，法尊法師譯，《密宗道次第廣論》，妙吉祥出版社，1986.6 初版，頁 376。

　　同樣的道理，所以達賴喇嘛這個「性交教主」，以及他所傳的藏傳佛教（喇嘛教、性交教）之修行方法，就是要與女人透過性交來達到他們能夠淫樂遍滿全身的效果，所以喇嘛們對於女人是極度需求的，幾乎達到性飢渴的程度。在台灣有一則喇嘛召妓的新聞，就可以顯示出喇嘛性飢渴的現象，例如：

> 聯合報在 2011 年 3 月 2 日的報導：一名來台傳教的尼泊爾籍仁波切和林姓流鶯「開房間」，被警方查獲。這名仁波切否認嫖妓，辯稱想瞭解台灣的「風土民情」。TVBS 也報導說：附近住戶對他召妓被抓，竟然回應「司空見慣」，還說經常看到這名仁波切帶女子回家，對他的印象並不好。[30]

　　前節所舉喇嘛召妓的情形還是比較好的情形，只是花錢找妓女修，還只是性交易罷了，談不上對女信徒性詐欺。有的喇嘛更是惡劣，乃至使用性侵的手段來加諸女信徒身上，我們將在下一節中為讀者分析。

（四）雙修譚崔密法對女性的侵害

　　達賴喇嘛所統領的喇嘛們，因為廣修無上瑜伽雙身法，因此必須要有實體明妃（真正的女人）來實修雙身法，如果找不到而去召妓還算是好的，但是很多喇嘛卻是透過性侵的方

---

[30] 資料來源：〈真心新聞網〉：
http://foundation.enlighten.org.tw/trueheart/41。

式來傷害女性信徒及他們的家人。因為十四世達賴喇嘛於書中表示，必須要利用性伴侶才能讓他們證空性的識（編案：其實達賴喇嘛還是證意識境界罷了，根本不是空性心第八識），如十四世達賴喇嘛說：

> 根本心的修行方式是根據：〈一〉新譯派所講的「密集金剛密續」；〈二〉時輪空相法等等；〈三〉寧瑪派的大圓滿法。根據新譯派，修秘密真言到某種程度時，修者修特殊法，如利用性伴侶、打獵等等。雖然利用性伴侶之目的，不難被說成是為了用欲於道及引出較細的證空之識，……只有在這種崇高境界中，才能以悲心將瞋怒用於修道。是故，新譯派的此一修法之基，與大圓滿之基相同。[31]

　　但是這些喇嘛是怎麼看待這些女的性伴侶呢？表面說之為「明妃、佛母、空行母」，看似極受尊敬及讚揚，但是論實質，其實都是把這些明妃、佛母當作修雙身法的性工具罷了，例如：

> 在《時輪經》裡，以及更廣泛的譚崔佛教裡，女人是極度被讚揚的，而且備受尊敬。就好像在其他很多的宗教裡，人們以母親、姊妹、妻子、情婦以及慾望的對象等各種不同的身分來景仰她。西藏學家 Rolf Stein 在 1982 年這麼寫：「無論是在宗教裡或是在這個世界

---

[31] 第十四世達賴喇嘛講述，《迎向和平》，慧炬出版社出版，達賴喇嘛西藏基金會印贈（免費結緣），2002/7 初版第二刷，頁 93-94。

上，女性才是眞正重要的……聽説有在修男女交合法
門的優秀喇嘛們必須要尊敬他們的眞知女人（vidya，儀
式中的女伴），猶如她是一個不可或缺的工具一樣。」[32]

　　因此女性在譚崔性交當中的角色，其實是被榨取的對
象；如果有一些不能配合，往往是用過即丟、棄如敝屣，因
此達賴率領的藏傳佛教喇嘛們對女性的需求量很大。我們再
從撰寫《達賴喇嘛的陰暗面──藏傳佛教的雙修、巫術與政
治》的作者 Trimondi 夫婦，他們在 YABYUM 雜誌訪談的
這篇〈合理質疑藏傳佛教〉[33] 文章中就指出這個要點：

譚崔瑜伽是一個很敏感的議題，因爲它涉及到兩性在
宗教中的角色。所有的「父權」宗教，早在幾百年前
就將女性排除在宗教的神聖性之外。位居教團核心人
物的，不論是「神職人員」或「掌權者」，基本上都
是男性。即便是歷史上的佛陀及其原始教義，一樣看
得到濃烈的男性至上色彩。然而，當我們乍看傳統的
印度或西藏譚崔瑜伽時，很容易以爲它是反向而行
的；可是，一旦深入的詳細研究之後，我們馬上就會
發現：印度及西藏譚崔瑜伽的許多修法、意涵，都統
攝在一個極爲精細的行法中，而女性在這個密法修鍊
中，是受榨取的對象──特別是女性的性能量，也

---

[32] 《歷代達賴喇嘛祕史》，第九章，頁 129。

[33] 〈合理質疑藏傳佛教〉"Begründete Zweifel"（2012/2/13 擷取自
http://www.trimondi.de/interv06.html），原文刊載於 1999 年 11 月
YABYUM 二號刊，中文譯文及原文請參考附錄一。

就是陰精（Gynergie）。

從目的來看傳統譚崔瑜伽，它絕不僅僅是西方新譚崔
瑜伽所強調的，只是心靈感官的性愛技巧，藉以提升
雙方愛意並在性行為中一起達到平等合一的滿足。相
反的，修鍊傳統譚崔的目的在於啓動性密法之後轉換
能量，也就是：圓滿個人的神性後，進一步掌握宇宙
的能量。換句話說，行者從譚崔密法的修鍊中，不僅
可以獲得個人的、精神上的權力，更可以獲得政治上
的權力。因此，世人所知的現存藏傳佛教典籍，「性」
即是「權力」的同義詞。我們在書中詳盡介紹了譚崔
雙修密法與政治的關聯、以及香巴拉神話與「佛教」
極權世紀之戰的關聯，而這些都是「譚崔之王」——
《時輪續》的主要內容。不論世人是否認同《時輪續》
的密法及依之修鍊而獲得的效用，續裏所描述的殘酷
好戰、蔑視女性、獨裁專制等，都是不對的。

　　由此可知在達賴喇嘛所領導的藏傳佛教中，這些修雙身
法的女性其實只是性奴隸而已，但卻被美其名為「智慧女」、
「明妃」或「佛母」。很多女子因為非常地迷信崇拜喇嘛上
師而無法抗拒，另外成為上師修雙身法的明妃之後，在信徒
圈裡好像地位變得很崇高了，因為有這種虛榮心作祟所以才
會成為上師的「佛母」來修雙身法。然而悲慘的是：這些「智
慧女」用久了，喇嘛覺得不新鮮時就沒有利用價值了，就要

被丟棄。[34] 因為喇嘛上師還會不斷地去找更年輕的明妃、智慧女。而擔任智慧女以後更悲慘的是還要發下毒誓來保守秘密，如果違背了將會被喇嘛恐嚇作法咒殺。這樣的案例不僅在歐美發生[35]，在台灣也有被喇嘛性侵的女眾，因為恐懼會被喇嘛咒殺而不敢出面揭露。這些被性侵而能夠被揭露的案例雖然只是冰山的一角，但是為數也已不少，我們會在後面章節舉發出來。由此可見達賴喇嘛所弘揚的藏傳佛教是很黑暗的，卻是初學密宗的信徒們所不知道的；希望讀者能夠發揮慈悲心，奉勸身邊的人不要去修學藏傳佛教、密宗，以免下一個悲劇又再度發生。

---

[34]【行法之後，「智慧女」對於修練者來說，不再有意義。就如吃完花生米後，將殼丟棄。】(《西藏文化談》，頁 35)。

[35] 如蘇格蘭哲學家 June Campbell 坎貝爾，曾擔任過卡盧仁波切的明妃，她曾被告知如果違背秘密誓言的話將遭受死亡的威脅。請參閱《喇嘛性世界》中〈我是坦特羅(譚崔)密教的性奴隸〉這篇報導。(張善思、呂艾倫編著，《喇嘛性世界──揭開藏傳佛教譚崔瑜伽的面紗》，正智出版社，2011.7 初版，頁 45-57)。

三、恐怖黑暗的夢魘
——性力思想與恐怖主義

（一）新西藏女人很高興可以逃離這個性交宗教

　　十四世達賴喇嘛努力在世界各地遊走而塑造形象，同時鼓吹藏傳佛教那個政教合一的神權制度是多麼適合西藏地區的人民，但是這個封建時代的統治方法，以及光怪陸離的宗教修行內涵，真是現代西藏同胞所喜樂的嗎？我們從 Michael Parenti〈友善的封建制度是西藏的神話〉的論文中，發現這種古西藏悲慘的喇嘛性侵國度裡，西藏女人都想逃離這個國家，Michael Parenti 說：

> 並不是所有流亡海外的西藏人都迷戀那個以前香格里拉政教合一的制度。Kim Lewis 在加州柏克萊向一位佛教僧侶學習治療術時，有機會與僧侶同住一棟大樓的十幾位西藏女性長談。當她詢問這些女性們是否想回到家鄉，她們一致表達負面的答案。一開始，Lewis 以為她們不願意回去是因為中國佔領了她們的國家，但很快地那些女性告知她事實並非如此[1]。她們指出，現在她們非常感激「不用嫁四、五個男人，

---

[1] 根據《達賴並非那麼禪》這本書指出：西藏的農奴制後來是由中國北京中央政府廢除奴役制、農奴制、苦工以及宗教界私定的司法制度，並且蓋學校、減少文盲，讓已停滯兩個世紀的人口得以重新成長，以及人民的平均壽命幾乎可以延長一倍之多。

一天到晚都在懷孕的狀態」，也不必面對外遇的老公
傳染給她們諸多的性病。年紀較輕的女性則「很高興
能夠受教育，不願意與任何宗教有任何瓜葛，而且對
美國人的天眞 (作者按：指有關西藏議題) 感到不解。」(作
者 Michael Parenti 附註：資料來源 Kim Lewis 寫給我的信，2004
年 7 月 15 日)。Lewis 所訪問的女性們還敘說她們的祖
母曾經被僧侶當作「智慧明妃」的痛苦經驗[2]。她們
的祖母被告知，和僧侶們上床是她們「開悟的方法」
[3]，畢竟佛陀當時也是因爲與一位女人在一起才獲得

---

[2] 因爲在達賴統治下的西藏，必定推廣譚崔性交，所以女性只能當性工
具、性奴隸角色，如：【英國知名報紙 The Independent（獨立報）於
1999 年 2 月 10 日中有刊登一位藏傳佛教有名的喇嘛對於受害者（信
徒、弟子等）長期性侵的事件，這篇報導中記者採訪蘇格蘭宗教哲學
家坎貝爾（June Campbell），她述說自己長期擔任西藏喇嘛─卡盧仁
波切─之佛母（明妃）的經歷，這篇名爲〈我是坦特羅（譚崔）密教
的性奴隸〉，文中詳細描述喇嘛教（藏傳佛教）譚崔性交法的實質，
而將與其共修樂空雙運、大樂光明的女性，美其名爲「佛母、明妃、
空行母」；但是這些被其謊言利用的女性，其實乃是藏傳佛教喇嘛們
逞欲的性奴隸；讀者透過這篇報導，可以更清楚瞭解藏傳佛教的修
行內涵與眞面目──性交雙身法。】（張善思、呂艾倫編著，《喇嘛
性世界》，正智出版社，2011.7 初版，頁 44）。

[3] 只有假冒佛教的「藏傳佛教、喇嘛教、性交教」才這樣說，這是誘騙
女性與喇嘛們性交的藉口，愚癡或貪求的女人就會上當。如歷代喇嘛
教（藏傳佛教）目前最高法王（性交教主）十四世達賴喇嘛，在他的
書中說：【具有堅定慈悲及智慧的修行者，可以在修行之道上運用性
交，以性交做爲強大意識專注的方法，然後顯現出本有的澄明心。
目的是要實證及延長心的更深刻層面，然後用此力量加強對空性的
了悟。】（達賴喇嘛著，丁乃竺譯，《達賴生死書》，天下雜誌股份
有限公司，2004.12 第一版第十二次印行，頁 157）。

開悟的[4]。

那些女人還提到,格魯派的僧侶們原本應該是以心靈為主,並且是有節制的修行人,不過他們之間卻猖獗地實修性交[5]。曾經擔任過母親的女性們很痛苦地談到她們的小男孩當時被西藏寺院沒收的經驗。她們指稱,每當有男孩哭泣著要找母親時,他會被告知:「你為什麼哭著要找她,她拋棄你了——她只是一個女人。」[6]

　　從〈友善的封建制度是西藏的神話〉這一篇論文的介紹中,我們可以發現過去古西藏因為交通不方便、資訊不發達,所以被歷代達賴喇嘛統治幾百年來,都是認為達賴喇嘛

---

[4] 這是荒謬的說法,乃是達賴喇嘛這類假佛教的胡言亂語。事實上成佛一定是離欲的,佛陀是捨棄眾多婇女而出家離欲修行才成佛的,成佛以後也嚴禁淫行。佛陀在《楞嚴經》卷 6 中也明白地說:【如不斷婬,必落魔道】。佛陀在此段經文最後提到:【如來涅槃何路修證?必使婬機身心俱斷,斷性亦無,於佛菩提、斯可希冀;如我此說,名為佛說;不如此說,即波旬說。】(大正藏。冊 19,《大佛頂如來密因修證了義諸菩薩萬行首楞嚴經》卷 6,頁 131 下 28-頁 132 上 2)。佛陀說修行必須要離欲才可以,而且是身心都要斷除淫欲,可見像達賴喇嘛此種「性交修行」絕對不是佛說,而是魔王波旬所說的。

[5] 達賴喇嘛於書中說:【依據密續的解釋,樂的經驗得自三種狀況:一是射精,二是精液在脈中移動,三是永恆不變的樂。密續修行利用後二種樂來證悟空性。因為利用樂來證悟空性的方法非常重要,所以我們發現無上瑜伽續觀想的佛都是與明妃交合。】(達賴喇嘛文集(3),達賴喇嘛著,鄭振煌譯,《西藏佛教的修行道》,慧炬出版社,2001.3 初版一刷,頁 85)。

[6] 〈友善的封建制度是西藏的神話〉。

這個土皇帝及性交教主乃是神聖，就算被欺壓也無可奈何。
但是現在因為接觸到了西方社會以後，這些西藏新女性受過
教育，因此不願意回復到舊西藏被達賴喇嘛統治的生活，因
為他們恐懼這種政教合一的制度及譚崔性交的修行方法。

　　舊西藏政教合一制度下的女人，常常處於被傳染性病的
恐懼之中；因為這個性氾濫的宗教教義與觀念知見，必然會
有很多性病的問題發生。不僅西藏是這樣，凡是接受達賴喇
嘛弘揚譚崔性交教義的地區，都會有性病氾濫的情形發生，
例如《蔣經國自述》一書中所描述的情形：

> 那裡喇嘛的私生活非常的壞。在那邊差不多家裡有
> 三個兒子的，一定要送一個去做喇嘛，而那裡的婦
> 女，認為和喇嘛發生了性的關係，是最光榮，同時
> 也可以贖去一切罪惡的 。所以，那些喇嘛，差不多
> 都染有梅毒。[7]

　　亦如《馮玉祥將軍自傳》這本書中，也有談到民國初年
時期，蒙古地區的藏傳佛教（喇嘛教）中的活佛、喇嘛，因
為**修雙身法感染梅毒而爛塌了鼻子**的事實。據馮玉祥將軍
說：

> 談到人口，蒙古本有一千二百萬人。在滿清長期統
> 治之後，今已減少至五十萬人。滿清利用喇嘛教以
> 統治蒙古人民，凡有兄弟八人者，七人須當喇嘛；

7　易孟醇編輯，《蔣經國自述》〈新的青海〉，湖南人民出版社，1988.9
　　第一版第一刷，頁140。

兄弟五人者，四人須當喇嘛；僅有一人可爲娶妻生子的平民。當喇嘛者有紅黃緞子穿，又可坐享優厚的俸祿。女子沒有充當喇嘛的福氣，但又難找得相當的配偶，於是都做了內地人洩慾的對象。

因爲由本部內地來的文武官吏及軍隊、商人，都以道遠不能攜帶家眷，他們都可以在這裡找到臨時太太。一方面是七八個蒙古男子僅有一個妻子，一方面是一個蒙古女子，有若干的內地人爲她的臨時丈夫，事實上形成一個亂交的社會。同時男女衛生都不講究，染上淋病、梅毒以後，唯有聽其自然。當時活佛即患梅毒，爛塌了鼻子。[8]

　　不僅如此，這個問題在西方文明進步的社會也是一樣，問題就是譚崔性交即是達賴喇嘛弘揚喇嘛教教義的根本核心，例如洛杉磯時報指出，藏傳佛教在美國最大宗派的精神領袖 Ozel Tendzin 已於 1985 年染上愛滋病。[9] 所以達賴喇嘛所弘揚的教義，都是以雙修法爲最終目標，因此對於這些逃離西藏的婦女來說，真是解脫於夢魘。但是這位政教合一的性交教主所引發出來的紛亂還有哪些呢？

（二）攻擊至上、巫術、鬼神信仰

---

[8] 摘錄自馮玉祥著，《馮玉祥將軍自傳─我的生活》第三本，頁 556。
[9] 張善思、呂艾倫編著，《喇嘛性世界》，正智出版社，2011.7 初版，頁 63-74) 。

藏傳佛教的本質除了雙身法之外，也有許多巫術和鬼神
信仰以及活人獻祭的情形發生，畢竟是性力派的思想又結合
了西藏當地鬼神崇拜的苯教思想，因此連幫忙法尊喇嘛潤飾
《密宗道次第廣論》譯文的釋印順，都形容其爲「索隱行怪」
[10]。所以達賴喇嘛所弘揚的教法，是跟許多山精鬼魅也扯上
了關係，我們可以看到藏傳佛教的護法神都是青面獠牙的，
都是非常恐怖的模樣，與正信佛教中護持正法菩薩們慈悲的
象徵與行爲，二者有很大的差距。如同《西藏文化談》中所
說：「自古以來在西藏巫術和政治就是不分家的，而絕大
部分巫術是用來毀滅政治上的敵人的。而這就需要魔鬼的
幫助。[11]」因此，達賴喇嘛一樣以「巫術」做爲政治統治手
段之一。

我們看 2000 年第 19 期德國 IDEA SPEKTRUM 雜誌刊
登的一篇文章中，也有提到這個部分：

Trimondi 夫婦[12] 接受 IDEA 雜誌訪談時表示：「藏傳
佛教不是寬大爲懷的宗教，它的代表人──達賴喇嘛
──既不是聖者，也不是真正的人權鬥士、宗教互容

---

[10] 印順著，《華雨集（四）》，正聞出版社（台北），1993.4 初版，頁 28。

[11] 《西藏文化談》，頁 1。（耶律大石編譯，原著 Trimondi《達賴喇嘛的陰暗面─藏傳佛教的雙修、巫術與政治》 *Der Schatten des Dalai Lama - Sexualität, Magie und Politik im tibetischen Buddhismus*）

[12] 撰寫《達賴喇嘛的陰暗面──藏傳佛教的雙修、巫術與政治》（*Der Schatten des Dalai Lama - Sexualität, Magie und Politik im tibetischen Buddhismus*）。

的先驅。相反的，在藏傳佛教以占領世界為目標的宗教體系中，他是最高領導人。」達賴喇嘛偏愛的《時輪續》儀軌，其中蘊含著「有意的操控信眾、絕對的敵我思想、攻擊至上的戰士精神，以及 2327 年世界末日的預言（S.M.註：依據我的經驗，這個紀元不一定正確，因為我們已經生活在《時輪續》描述的鐵鳥飛的時代）。一旦消滅所有的異教徒之後，一個由『佛』獨裁統治的世界將因此誕生」。這個著名的香巴拉[13]神話，需要信眾實修種種具有巫術象徵意義的宗教儀軌及觀想；而這個神話所描述的景象，與達賴喇嘛主張的人性平權、宗教對話，完全背道而馳。

召喚鬼神

藏傳佛教的根本，是巫術、鬼神信仰以及獻祭。其中，召喚惡魔鬼神扮演了舉足輕重的角色，因為他們是達賴喇嘛驅遣去攻擊敵人的得力助手。鬼神崇拜及巫術，在佛陀的原始佛教中是完全看不到的。吉祥天女（Palden Lhamo）[14] 出現在佛世之前，原本是個女

---

[13] 可參考《西藏文化談》〈香巴拉的秘密〉，頁 69-79）。（耶律大石編譯，原著 Trimondi《達賴喇嘛的陰暗面—藏傳佛教的雙修、巫術與政治》 *Der Schatten des Dalai Lama - Sexualität, Magie und Politik im tibetischen Buddhismus*）

[14] 可參考《西藏文化談》〈達賴喇嘛的守護神 Palden Lhamo〉，頁 92-95。（耶律大石編譯，原著 Trimondi《達賴喇嘛的陰暗面—藏傳佛教的雙修、巫術與政治》 *Der Schatten des Dalai Lama - Sexualität, Magie und Politik im tibetischen Buddhismus*）

魔，被降服之後成為達賴喇嘛的「私人護法神」，她
的任務是對抗並消滅「佛法的敵人」。她的兒子不肯
歸順佛教（譯註：藏傳佛教），吉祥天女便親手殺了他，
並且剝下他的皮，做成座騎上的馬鞍。唐卡中的吉祥
天女騎著這匹座騎（譯註：非驢非馬的怪獸），渡過一片
血海（譯註：飄浮著人頭、內臟）。「我們所崇敬的、總是
談著宗教包容的達賴喇嘛，為什麼會信仰這樣一個護
法神？」Victoria Trimondi 這麼問。[15]

　　從 Victoria Trimondi 提問的部分，我們就知道達賴喇嘛
乃是包裝著和平、慈悲的面具，實質上他真正的面目乃是殘
暴、黑暗、淫慾的「性交教主」！

（三）農奴制度與愚民政策

　　十四世達賴喇嘛於 1950 年正式成為西藏地區政治領導
者及宗教教主兩種身分，當時他只有十五歲而已。在他執政
的九年當中，加上十三世達賴的統治期間，其實西藏同胞享
有的自由程度就好比中古世紀的法國，甚至比中古時代的法
國更少。我們看馬克沁・維瓦斯在《達賴喇嘛──其實沒那
麼「禪」》第三章〈不動搖的統治〉中說：

　　達賴在他的自傳裡解釋，他準備開始改革時，中國軍

15　〈藏傳佛教將帶眾生何處去？〉"Wohin führt der tibetische Buddhismus?"
　　（2012/4/1 擷取自 www.gandhi-auftrag.de/Buddhismus.htm）。
　　中文譯文及原文請參考附錄二。

隊就在這個時候進入西藏。**由於他故意拖延改革的時間，後來是由北京中央政府廢除奴役制、農奴制、苦工以及宗教界私定的司法制度，並且蓋學校、減少文盲，讓已停滯兩個世紀的人口得以重新成長，以及人民的平均壽命幾乎可以延長一倍之多。**[16]

其實日內瓦公約早已於 1926 年廢除、禁止奴役制度，但是達賴喇嘛卻是想要繼續維持而不想廢除的。相較之下，在西藏，奴役制是遲至 1959 年 3 月 28 日才被廢除的，也就是達賴逃離西藏後的第十一天，並不是由達賴喇嘛而是由中國官方廢除的。美國藏學家梅林 C.古德斯坦（Melvyn C. Goldstein）認爲「**西藏社會在 1959 年前的不平等的制度可以被稱爲一種普遍的農奴制度**」（原註腳：Goldstein, *Journal of Asian Studies*, May 1971, pp. 521-34）[17]。從以上的資料表示十三世達賴喇嘛及十四世達賴喇嘛根本就沒有想要廢除農奴、奴隸的制度，還想繼續當統治西藏的黑暗皇帝以及性交教主。馬克沁·維瓦斯繼續說：

「**受益者是將近一百萬西藏人，也就是百分之九十五的人口 ── 那些不屬於貴族、僧侶、活佛（上師）階級的人。**」[18]

---

[16]《達賴喇嘛──其實沒那麼「禪」》，第三章，頁 32。
[17] 資料來源：維基百科，網址：
http://zh.wikipedia.org/wiki/%E8%A5%BF%E8%97%8F%E5%86%9C%E5%A5%B4%E5%88%B6%E5%BA%A6%E4%BA%89%E8%AE%AE#cite_ref-Goldstein_JAS7152134_6-0。
[18]《達賴喇嘛──其實沒那麼「禪」》，第三章，頁 33。

　　從這個數據可以知道，以前達賴喇嘛還在西藏統治的時代，那時候其實比現在更差勁。而且政治上的農奴因爲十四世達賴喇嘛的流亡而廢除，但是這個性交教主的淫威卻是繼續發展，當他流亡海外之後仍然有諸多女性被壓迫、性侵而成爲性奴隸的事件發生[19]；也就是說達賴喇嘛在譚崔性交根本教義上面，繼續奴役女性而性侵的心態是沒有改變的，我們將在後面的章節繼續探討。

　　《達賴喇嘛──其實沒那麼「禪」》作者馬克沁·維瓦斯在書中第四章〈愚民政策〉中，提到達賴喇嘛的英文自傳[20]（以下簡稱《達賴喇嘛自傳》）。這個末代達賴、性交教主的十四世達賴喇嘛，在自傳裡提到當初他在西藏採取的政策就是與外界隔離，如同對於譚崔性交的修行也是與外界隔離而秘密修行一般。馬克沁·維瓦斯書中這麼說：

> 過去這一段期間，我們最大的特色就是我們刻意與外界隔離……。由於我們盡可能地讓越少的外國人進入西藏，使得我們與外界隔離的程度更形加重。（作者附註：《達賴喇嘛自傳》54 頁）[21]

　　那時候的西藏，有權利就學的百分之五人口，仍不得修

---

[19] 英國獨立報–1999 年 2 月 10 號，記者 Paul Vallely〈我是坦特羅（譚崔）密教的性奴隸〉，詳細內容請參考《喇嘛性世界》，頁 45-57。

[20] *My Land and My People*1962 於紐約出版（出版社爲 McGraw-Hill）；法文版 *Mémoires du Dalaï-Lama, Ma terre et mon peuple*1963 年於巴黎出版（出版社爲 John Didier）。

[21] 《達賴喇嘛──其實沒那麼「禪」》，第四章，頁 41。

學物理、化學、經濟學、世界歷史、地理等科目。作者解釋他們封閉的目的，就是為了維持恐怖、極不平等的政權，讓民眾沒得比較。在達賴喇嘛統治下可憐的西藏人，雖然被貧窮以及做不完的苦工壓得喘不過氣，卻不敢逃離或違抗，因為酷刑制度慘不忍睹。馬克沁・維瓦斯舉出了一個實例：

> 有兩位六○年代參訪西藏的美國人訪問了一位曾經是農奴，名為 Tsereh Wang Tuei 的人，他很久以前曾經偷過兩隻屬於一家寺院的綿羊；後果是雙眼被挖掉、一隻手被截肢。他解釋說他已經不再是佛教徒了。(作者附註: 作者 Gelder (Stuart and Roma)，書名 *The Timely Rain: Travels in New Tibet*，1964 出版，紐約，Monthly Review Press 出版社) [22]。

接著維瓦斯舉出一些由於剝削信徒而成為家財萬貫的喇嘛寺院，並表示說，若有附屬於寺院的農奴不守規矩時，將會受到恐怖的處分，包括：

> 被關到木籠子裡，雙腳被鐵器套住，脖子被鐵鍊栓住，舌頭、雙手或雙腳被切割，雙眼被挖出來（用沸騰的油讓傷口結痂），身體被放進皮製的袋子裡並丟棄到河流裡處死。[23]

因此在達賴喇嘛統治西藏的舊時代，不僅社會是如此殘暴，就連寺院裡的制度也很不平等：貧窮的年輕僧侶從小被

---

[22] 《達賴喇嘛——其實沒那麼「禪」》，第四章，頁 42。
[23] 《達賴喇嘛——其實沒那麼「禪」》，第八章，頁 86。

強行從父母身邊奪走[24]，來到寺院之後要當其他人的僕人。在大家受苦的同時，達賴喇嘛卻住在富麗堂皇的宮殿裡享受人生。根據他自傳裡的描述，布達拉宮是「全世界最大的建築物之一」，「在那裡居住一年下來都還無法知道它隱藏的所有秘密」(作者附註:《達賴喇嘛自傳》45 頁)，「擁有十三層樓」，「有七位達賴喇嘛的陵墓，十公尺高，被一層黃金覆蓋著，鑲滿寶石」(作者附註:《達賴喇嘛自傳》46 頁)。皇宮內大到可以容納佛教學校、監獄，並可以儲藏好幾千件珠寶、璧玉和各種寶物。

馬克沁・維瓦斯諷刺地說道:

第十四世達賴喇嘛的統治期間短到讓他沒時間拿一枝羽毛筆來簽署一張廢除令，以解除置人於死地的不平等制度、苦工制、奴役制，以及一些其他國家曾經擁有的，不過大部分其他宗教 (應該是所有的宗教) 都已經遠離的制度；不過他卻有足夠的時間在這些「快樂的日子」(作者附註:《達賴喇嘛自傳》53 頁) 當中去擴建他的住所。Norbulinka 宮是所有達賴喇嘛的夏天住所；每一位達賴喇嘛都會在那裡「加蓋自己的住處。我自己也蓋了一個」(作者附註: 《達賴喇嘛自傳》48 頁)。而住在皇宮周圍提供他飲食的民眾們卻因疲勞、營養

---

[24] 甚至還要被性侵害，請見本書後續舉證達賴喇嘛所領導的藏傳佛教寺院，常常發生孩童性侵害的事件，乃至小卡盧仁波切小的時候就被喇嘛雞姦。

不良、寒冷、疾病及不良待遇而早死……。[25]

　　這樣的行為本就不是佛教徒該有的行為，更何況是大菩薩轉世呢？可見達賴喇嘛絕對不是慈悲的觀世音菩薩化身，所以把這個性交教主說成為「觀世音的化身」，那只是籠罩信徒的一種說法罷了。

（四）達賴喇嘛的矛盾與謊言

　　《達賴喇嘛──其實沒那麼「禪」》作者馬克沁·維瓦斯在書中第七章〈獨立還是自治?〉指出：

> 達賴喇嘛會隨著環境、地點、講話對象，還有以他認為當時對他最有利的作法，來決定到底西藏要在他心愛的中國之內爭取自治，還是在他輕蔑的中國之外完全獨立。我們可以看到他許多態度模糊、矛盾和大逆轉的例子。

達賴喇嘛於 1987 年 9 月 21 日於美國華盛頓演說時宣稱：

> 西藏如今仍然是一個以非法手段被占領的獨立國家。

他於 1993 年 4 月於華盛頓發表以「佛教與民主」為主題的演說時宣布：

> 基於許多原因，我已經決定將來西藏獨立以後我將不會當首長，在政府裡也不會扮演任何角色。

---

[25] 《達賴喇嘛──其實沒那麼「禪」》，第四章，頁 47。

可是2008年3月10日他在印度達蘭莎拉演講時說他要擔任
西藏人民的發言人：

> 我有歷史及道德上的責任要自由地繼續替他們發言。

　　2008 年 3 月，當中國北京正準備要舉辦奧運的時候，
國際社會對於中國處理西藏問題的方式出現了批評的聲
浪；由於奧運火炬即將經過西藏拉薩和山南兩個城市，達賴
喇嘛迫切地想要證明他不是中國的敵人，以確保奧運火炬能
如預期地經過西藏。於是他於 2008 年 3 月 28 日發表了對全
球華人的呼籲書，裡面居然寫著：

> 在這裡，我向漢族同胞們保證，我絕對沒有分裂西藏
> 或者是在漢藏民族間製造矛盾的意圖……。

　　作者維瓦斯說他讀到這句話時還以為自己在做夢。作者
表示：

> 達賴喇嘛會隨著環境調整自己：他今天所說的內容
> 會與昨天的言論不同，但也不會很明確地否決掉昨天
> 的言論。唯一不變的是他想要西藏獨立的欲望；他與
> 他所領導的「政府」在達蘭莎拉不懈怠地為此目標作
> 準備。[26]

　　接下來，維瓦斯於書中舉出一些達賴喇嘛說謊的例
子，並提出科學證明來戳破那些謊言：

> 最主要是因為達賴喇嘛在西方社會到處宣染西藏人

─────────────
[26]《達賴喇嘛──其實沒那麼「禪」》，第七章，頁71。

民被滅絕一事（透過強制節育及屠殺），使得大眾對西藏及佛教產生了很大的同情心。不過國際專家透過科學的方法證明了這件事是假的〔作者附註：法國 Le Grand Soir 報紙 2010 年 9 月 17 日報導，作者 Lucon (Gerard)，報導名稱 "Tibet, une réalité démographie et des chiffres, des chiffres…"〕[27]

該文作者 Lucon (Gerard) 指出，自西元 700 年至 1950 年之間，西藏人口減少一千一百萬人，最後只剩兩百五十萬人；自 1950 年至 2000 年之間，西藏人口則從兩百五十萬人暴增至六百萬人。對一個自稱遭受種族滅絕的國家而言，這幾乎是不可能的任務！。另外，第十四世達賴喇嘛所領導的「西藏流亡政府」宣稱自從第十三世達賴喇嘛逃離西藏後，共有一百二十萬名西藏人民死於暴力，而國際研究員也已經證實了這個數據是編造出來的。[28]

維瓦斯同時以附註(法文原文：附註 74)的方式解釋為何該數據是假的：

Patrick French，英國人，中國政策批判性的觀察員，擔任「自由西藏運動」(Free Tibet Campaign) 主任；他任職期間有機會查閱達賴喇嘛流亡政府的檔案。在發現該政府所發佈的種族滅絕證據是偽造的之後，他便

---

[27] 《達賴喇嘛──其實沒那麼「禪」》，第七章，頁 71。

[28] 內容摘錄自：作者 Lucon (Gerard)，報導名稱 "Tibet, une réalité démographie et des chiffres, des chiffres…," http://www.legrandsoir.info/Tibet-une-realite-demographie-et-des-chiffres-des-chiffres.html。

辭職。他特別研究了達賴喇嘛的哥哥 Gyalo Thondrup
所收集的數據。在許多偽造的數據當中,他發現統計
西藏人死於與中國軍隊抗爭的人數有時候被重複計
算到高達五次之多:只要有五位不同的逃亡者去申報
同一個案件,死亡人數就被計算五次。因此,達蘭莎
拉政府統計的死亡人數高達一百二十萬人(這個統計
數字就這樣散播到世界各地,並且到處被運用),而
當時西藏男性總人口也只不過才一百五十萬人。這麼
一來,西藏人口之後的高成長只能用一夫多妻制以及
超出凡人的高繁殖率來解釋。[29]

　　我們再回到書的本文,維瓦斯接著表示:

只要簡單地檢查一下年齡金字塔,就會讓人忽略這個
連達賴喇嘛自己也不再支持的傳說。他現在已經不再
指控說西藏人遭到「種族滅絕」,而改口說是「文化
滅絕」。更何況怎麼能夠說「純種西藏人」(「純淨的
種族」)遭到滅絕,因為西藏被允許不必遵守中國大
部分的省實施的「一家只能生一個孩子的政策」,而
(「純種」)的人口自 1959 年便出現了可觀的成長。
這些違反事實的例子令人聯想到他們其他有關被中
國壓榨的故事可能也是假的,或是誇大的。……

至於達賴喇嘛,他把過去好幾世紀以來歷代達賴喇嘛
犯下的罪行隱瞞起來是很不對的;那些已被證實的罪

行往往是(譯者案:比中國犯下的罪行)更加慘（殘）忍的，
而且民眾還被暗示他們必須永無止盡地去承受它們
──「永無止盡」是因為沒有人會去廢除一位特別轉
世來到首都的皇宮寺院執政的人。[30]

不僅法國記者維瓦斯這麼說，德國科學記者、教派專家
科林 ·高爾德納（Colin Goldner）[31] 他在接受奧地利《上奧地
利新聞報》記者採訪報導時說：

「老西藏」根本不是什麼達賴喇嘛及其西方追隨者信
誓旦旦的「安寧祥和的社會」。當時占統治地位的喇
嘛階級在一個由遍及各處的寺院堡壘交織成的網絡
的幫助下殘酷地剝削著這片土地及人民。赤貧與飢餓
主宰著日常生活。絕大多數人都生活在無法想像的惡
劣條件下，他們的居所和飲食是極端艱苦的。稅收，
徭役和其它支出的負擔使他們生活在人類必須生存
的條件之下。欠債賣身和奴隸是司空見慣的。當時除
了寺院之外的其它地方沒有一所學校，也沒有任何醫
療設施。[32]

---

[30] 《達賴喇嘛──其實沒那麼「禪」》，第七章，頁 71-73

[31] 曾在其所著《達賴喇嘛──墜落的天神》（*Dalai Lama--Fall eines Gottkönigs*）一書中，披露了達賴喇嘛的過去和現在一些矛盾與謊言，戳破達賴喇嘛頭頂上神聖光環的假象。

[32] 原文為 2008 年 10 月 25 日刊載於奧地利《上奧地利新聞報》對科林·高爾德納(Colin Goldner)的採訪報導，題為〈打破達賴喇嘛神話的人〉（*Der dem Dalai Lama die Leviten liest*）
http://ooe.kpoe.at/news/article.php/20081028082827792

　　不僅達賴喇嘛本人是謊言不斷，台灣的達賴喇嘛西藏宗教基金會的董事長達瓦才仁也是一樣謊言不斷[33]，因此達賴集團等喇嘛奉行宗喀巴於《密宗道次第廣論》中「一切說妄語」的邪教教誡，因此說謊之事發生在達賴喇嘛等人之身上，乃是常態之事。

　　其實達賴喇嘛所弘揚的藏傳佛教（喇嘛教、性交教）都是集中在譚崔瑜伽的性力思想，爲了達到性交修行的目的，所以必須要以恐怖黑暗的政治手段輔助，不僅過去十多世的達賴喇嘛如此，乃至現任的性交教主——十四世達賴喇嘛，其恐怖主義的實質也是不遑多讓於前輩，但是他厲害的地方卻是僞裝成爲和平使者。雖然這樣的僞善面具無法永遠欺瞞理智的人，但是大部分的民眾卻是繼續被矇騙。德國科學記者、教派專家科林・高爾德納(Colin Goldner)在接受奧地利《上奧地利新聞報》記者採訪報導時感嘆地說出知道眞相的無奈：

儘管長時間來對達賴的批評不斷，但是他在世界上所

中譯引自：http://www.wretch.cc/blog/kc4580455/13439377。2012/2/13 擷取。

[33] 例如眞心新聞網：〈戳破達賴基金會發言人的連篇謊言〉網址：http://www.enlighten.org.tw/trueheart/177
〈他教性侵是個案，藏密本質是性交——揭穿「達賴喇嘛西藏宗教基金會」董事長達瓦才仁謊言之一〉http://www.enlighten.org.tw/trueheart/185
〈歐美學者對藏傳佛教的批判——揭穿「達賴喇嘛西藏宗教基金會」董事長達瓦才仁謊言之二〉http://www.enlighten.org.tw/trueheart/187
〈眞喇嘛 眞雙修－揭穿「達賴喇嘛西藏宗教基金會」董事長達瓦才仁謊言之三〉http://www.enlighten.org.tw/trueheart/189。2012/2/13 擷取。

享有的，跨政治和跨世界觀的聲望絲毫未被打破；他
還是一如既往地被看作是和平、寬容和沉浸在無邊智
慧中而泰然自若的象徵。無論達賴的言論是多麼的陳
詞濫調，都會被當作是看透紅塵的表現。這種對達賴
喇嘛的完美化，完全是一種虛幻的印象，是基於對事
實利害的一無所知。[34]

（五）達賴與希特勒納粹主義有密切關係

　　法國記者馬克沁・維瓦斯在《達賴喇嘛——其實沒那麼
「禪」》這本書裡表示，法國人對希特勒納粹主義於第二次
世界大戰的恐怖傷害記憶猶新，而有不同報導證實了達賴喇
嘛居然和納粹黨有密切的關係。該作者指出，法國文化廣播
台 France Culture 記者 Georges-André Morin 於 2006 年 9 月
10 日報導，達賴喇嘛於 1994 年在倫敦和七位熟悉獨立西藏
的重要人士會面[35]；七位人士當中有兩位曾擔任過納粹黨衛
軍(Warren SS)的成員：Herrer 和 Berger。法國〈解放日報〉

---

[34] 原文爲 2008 年 10 月 25 日刊載於奧地利《上奧地利新聞報》對科林・
高爾德納（Colin Goldner）的採訪報導，題爲〈打破達賴喇嘛神話的
人〉（*Der dem Dalai Lama die Leviten liest*）
http://ooe.kpoe.at/news/article.php/20081028082827792
中譯引自：http://www.wretch.cc/blog/kc4580455/13439377。
2012/2/13 擷取。

[35] 德國網頁亦有相關照片及報導內涵。
網址：http://www.medienanalyse-international.de/tibet.html。
2012/2/13 擷取。

Liberation 記者 Laurent Dispot 曾在一篇報導裡指出：**希特勒於第二次世界大戰時派遣 Herrer 遠赴西藏尋找雅利安種族的根源[36]，並擔任年少達賴喇嘛的私人教師；從此以後，達賴喇嘛就一直和這位特別的私人教師往來，還「不斷地感謝他擔任了讓自己進入西方和現代世界的啟蒙師。」**（馬克沁‧維瓦斯附註：〈解放日報〉*Liberation*，作者 Laurent Dispot，報導名稱"Le Dalaï-lama et l'honneur nazi"，2008 年 4 月 25 日）[37]

（六）達賴與麻原彰晃日本恐怖事件之關係

　　第十四世達賴喇嘛與奧姆眞理教領袖麻原彰晃（Shoko Ashara）之間的密切關係，因爲他們都對於《時輪經》中的譚崔性交信受不已，而且希望透過譚崔性交的實修，而能夠成爲性交教主的實質，達賴喇嘛統一了整個藏傳佛教（喇嘛教、性交教），成爲性交教主；麻原彰晃也吸收了這個性力思想的精神，自創另一個性交教派而成爲日本的性交教主。法國記者馬克沁‧維瓦斯在他的書中說出達賴喇嘛與麻原彰晃的親密關係：

> 另外，達賴喇嘛和日本奧姆眞理教（Aum Sect）上師麻原彰晃(Shoko Asahara)的關係亦令人感到困惑（有一些他們手牽著手的照片），麻原彰晃是「西藏獨立」的

---

[36] 〈西藏往事：希特勒兩次派人進西藏〉
網址：http://blog.mjjq.com/archives/627.html。2012/2/13 擷取。
[37] 摘錄自《達賴喇嘛——其實沒那麼「禪」》，第二章，頁 28-29。

援助者。麻原彰晃 1995 年 3 月 20 日以沙林瓦斯噴灑
東京地鐵旅客的恐怖新聞當時爲各家媒體所報導。[38]
（編者案：該事件當時造成 12 人死亡。）

　　但是他們兩者只有政治上的援助者與受贈者的關係
嗎？其實不然，他們之間眞正的結合乃是譚崔性交的共同實
踐者，我們從《歷代達賴喇嘛祕史》第二十一章中，可看到
作者揭露的事實：

他(譯案：指麻原彰晃)於 1987 年第一次與達賴喇嘛和藏
傳佛教其他重要的上師們見面；那些重要的上師當
中，有一些還頗具知名度，包括康祖仁波切 （Khamtrul
Rinpoche）及卡盧仁波切 （Kalu Rinpoche）。（作者附註：資料
來源 Victor and Victoria Trimondi, *Der Shatten des Dalai Lama*,
Patmos, 1999 年出版。）

……麻原彰晃也知道藏傳佛教裡有譚崔性奴隸這回
事。這位奧姆眞理教的上師以藏傳佛教的經典──包括
時輪經……等──爲憑，要求享有女信徒的「初夜權」：
他統治著名符其實的「妻妾群」，並要求他的重要部
屬幫他挑選多位「最終灌頂」所需要的最美麗性奴隸
(作者附註：資料來源　坎貝爾，《空行母》(*Traveller in Space*)，
1996 年出版)。〔作者附註：資料來源 《達賴喇嘛的陰暗面》(*Der
Shatten des Dalai-Lama*)。〕

……他與十三名信徒於 2004 年 4 月 27 日遭到上吊處

―――――――――――――――――――――――
[38] 《達賴喇嘛──其實沒那麼「禪」》，第二章，頁 29。

死的判決。爲何達賴喇嘛在 1987 年和 1995 年之間和
麻原彰晃見了五次面？他與這位不凡的奧姆眞理教
上師之間的密切關係從何而來？在 1995 年 3 月 20 日
發生了東京沙林瓦斯攻擊事件後，第十四世達賴喇嘛
丹增嘉措用了以下的字眼形容麻原彰晃：「他是一位
朋友；或許不是一位完美的朋友，不過仍然是一位朋
友。」[39]

　　有其他西方作者 Mike Billington 也描述了達賴喇嘛和
麻原彰晃的關係，兩人見面一起研究譚崔性交的內涵：

麻原彰晃與達賴喇嘛見過幾次面，並讚揚達賴喇嘛是
他佛道上的主要靈感來源。達賴喇嘛描述麻原彰晃擁
有「佛陀的心」，並從他印度達蘭莎拉的總部派遣年
輕人赴日本向這位異教領導人學習。奧姆眞理教則傳
授這位西藏人(譯者案：指達賴喇嘛)譚崔信仰的變態性交
法[40]。

---

[39] 《歷代達賴喇嘛祕史》，第二十一章，頁 346-348。

[40] 英文原文：“Asahara credited the Dalai Lama, whom he met several
times, as the leading inspiration in determining his course in Buddhism.
The Dalai Lama described Shoko Asahara as having the "mind of a
Buddha," and sent youth from his Dharamsala base in India to Japan to
study with the cult leader. Aum Shinrikyo taught the sexual perversities
of the Tibetan's tantric belief……"，作者 Mike Billington，〈爲何納粹
成員喜愛達賴喇嘛〉(“Why the Nazis Love the Dalai Lama”)，
網址：(2012/2/13 擷取)
http://www.larouchepub.com/eiw/public/2008/2008_10-19/2008_10-19/2
008-18/pdf/69-71_3518.pdf。

　　關於此點，達賴喇嘛與麻原彰晃，就是代表藏傳佛教（喇嘛教）和奧姆眞理教，兩者都是以譚崔性交的《時輪經》爲依據；因此這兩個性交教主都是屬於同一系列的性力思想宗教，以此《時輪經》的概念，進而還發展出恐怖主義的特質。耶律大石先生編譯的《西藏文化談》也說明兩個同樣弘揚譚崔性交教主間的關係：

> 麻原的個人修練可以説是西藏大喇嘛修練的複印。麻原對他教裏面的所有女信徒有性使用權，實際上他也經常使用此權。同喇嘛教一樣，此性修練的權力只有教內最高層才有，……。與喇嘛教中上師與弟子的關係相同，奧姆眞理教的學員也必須給「上師」獻「智慧女」。一個學員將自己的女友獻出後認爲：「如果她將自己奉獻給尊敬的上師，上師的能量就會流入她體內[41]。對她來説，這比與我交合要好。」有一次一個女學員不肯服從，麻原對她説：「這是一次密宗的灌頂，你的體內能量將會更快地流動，你就會更早 "大徹大

---

[41] 達賴喇嘛也有類似的講法，例如達賴喇嘛又説：【當行者在密宗道達到較高層次時，他們會被要求去尋找明妃〔女性密宗修行人〕或勇父〔喇嘛或男性密宗修行人〕以作為入道的動力，當進行雙運時，男性行者有較高的證量就可以幫助女性行者證悟佛果；同理，女性行者如果有較高的證量也可以協助男性行者證悟。因此不論行者的性別，其效果是互補的。】（第十四世達賴喇嘛著，陳琴富譯，《藏傳佛教世界》，立緒文化事業有限公司，2004.10 初版八刷，頁110）。

悟！"」於是強力使她服從。[42]

　　十四世達賴喇嘛在書中的說法，與麻原彰晃所說一致，全部都是透過性交而成就，因爲兩者都是要根據《時輪經》的原則去修，這必須要透過性交中達到高潮而不射精漏點，這樣才能得到大樂而可以大徹大悟證悟成佛。例如〈達賴喇嘛和中國佛教訪問團之問答〉這篇報導中，就有說到：

　　同樣的，有時候貪心在特殊的情況下，可以轉爲菩提道用，所以觀想本尊的時候，有時可以看到女相的本尊。至於喝酒、吃肉以及男女的結交，這唯有在無上瑜伽才有講到的，其他三部沒有。在無上瑜伽中，有講到喝酒、吃肉的問題，而這是與男女結交有關係的。其中談到最主要的問題，就是男女的結交問題，也就是雙身的問題。以瑜伽者來講，如果他是男性，他所依的就是佛母，瑜伽者若是女性的話，那她所依的就是佛父。也就是說佛父佛母是互相依靠的。爲什麼呢？因爲經由身軀的結交之後，粗分的意識和氣流會慢慢的緩和下來，漸漸的消失了！而爲了使達到最究竟的目的，所以他必須產生大樂才有辦法，爲了能永恆的保持這個大樂，所以他的精液絕對不能漏出，一滴都不能漏出，他有辦法運用這個精液！假使他在行雙身法時，將精液射出來，那他必須要有辦

---

[42] 《西藏文化談》，頁 99-100。（耶律大石編譯，原著 Trimondi《達賴喇嘛的陰暗面─藏傳佛教的雙修、巫術與政治》 *Der Schatten des Dalai Lama - Sexualität, Magie und Politik im tibetischen Buddhismus*）

法一滴不漏的收回[43]，否則就是違背了梵行，就是犯了大罪。[44]

另外達賴喇嘛也在另外一本書中說：

依據密續的解釋，樂的經驗得自三種狀況：一是射精，二是精液在脈中移動，三是永恆不變的樂。密續修行利用後二種樂來證悟空性。因為利用樂來證悟空性的方法非常重要，所以我們發現無上瑜伽續觀想的佛都是與明妃交合。[45]

雖然法國記者馬克沁·維瓦斯在他的書中表示，他對於達賴喇嘛與麻原彰晃親密交往的訊息有點震驚，而在最後作了一個結論：

因此我們可以說，達賴喇嘛在他為西藏獨立奮鬥的過程當中，對於應該採取的方法以及盟友—朋友及資金援助者—的選擇不太挑剔，令人感到惋惜。[46]

總而言之，這兩大性交教主都是離不開譚崔性交的範

---

[43] 此部分的說法乃是謊言，完全不符合佛法，早就被有智之士公開破斥過了，達賴喇嘛所說射出後有辦法一滴不漏的收回仍是邪說。詳細破斥內容，請參考平實導師著《狂密與真密》第四輯，正智出版社，頁 1330-1332、1357-1358。或參考《達賴真面目》，附錄三〈達賴雙身法舉證〉，頁 173-177。

[44] 理成紀錄，〈達賴喇嘛和中國佛教訪問團之問答〉，達香寺法訊〈利生〉，中華民國八十七年元月刊（27 期），第二版。

[45] 達賴喇嘛文集（3），達賴喇嘛著，鄭振煌譯，《西藏佛教的修行道》，慧炬出版社，90 年 3 月初一版一刷，頁 85。

[46] 《達賴喇嘛——其實沒那麼「禪」》，第二章，頁 30。

疇，不僅達賴喇嘛與麻原彰晃這兩位性交教主這麼主張，藏傳佛教（喇嘛教）的一部重要著作——《那洛六法》[47]，也是這樣說，全部都妄想在性交當中達到高潮而不射精的狀況下成就佛果。因此，喇嘛教那種淫亂的男女交合雙身法自古就影響中國，乃至現在已經透過十四世達賴喇嘛的流亡西方而氾濫全球。然而達賴喇嘛這個現任性交教主所帶領的一切喇嘛，還是繼續弘揚實修這個邪教雙身法，乃至很多傳到今天造成了不少的禍害，除了會造成婦女性侵害之外，又會在寺院裡造成什麼樣的傷害呢？喇嘛們如果在寺院裡找不到女人雙修，會不會找男孩下手呢？這一切的一切，究竟是欲望的糾纏？權力的糾結？抑或是雙身法所造成的糾葛？請讀者繼續閱讀，我們下一章揭曉。

---

[47] 同樣是妄想要男女性交不漏而修，如：【行者倘能堅固修習，則抱明母時，即使精將外洩，只要拍剌一聲，即可將精閉住，使不得出。如能與明母交而不洩，則成佛可必。】（道然巴羅布倉桑布講述，盧以炤筆錄，《那洛六法》，晨曦文化公司 1994 年 8 月初版，頁 188）。

四、達賴性力思想的禍害

——性侵事件不斷

（一）喇嘛性醜聞一籮筐

編者上一本書略舉一些新聞報導，這些性侵的喇嘛所修的法門，都與達賴喇嘛所弘揚的內容一致，我們再複習一下：

(1) 蘇格蘭報紙 *Daily Record* (2000 年 4 月 17 日)報導：西方最大的密宗道場，也就是位於蘇格蘭於 Samye Ling，遭警方調查**性侵害**與毒品，住持涉嫌騷擾年輕出家人，此道場曾獲得達賴喇嘛及知名人士如李察吉爾之支持。

聽說那位住持性侵害了三位男子，另外這個道場還有涉嫌吸毒案件、偷竊和詐騙。原告乃十八歲出家人名 Kevin Stevenson。[1]

(2) 英國倫敦知名報紙 *The Independent* (2000 年 9 月 10 日)也有類似案件的報導。[2]

(3) *The Free Library*（網上圖書館）則報導同一個道場之另一椿醜聞：

一名於該道場掛單的三十歲喇嘛名 Tenzin Chonjoe

---

[1] http://www.highbeam.com/doc/1G1-61519543.html。

[2] http://www.highbeam.com/doc/1P2-5107207.html。

性侵一名十四歲少女，被判三個月有期徒刑。[3]

(4)　2000 年 6 月，來自尼泊爾的拉秋仁波切，被控對一名婦人性侵害。

(5)　2001 年 6 月，尼泊爾籍楚姓喇嘛被張姓女子控告騙婚及詐欺。

(6)　2002 年 10 月，〈新明日報〉報導：（香港訊）女商人自爆與來自中國成都密宗大師義雲高發生性關係，還聲稱拍下交歡錄影帶。

(7)　2002 年 10 月，瑜伽老師向警方指控，遭由印度來台弘法的喇嘛圖登旦曲性侵害。

(8)　2004 年 12 月，台灣籍喇嘛楊鎬，涉嫌連續對兩名女子性侵害。

(9)　2006 年 4 月，時尚摩登的西藏喇嘛盛噶仁波切，遭北台科大教授江燦騰抨擊：他在台亂搞男女關係。

(10)　2006 年 7 月，大陸的林喇仁波切在台弘法，藉機性侵多名女信徒。還說他的精液（甘露）吞下後可得到最高加持。[4]

(11)　2007 年 4 月，自稱是達賴認證的活佛，來自西藏，

---

[3]　http://www.thefreelibrary.com/PERVERT+MONK+ABUSED+GIRL,
14%3B+SCANDAL%3A+SEX+CASE+IS+ANOTHER+BLOW+TO...-a
062821097。

[4]　http://www.wretch.cc/blog/kc4580455/13172458。

在台灣傳法的敦都仁波切，以「雙修」為名，不只
對女信徒性侵未遂，甚至還亂搞男女關係，有多名
女子受害。[5]

(12) 2008 年 3 月，出生於印度的貝瑪千貝仁波切，與黃
姓婦人於道場發生性關係，遭婦人丈夫當場捉姦。

(13) 2010 年 10 月，「真佛宗麻豆萬化共修會」黃姓喇
嘛父子拐騙少女雙修，性侵及性騷擾長達 8 年，台
南地院將兩人以連續性侵害及性騷擾少女罪嫌，分
別重判 9 年 2 月和 3 年 2 月有期徒刑。[6]

　　有人會問：這些性侵害的事件是偶發事件嗎？只是個案
嗎？同樣的問題，《歷代達賴喇嘛祕史》的作者 Gilles Van
Grasdorff 也提出一樣的問題，我們看 Gilles Van Grasdorff 這
麼說：

那是一個單獨的案例嗎？不全然，因為那件事之後，
有許多案件成為大眾矚目的焦點。其中一個就是牽涉
美國佛教團體以及該團體最著名的上師之一——歐
澤.天津(Osel Tendzin)[7]。眾所周知，他很讚賞更敦群

---

[5] http://www.wretch.cc/blog/kc4580455/13174862。

[6] http://www.libertytimes.com.tw/2010/new/oct/5/today-so4.htm
以上資料乃是彙整自〈自由時報〉及大各新聞媒體、報紙等，
還有網路等所刊載資料。2012/2/13 擷取。

[7] 這位歐澤．天津(Osel Tendzin)喇嘛是邱陽創巴（Chogyam Trungpa）
仁波切的接班人，根據邱陽創巴的妻子說：【創巴仁波切於 1987 年
逝世，許多醜聞才開始曝光。……這些聲名狼藉的事情傳出不久，

培（Guendun Choephel）在《西藏慾經》裡所傳授的修行方法，而且他自己也有很大的性慾。後來這位喇嘛於 1980 年代染上愛滋病[8]。」[9]

　　這裡提到《西藏慾經》這本介紹譚崔性交的書，作者乃是更敦群培（Guendun Choephel, 1905-1951）喇嘛，他於 1938 年冬天寫了《西藏慾經》，書中以大量的篇幅來介紹譚崔瑜伽中的男女性愛。（編案：中文版譯自 Jeffrey Hopkins 的英譯本 Tibetan Arts of Love），根據英譯者 Jeffrey Hopkins 認為《西藏慾經》主要取材自著名的印度經典《愛經》（Kama Sutra），其內容與藏傳佛教蓮花生上師所傳的亥母雙身法樂空雙運的六十四種淫樂方法相同[10]。根據《西藏慾經》對此書內容的簡介：

立刻又傳出他揀選的繼承人：在美國出生的湯姆斯．瑞奇（法名歐澤．天津），他不但隱藏得了艾（愛）滋病的秘密，而且傳染給一位女弟子，她是他許多不知名的女弟子愛人中的一位。】（作者：黛安娜．J．木克坡，卡羅琳．蘿絲．吉米安(Diana J. Mukpo、Carolyn Rose Gimian)，《作為上師的妻子：我和邱陽創巴的人生》，英文書名《DRAGON THUNDER: My Life with Chogyam Trungpa》，橡樹林出版社，2009 年 04 月 10 日初版，頁 262-266)。

[8] 請參考《喇嘛性世界》中〈佛教宗派信徒因其領導人隱瞞染上愛滋病的報導而感到恐慌〉這篇報導，就是歐澤．天津(Osel Tendzin)喇嘛：【藏傳佛教在美國最大宗派的精神領袖已於 1985 年染上愛滋病，但他卻一直隱瞞事實，直到去年 12 月一名同伴也染上愛滋病，他才承認此事。……邱陽創巴（Chogyam Trungpa）仁波切於 1970 年在美國科羅拉多州博爾德創立該組織，並於 1987 年辭世前指定 Tendzin 當他的接班人。】（張善思、呂艾倫編著，《喇嘛性世界——揭開藏傳佛教譚崔瑜伽的面紗》，正智出版社，2011.7 初版，頁 63-66）。

[9] 《歷代達賴喇嘛祕史》，第九章，頁 133。

[10] 達賴喇嘛的祖師蓮花生所傳的六十四種性淫樂方法，請參閱〈附錄

他的書清晰的呈現了六十四種情慾藝術的細節，分
成八類的性愛遊戲──擁抱、親吻、捏與抓、咬、
來回移動與抽送、春情之聲、角色轉換、交歡的姿
勢。其形而上的焦點是：性喜樂是通往根本自性的
一道心靈經驗之門。[11]

這就表示與藏傳佛教喇嘛們有關的那些性侵事件不是
沒有根本原因，因為達賴喇嘛所弘揚的譚崔性交法，就是要
以男女雙修才能達到，在沒有辦法找到足夠的女性來當明妃
性交，那只好走上性侵這一條路。因此這些性侵事件的本質
都不是個案，而是根源於背後的基本教義是性交成佛的假冒
佛法。

Gilles Van Grasdorff 在《歷代達賴喇嘛祕史》書中還有
提到，有很多喇嘛會暫時離開寺院跑去成家，到了晚年又回
到寺院裡修行。在十四世達賴喇嘛的家族裡，就有不少這樣
的例子，包括 Takser 仁波切（他生了兩個小孩）、Ngari
Rinpoche（他也生了兩個小孩）。另外還有第十五世葛瑪巴
Khachap Dordje（噶舉派的領袖，自稱結婚是為了健康）。[12]

丹增嘉措（Tenzin Gyatso）於 1940 年 2 月 22 日正式成為
第十四世達賴喇嘛。他小時候的第一位私人家教 Reting 仁波
切在他上任之後也住進皇宮。Reting 仁波切晚上有諸多越軌

三）。
[11] 更敦群培著，陳琴富中譯，《西藏慾經》〈中文版序〉，大辣出版，
2003.12 初版 10 刷，頁 6。
[12]《歷代達賴喇嘛祕史》，第九章，頁 132。

行為，而且在拉薩也公開擁有一位情人。在 1940 年代的西藏，這件事被視為一樁醜聞，因為那位情人幾乎也搬進皇宮裡與他同居。Reting 仁波切後來於 1947 年死於布達拉宮的監獄裡。關於這件事，作者說道：

> 在同一個年代，有一位被其他喇嘛與信徒稱為 「瘋狂智慧」的轉世喇嘛，他的酗酒習慣以及性愛和金錢方面的怪癖是很出名的。此外，Jack Kornfeld 在《瑜伽雜誌》（*Yoga Journal*）發表了一篇名為〈上師的性和生活〉（"Sex and Lives of the Gurus"），揭發在五十位佛教、印度教和耆那教的上師當中，就有三十四位曾經和他們的信徒發生過性關係。（作者附註：1985 年的資料）

> 1994 年，另一位喇嘛則是被指控在好幾年當中，濫用他轉世以及心靈導師的身分，強迫年輕的女信徒們和他發生性關係。經過多次的和解後，據說這位西藏上師已經支付了好幾百萬美金給他的受害者……。[13]

　　因此有許多的案例都沒有浮上檯面，但是這裡作者提到一個重點，也就是達賴喇嘛這些號稱轉世聖人的喇嘛們，其實都是「濫用他轉世以及心靈導師的身分」，而且更荒唐的是：這些身分都是假的，達賴喇嘛這些活佛上師們，他們根本沒有一點點佛法上面的實證，只是假借佛菩薩的名義來籠罩世人罷了。

---

[13] 《歷代達賴喇嘛祕史》，第九章，頁 133-134。

(二) 喇嘛在譚崔儀式中從未停止使用過「性奴隸」

　　Gilles Van Grasdorff 也曾經寫信去質問第十四世達賴喇嘛這個問題，但是達賴喇嘛卻是照樣謊言連連，顧左右而言他，我們看 Gilles Van Grasdorff 於書中（頁 134-135）這麼記載：

2009 年 6 月 10 日，我寫信請求達賴喇嘛答覆我幾個問題，包括爲何有些媒體報導和書籍長久以來都提到了知名喇嘛的脫軌行爲，如被指控性侵害和強姦，或者擁有「譚崔性奴隸」。二十幾天之後，第十四世達賴喇嘛丹增嘉措於 7 月 4 日透過他的秘書 Chhime R. Chhoekyapa 回函如下：

「親愛的 Gilles Van Grasdorff 先生：

關於您 2009 年 6 月 10 日透過電子郵件詢問達賴喇嘛一些有關佛教的問題，很抱歉我們至今才答覆。由於達賴喇嘛近幾週出了幾次遠門等等，所以很繁忙；因此我們沒有更早回信，希望您能諒解。

首先，我們希望您一開始就明白，一切偏離傳統的行爲與達賴喇嘛教導的內容和我們的修行法門是不一致的[14]。在藏傳佛教裡也會有人迷失自己；若他們不遵守自己所發下的誓願，我們是會採取適當

---

[14] 達賴喇嘛這個講法是個謊言，由前面他自己的著作，以及他的祖師宗喀巴的著作中，就可以證實。

的措施。就我們所知，無法遵守出家誓願的人，……
會離開寺院……。」

這些從西方寺院與喇嘛住處傳出來有關性方面的訊
息可能會令我們這些回歸保守的西方心靈感到震
驚，不過要強調一點很重要的是，西藏喇嘛在譚崔儀
式（包括時輪）當中未曾停止使用過「性奴隸」。這個
傳統可追溯至第八世紀的一些祕密修行方法，在那個
遙遠的時代蓮花生把佛法引進了西藏。寧瑪派的創始
者自己也從他的信徒當中挑選了五位「性奴隸」。因
此我們可以說，在 2009 年的今天，我們可以說在西
藏喇嘛的國度裡事情都沒什麼改變，也可以說有一些
害群之馬迷失了自己。唯一改變的就是有一些如坎貝
爾[15] 的女子或如 Victor 和 Victoria Trimondi[16] 的研究
員勇敢地違反《時輪經》推廣者保持沉默的規定。

　　因此達賴喇嘛就是《時輪經》譚崔性交的主要推廣者，
Gilles Van Grasdorff 也提出了重點，也就是「西藏喇嘛在譚
崔儀式（包括時輪）當中未曾停止使用過『性奴隸』」，也就
是這個以性交修行為首的性交教主——十四世達賴喇嘛，以
及隨從他的教法而學習的流亡喇嘛們，從來都沒有放棄、停

---

[15] 就是後面即將提到寫《空行母》的作者 June Campbell，她曾擔任卡
盧仁波切的翻譯很多年，後來成為他的明妃。
[16] 他們夫婦就是寫《達賴喇嘛的陰暗面——藏傳佛教的雙修、巫術與
政治》（*Der Schatten des Dalai Lama — Sexualität, Magie und Politik
im tibetischen Buddhismus*）這本書的作者。

止使用「性奴隸」，因爲譚崔性交的核心要素就是性伴侶、男女的性器官，如第十四世達賴喇嘛說：

> 根本心的修行方式是根據：〈一〉新譯派所講的「密集金剛密續」；〈二〉時輪空相法等等；〈三〉寧瑪派的大圓滿法。根據新譯派，修秘密眞言到某種程度時，修者修特殊法，如利用性伴侶、打獵等等。雖然利用性伴侶之目的，不難被說成是爲了用欲於道及引出較細的證空之識，……只有在這種崇高境界中，才能以悲心將瞋怒用於修道。是故，新譯派的此一修法之基，與大圓滿之基相同。[17]

> 各種無上瑜伽密續的方法都是要經由各種不同的技巧去顯現明光心，也叫作本俱的基礎明光心，這些技巧其中之一就是**使用性高潮的大樂**（但是沒有射精）來去除較粗層次的意識，經由這樣的方法就可以顯現最微細層次的心。[18]

---

[17] 第十四世達賴喇嘛講述，《迎向和平》，慧炬出版社出版，達賴喇嘛西藏基金會印贈(免費結緣)，2002/7 初版第二刷，頁 93-94。

[18] 達賴喇嘛英文書中原文是這樣說："The various systems of **Highest Yoga Tantra** seek to manifest the mind of clear light, also called the fundamental innate mind of clear light, by way of different techniques. One of these techniques is to use **blissful orgasm (but without emission)** to withdraw the grosser levels of consciousness, thereby manifesting the most subtle level of mind."（The XIV Dalai Lama, *Kalachakra Tantra: Rite of Initiation*, Wisdom Publications, Boston, 1999, P35）。

　　所以達賴喇嘛根本的主張就是與這些犯下性侵的喇嘛一樣，只是這些喇嘛失手而曝光而已。然而在台灣的**達賴喇嘛西藏宗教基金會**董事長兼發言人達瓦才仁也是謊話連連，他在接受中廣記者黃悅嬌採訪時，卻是加以否認而說：「**藏傳佛教修行法門不會強調雙修，受戒僧人更是絕對不允許。**」[19] 因此，我們從舉證這麼多達賴喇嘛書中鼓吹雙身法的證據，已經證明達瓦才仁的說法乃是要轉移焦點，迴避喇嘛教雙身法的問題，詳細內容請看〈眞心新聞網〉的多篇報導[20]。讀者繼續看後面的舉證，就知道達賴喇嘛及達瓦才仁都不如實說。

（三）卡盧仁波切性醜聞

　　我們繼續看 Gilles Van Grasdorff 於書中這麼說：

1999 年 2 月 10 日，美國報紙（*The Independent*）[21]記者 Paul Vallely 報導了另一椿性醜聞：身爲西藏喇嘛的官方翻譯員，蘇格蘭哲學家坎貝爾肯定地指出，她確實曾經擔任過卡盧仁波切的「譚崔性奴隸」；卡盧仁波切是全世界最受景仰的喇嘛之一。可想而知，該事件造成轟動；坎貝爾說：「那就好像我控告德雷莎修女

---

[19] http://www.bcc.com.tw/news/newsHistoryview.asp?cde=546685。
　　 2012/2/13 擷取。
[20] http://www.enlighten.org.tw/trueheart/3。2012/2/13 擷取。
[21] 事實上，*The Independent*（獨立報）是英國報紙，而非美國報紙。

曾經演出色情片一樣。」由於遭受死亡的威脅[22]，她等了十一年才談論此事（作者附註：坎貝爾，《空行母》，1996年）。被告者親信的人極力否認了她的指控。[23]

　　有關英國知名報紙 *The Independent*（獨立報）於1999年2月10日所刊登卡盧仁波切對於蘇格蘭宗教哲學家坎貝爾（June Campbell）長期性侵的事件，該篇名爲〈**我是坦特羅（譚崔）密教的性奴隸**〉，編者在前一本書《喇嘛性世界》[24] 中有詳細舉證，寫出達賴喇嘛這個性交教主之下的喇嘛們，爲了要修樂空雙運、大樂光明，將女性美其名爲「佛母、明妃、空行母」；但是目的就是要利用信受密宗的女性來逞欲，其實不論名爲「佛母、明妃、空行母」等哪一種，實質只是上師喇嘛的性奴隸罷了；讀者由《喇嘛性世界》中這篇報導，可以更清楚瞭解藏傳佛教的修行內涵與眞面目——性交雙身法。

---

[22] 達賴喇嘛所弘揚的譚崔性交法之中，謊稱還有誅殺對方的方法，因此這些發現眞相而離開的人，恐懼被誅法的鬼神殺害。但是這些執行誅法的鬼神都是低下的鬼，根本沒有什麼作用。這些大部分使用的還是屬於達賴三世、達賴五世，乃至達賴十四世對付雄天信徒的政治暗殺手段。

[23]《歷代達賴喇嘛祕史》，第九章，頁134。

[24] 請參閱《喇嘛性世界》中〈我是坦特羅(譚崔)密教的性奴隸〉這篇報導。（張善思、呂艾倫編著，《喇嘛性世界——揭開藏傳佛教譚崔瑜伽的面紗》，正智出版社，2011.7初版，頁45-57）。

（四）蘇格蘭喇嘛性侵害

　　另一個案件，就是爆發於蘇格蘭 Samye Ling 中心的醜聞。在 2000 年 9 月 10 日登載於〈Sunday〉的一篇報導當中，Robert Mendick 述說一位 Samye Ling 的成年僧侶性侵了一位十四歲的少女。[25] 然而 Samye Ling 被視爲西藏文化在西方世界的大本營，來訪者包括達賴喇嘛的藝人好友李察吉爾（Richard Gere）或大衛鮑伊（David Bowie）。[26]

　　其實達賴喇嘛所傳的性力思想，曾在美國演藝界發生影響，透過這些演藝人員的鼓吹，因此吸引很多無知少女前往，最終不得不上演被性侵的戲碼。編者曾引用美國新聞電視台 ABC News 報導〈演藝圈明星帶動譚崔性交的狂熱和炒作〉[27] 來說明，就知道譚崔性交（瑜伽）氾濫的程

---

[25] 編者上一本書中也有提到其他性侵事件，如：【蘇格蘭報紙 Daily Record（2000 年 4 月 17 日）報導： 西方最大的密宗道場，也就是位於蘇格蘭於 Samye Ling，遭警方調查性侵害與毒品，住持涉嫌騷擾年輕出家人，此道場曾獲得達賴喇嘛及知名人士如李察吉爾之支持。聽說那位住持性侵害了三位男人，另外這個道場還有涉嫌吸毒案件、偷竊和詐騙。原告乃十八歲出家人名 Kevin Stevenson。http://www.highbeam.com/doc/1G1-61519543.html。
英國倫敦知名報紙 The Independent（2000 年 9 月 10 日）也有類似案件的報導。http://www.highbeam.com/doc/1P2-5107207.html】（張善思、呂艾倫編著，《喇嘛性世界——揭開藏傳佛教譚崔瑜伽的面紗》，正智出版社，2011.7 初版，頁 57-58）。
[26] 《歷代達賴喇嘛祕史》，第九章，頁 134。
[27] 請參考《喇嘛性世界——揭開藏傳佛教譚崔瑜伽的面紗》，頁 6-10。

度，同時也不可避免常常會有性侵事件發生，因爲藏傳佛教譚崔性交的教義就是要每天與女人性交求樂。

（五）正義勇士於網站上揭發自家性醜聞

在 http://www.lamashree.org/index.html 網站首頁有這麼一段聲明文字，作者是一個喇嘛，他揭露出：達賴喇嘛所領導的藏傳佛教寺院裡發生孩童性侵害事件，讀者可以從這個喇嘛所說的內容瞭解達賴喇嘛所弘揚的譚崔性交的影響面，Shree Narayan Singh 喇嘛的聲明如下：

本網站爲 Shree Narayan Singh 喇嘛的個人創作。
他自己主動籌劃了本網站，唯一的用意就是爲眞相而努力。本網站沒有從佛教或其它宗教的任何人、組織和信仰傳承獲得啓發或贊助。喇嘛自己願意爲這網站的所有內容負起全部責任。[28]

該網站上有這麼一篇文章名爲「藏傳佛教寺院裡的孩童性侵害」[29]，作者爲 Shree Narayan Singh 喇嘛。以下我們會引用這篇文章的部分內容來說明，請讀者繼續閱讀即可了

---

[28] 網站原文：This Website is the personal creation of Lama Shree Narayan Singh. It has been prepared at his own initiative with the sole intent of serving the cause of truth. It has not been inspired or sponsored by any person, organisation & tradition, Buddhist or otherwise. The Lama himself accepts full responsibility for all its contents.，2012/2/13 擷取。

[29] 資料來自：
http://www.lamashree.org/dalailama_08_childabuse_tibetanbuddhistmonasteries.htm。2012/2/13 擷取。

知，在達賴喇嘛弘揚譚崔性交的寺院中，「性侵事件」不僅會發生在成人之中，也對兒童造成性侵害的威脅與傷害。

A、孩童性侵猖獗於達賴領導的藏傳佛教寺院

　　Shree Narayan Singh 喇嘛於文章中描述一個事實，也就是「**孩童性侵害**」發生在第十四世達賴喇嘛所領導的藏傳佛教寺院裡，是很猖獗的，我們看 Shree Narayan Singh 喇嘛這麼說：

　　1996 年 9 月 2 日發行的〈新聞周刊〉（*Newsweek*）登載了一則名為「世界上最骯髒的生意──如何阻止孩童性交易」的特別報導。其中有一篇名為「販賣孩童」的文章；大綱寫著：「比利時一件恐怖的犯罪案震驚了全世界，令人感到悲傷，也提醒了大眾，孩童─包括才剛剛符合上學年齡的孩童─的性侵害是一個全球的禍害。如何能阻止這樣的惡行再度發生？」這是作者 Susan H. Greenberg 提出的問題。比利時人民感到不解的是，他們之前的禱告為何都無效？在比利時發現的這兩名女孩以及兩名女童瀕臨死亡的小身軀，讓全世界人民的良心感到震撼，也促使國際社會開始深切地反省，並隨後對戀童癖表達強烈抗議和發起反對運動。

　　很少有人知道，這樣的禍害居然在第十四世達賴喇嘛─也就是 1988 年的諾貝爾和平獎得主─於印度所領

導的藏傳佛教寺院裡是很猖獗的[30]。最近十年，他儼
然成爲二十世紀的偶像；任何針對他本人以及他所領
導或代表的組織的批評，即使是合理的，也都被他
的領袖魅力給掩蓋了[31]。國際媒體甚至稱他爲「佛教
界的頭號人物」，還把他形容成新世代的救世
主！……[32]

B、喇嘛寺院是邪惡的火坑

　　Shree Narayan Singh 喇嘛於文章中描述直屬於達賴喇
嘛的寺院裡發生性侵的始末，Shree Narayan Singh 喇嘛說：

最近有一位研究藏傳佛教現象的記者，偶然在一間藏
傳佛教寺院裡發現了一些令人恐慌關於戀童癖的證
據。不久前，一名七歲的男童被引入一間位於印度西
孟加拉邦（West Bengal）山丘上直屬於達賴喇嘛的寺院
裡出家。令人驚訝的是男童自己本身堅持想要找一間
寺院進修。男孩的父母一直很天眞；即使他們的家族

---

[30] 編案：因爲達賴喇嘛弘揚男女性交的雙身法，因此這個性侵事件只
是曝光，不是沒有發生，反而應該是常常發生，只是眞相沒有被發
現。讀者由後面 Shree Narayan Singh 喇嘛的舉證就可了知。

[31] 抹黑乃是達賴喇嘛集團一貫的手法，例如發生在台灣地區的達賴喇
嘛西藏宗教基金會董事長兼發言人達瓦才仁，刻意對正覺教育基金
會的抹黑、抹紅就是最好的證據。詳情請參閱〈眞心新聞網〉
網址：http://foundation.enlighten.org.tw/headline/8。2012/2/13 擷取。

[32] 〈藏傳佛教寺院裡的孩童性侵害〉
http://www.lamashree.org/dalailama_08_childabuse_tibetanbuddhistmon
asteries.htm。2012/2/13 擷取。

跟該寺院好幾世代以來一直維持著密切的關係，也是
要等到謎底揭開後他們才恍然大悟。這位男孩在該寺
院待了大約八個月，而等到他逃離那裡時，所帶走的
卻是一輩子的創傷。一開始他非常不願意告訴父母有
關寺院裡所發生的事，不過後來眞相總算慢慢地浮上
檯面。

他所去的寺院是一個邪惡的火坑，縱使這個寺院宣稱
自己是屬於「護持道德者」的格魯派[33]。而達賴喇嘛

───────────────

[33]編案：格魯派的創始者乃是宗喀巴，但是根據宗喀巴的著作《密宗道
次第廣論》當中所記載，宗喀巴本人乃是性交修行的推行者，乃至
所要求的性交規定更勝於其他宗派，如「宗喀巴於《密宗道次第廣論》
中是這樣說：【爲講經等所傳後密灌頂，謂由師長與自十二至二十歲
九明等至，俱種金剛注弟子口，依彼灌頂。如是第三灌頂前者，與
一明合受妙歡喜。後者隨與九明等至，即由彼彼所生妙喜。】（法尊
法師譯，妙吉祥出版社 1986.6 初版，頁 399-400。）也就是必須由師
長喇嘛活佛與九位性伴侶明妃──從十二歲至二十歲各種不同年齡
一名，一一與上師喇嘛譚崔性交，而同時進入第四喜的性高潮之
中，這樣觀樂空不二，而後上師喇嘛再一一射精於這些女性明妃的
下體之中，然後收集使用於祕密灌頂之時。
宗喀巴也在《密宗道次第廣論》中所說：【……若傳女子灌頂，於金
剛處當知爲蓮。此如妙吉祥、〈口授論〉第三灌頂時云：「由盧空界
金剛合，具正眼者生大樂，若於正喜離欲喜，見二中間遠離堅，蓮
空金剛摩尼寶，蓮藏二合金剛趺，若時見心入摩尼，知彼安樂即爲
智，此是圓滿次第道，最勝師長共宣說。貪離貪中皆無得，刹那妙
智於彼顯，八時一日或一月，年劫千劫受此智。」正灌頂時受須臾
頃，正修習時長時領受經八時等。】（法尊法師譯，妙吉祥出版社
1986.6 初版，頁 384）。
【刹那妙智於彼顯，八時一日或一月，年劫千劫受此智】就是說，宗
喀巴告訴他的弟子（即歷代達賴喇嘛等藏傳假佛教信徒）在無上瑜伽

是這個信仰傳承的領導者！

被揭露的事實大略如下：每天晚上，較年長的僧侶會用糖果誘惑初學的沙彌離開他們的床，然後盡情地強暴—雞姦—他們[34]，並且強力制止這些年少的沙彌所做出的任何反抗動作[35]。一整晚，寺院裡瀰漫著這些

雙身法進行中，男女二根交合之剎那間生起第四喜的樂觸，這個叫做「妙智慧」；這個「妙智慧」在喇嘛上師與女信徒佛母彼此淫交苟合之際就會顯現出來，已受密宗自創的三昧耶戒的密宗男女行者，應當每日至少八個時辰（即十六個小時），或全天，都是在此男女性交的樂觸之中安住；甚至於要維持整整一個月或者整整一年、整整一劫，乃至整整一千劫之中，都要保持在男女性交的樂觸中安住。因此格魯派根本不是護持道德者，根本就是假裝道德者，暗地裡的真面目乃是違反道德者，其崇拜性交的本質與其他藏傳佛教宗派一致；並且達賴喇嘛就是目前藏傳佛教格魯派的首領，也是整個藏傳佛教的最高領導人。

[34] 這是達賴喇嘛所弘揚雙身法的性交本質，例如達賴喇嘛於書中說：
【依據密續的解釋，樂的經驗得自三種狀況：一是射精，二是精液在脈中移動，三是永恆不變的樂。密續修行利用後二種樂來證悟空性。因為利用樂來證悟空性的方法非常重要，所以我們發現無上瑜伽續觀想的佛都是與明妃交合。】〔達賴喇嘛文集(3)，達賴喇嘛著，鄭振煌譯，《西藏佛教的修行道》，慧炬出版社，2001.3 初版一刷，頁 85〕。
達賴喇嘛說：【而最強的感受是在性高潮的時候，這是大樂的修習之所以包括在最高瑜伽密續中的原因之一。……性高潮時，因為明光出現的經驗較持久，因此你較有機會加以利用。】（杰瑞米・海華、法蘭西斯可・瓦瑞拉編著：靳文穎譯，《揭開心智的奧秘》，眾生文化出版有限公司，1996/6/30 初版，頁 147-148）。

[35] 密宗之弘傳現象中，有一種廣為密宗古今諸師所普遍遵循之手段：尊崇上師遠超過於佛、法、僧三寶。密宗上師藉此開示，建立密宗學人對上師之恭敬心，令學人對上師產生絕對信仰乃至迷信，即使上師之所說所為不符佛說、不符修行者之軌範，亦因此故而能信受

無奈的性慾受害者所發出來的微弱啜泣聲。不過這些
受害者也無能反抗，因為他們的父母從遠處把他們送
進寺院裡，希望的就是他們能獲得良好的照顧，並且
可以學習高尚的道德[36]。

寺院裡的喇嘛會把不願服從的青少年僧侶遣送至一
間位於尼泊爾加德滿都 (Kathmandu) 同聯盟的寺院
裡，以防止醜聞全面性地爆發；不過在這一間同聯盟
的寺院裡，如此的惡行為也是屢見不鮮。……[37]

不疑。例如《那洛六法》中：【行者會供時，應照此修觀；因師乃住
世佛，與佛無異；上師所講之法即是佛法。上師一人具足三寶，彼
即是具勝過一切佛、無有高於上師者。唯有上師乃我之真佛，行者應
如此想。……】（道然巴羅布倉桑布講述，盧以炤筆錄，《那洛六
法》，晨曦文化公司 1994.8.初版，頁 33-34）。

[36] 因為這樣修行是他們必須要有的步驟，如：【金剛部《白馬頭金剛法》
第一頁後云：「又密處（下體）有『啥』字，變為與自己同樣之馬頭
金剛，身顏綠色；其佛母密處有金剛杵，杵之股端藍白色，豬頭，
持小鼓及天靈蓋，作安樂供養之想。」此中明明標出男女兩尊之密處
（下體）；論一般圓滿次第，男為杵（陽具），女為蓮（陰戶），互
相雙運（互於交合之際觀樂空不二）行事業（作種種交合之動作），
或作供養（或觀想淫樂之樂觸供養，令下體中正在交合之「佛父母」
受樂），一切皆由此兩密處杵蓮雙運而出生（一切皆由此自己與對方
之兩人下體交合中而出生）。又此供養說為密供安樂，亦可斷定為杵
蓮（兩性下體）抽擲騰挪，發生四喜之大樂，而為供養也。】（陳健
民著，徐芹庭編，《曲肱齋全集(三)》，普賢王如來佛教會 1991.7.10.
出版精裝本，頁 213）。

[37] 〈藏傳佛教寺院裡的孩童性侵害〉，
http://www.lamashree.org/index.html。2012/2/13 擷取。

　　其實 Shree Narayan Singh 喇嘛說「**如此的惡行為也是屢見不鮮**」並不誇張，而且還是事實，因為達賴喇嘛就是主張性交修行，因此這樣的事情是不可避免的，因為那是他們的修行主旨，是藏傳佛教所有教派共同而且視為根本永不改變的教義。所以西藏寺院裡出家當喇嘛的孩童都非常的可憐──常常被雞姦等性侵欺凌，我們繼續看〈友善的封建制度是西藏的神話〉作者 Michael Parenti 也於他的文章中這麼說：

　　……常常有年少的西藏男孩從他們的農家被帶走，送進寺院接受僧侶的訓練。一旦進了寺院，一輩子就被綁在那裏了。有一位名為 Tashì-Tsering 的僧侶指出，農家的小孩在寺院裡遭受性侵害的事件是很普遍的[38]。**他自己本身從九歲開始就不斷地遭到強暴**〔資料來源：作者 Melvyn Goldstein, William Siebenschuh, and Tashì-Tsering, 書名 *The Struggle for Modern Tibet: The Autobiography of Tashì-Tsering*，出版社 M.E. Sharpe（紐約），1997〕。[39]

　　再者，不用說一般的男童下場是多麼嚴重，甚至連性侵蘇格蘭宗教哲學家坎貝爾（June Campbell）的卡盧仁波切，在

---

[38]【我們從〈Asian Tribune〉（2005 年 3 月 28 日）網路線上日報的這一篇報導，可以證實這個性侵害的事實，發生在藏傳佛教的寺院是很普遍的現象，並不是如同達賴喇嘛的發言人所說「不普遍」。這篇報導說：在斯里蘭卡有許多七歲以下孤兒被送進喇嘛教（藏傳佛教）道場，卻長期被出家人（喇嘛）性侵害。】（張善思、呂艾倫編著，《喇嘛性世界》，正智出版社，2011.7 初版，頁 31-32）。

[39]〈友善的封建制度是西藏的神話〉。

他死後被認定爲他轉世的第二世卡盧仁波切[40]（俗稱小卡
盧），也難逃被性侵雞姦的下場，我們看小卡盧親自以影音
自爆家醜、現身說法，直指達賴喇嘛所弘揚的藏傳佛教密宗
的黑暗本質，小卡盧說：

> 我 9 歲的時候，父親去世了；我的生活非常艱困。大
> 家都認爲說卡盧仁波切過著非常舒適的生活。人們都
> 這麼想，因爲上一任卡盧仁波切很受人們歡迎。至於
> 我，我父親去世了，我被送到另一個寺院，**大約 12、
> 13 歲的時候，我被其他的喇嘛性侵**。所以對我來說，
> 我不相信喇嘛們。我 15 歲的時候，我離開了我的根
> 本上師去潛修 3 年。我潛修的那 3 年當中，沒有人在
> 乎我，沒有人知道我在哪裡。潛修 3 年後，所有的人
> 一下子對我感興趣，因爲他們認爲我有顯赫的資格以
> 及我能記得我的過去世；然而事實並不是那麼一回
> 事。有些人說我被寺院逐出，不是的，我的意思是我
> 潛修了 3 年。我潛修了 3 年，很多人開始造謠，説我
> 踢開我的母親、我的家人、以及自己的老師。其實，
> 並不是那樣的。**我的老師想殺我，我說的是事實**。[41]

---

[40] 其實達賴喇嘛、卡盧喇嘛等轉世之說都是謊言，乃至一切喇嘛的轉
世都是找另外一個人，根本就不是原來上一世的達賴與卡盧。

[41] 影音 Youtube：
http://www.youtube.com/watch?feature=player_embedded&v=z5Ka3bE
N1rs&noredirect=1，2012/2/13 擷取。
英文文字稿出處：
http://downthecrookedpath-meditation-gurus.blogspot.com/2011/12/conf

　　因此對男童性侵雞姦的事情，在達賴喇嘛所領導的藏傳佛教之中，真的是屢見不鮮，連號稱有名望的大活佛轉世的男童小卡盧，年少時的下場也是一樣——被年長的喇嘛強暴雞姦。原因無他，就是達賴喇嘛上從一切祖師（如宗喀巴等），下至一切修學的喇嘛們，譚崔性交是他們必修的課程，而且還是最終的目的。

C、遭喇嘛性侵沒被發現的主要原因

　　Shree Narayan Singh 喇嘛於文章中說明性侵被掩蓋的情形，因為民眾已經被達賴喇嘛等上師活佛籠罩好幾百年，乃至一、兩千年了，已經到了盲目的地步，Shree Narayan Singh 喇嘛說：

> 通常孩童性侵害沒被發現的主要原因，是因為受害者心中遲疑而不敢告知父母真相。1996 年 4 月出版的 Debonair 期刊裡有一篇報導，對此議題提供了深入的分析。該文章名為「亂倫——自家裡的性侵害」；雖然探討的是對異性的性侵害，不過對性侵害議題做出了很敏銳的分析，而部分詳述的內容大約如下：

> 首先，這是眾所周知的，對小孩子而言，要親口告訴父母有關自己的身體被侵害這麼私密與這麼直接的事情是非常困難的，更何況這些小孩對自己的身體還不了解。第二，很難會預料到，負責扶養他們長大和

給他們帶來幸福安全的長輩們（無論是父母、親戚或
導師）會做出如此的行為；這是明目張膽的背信罪。
第三，針對孩童性侵害這樣的案件，主管單位很自然
地會裝作完全不知情。第四，大家都知道，西藏社會
只要是有關佛法的信仰和喇嘛的一切事情，都會變
得不可思議的盲目[42]；在西藏人眼裡，喇嘛們是一群
超乎常人的菁英，不可能犯下任何的錯誤；縱使他們
犯罪的證據越來越多，西藏人還是這麼地認為。[43]

---

[42] 這是因為過去達賴喇嘛統治的西藏有百分之九十八的文盲，知名學
者李敖在 2006.09.28〈李敖有話說〉節目中介紹〈西藏神權統治的黑
暗面〉提到：【我告訴大家，西藏整個的人口，在達賴喇嘛統治時
代，有百分之九十八，注意喔，百分之九十八是文盲，所以他們不
但在知識上面封閉，在宗教信仰上面封閉。】
http://www.wretch.cc/blog/kc4580455/13283978，2012/2/13 擷取。

[43] 李敖先生在 2006.09.28〈李敖有話說〉節目中介紹〈西藏神權統治的
黑暗面〉提到：【……還有為什麼是神權統治，西藏拉薩那個布達拉
宮，裡面有個孔，那孔幹什麼用的啊，活佛達賴喇嘛的大便小便，
大家當成寶貝哦，大家看我李敖收藏的記錄，神權統治的地方，不
可思議。活佛居住布達拉宮，宮中活佛所用的廁所，不設抽水馬
桶，只有一個洞，洞口下望，指透山腳。活佛也拉屎，飛天屎從宮
中飛到山腳下，藏人爭相執拾，視如瑰寶，患病時當作靈丹，食屎
醫病，愚昧到這個樣子！神權統治！這就是給大家看這些資料，這些
證據。】藏傳佛教的信徒因為已被洗腦成功，所以喇嘛上師所吐出
來的漱口水，大家彼此爭相以杯碗盛裝搶回家，當作加持過的甘露
水，用來消災治病。試想口水就已是這樣「搶手」！那喇嘛上師的屎
尿、精液，則更被信徒們視為難得的「珍寶」。
請看藏傳佛教喇嘛噁心的甘露灌頂法會（圖）
http://www.wretch.cc/blog/kc4580455/13593380，2012/2/13 擷取。
事實上佛教乃是不盲目的，乃是依法不依人，依真如智而不依意識
的，只有假佛教的「藏傳佛教」才是這樣迷信上師。

更不可思議的是，縱使佛陀所制定的毘奈耶（或者戒律）嚴禁任何形式進入體內的性交行為，而且規定觸犯者將立即遭到宗教團體開除，但這些人居然繼續明目張膽地穿著僧服、繼續被稱爲僧侶，而且表面上也繼續從事他們的僧侶工作[44]。[45]

　　Shree Narayan Singh 喇嘛顯然屬於比較資淺的喇嘛，他不知道宗喀巴乃至歷代一切的達賴喇嘛，統統都是違背佛陀所制定的戒律，乃至自行施設勤修雙身法的三昧耶戒：

有關宗喀巴所說的三昧耶戒，其中一點並嚴重說到：若犯三昧耶戒而妄傳密咒或密法與「未具器者」(也就是未進入密灌之灌頂壇受灌頂者)，則會墮入號叫地獄。於此，藏傳佛教的上師陳健民所著的《曲肱齋全集》中也特別談到：誹謗明妃雙身法之大樂者，亦同樣是犯重戒，這些都函蓋在密宗之根本戒十四墮之中。宗喀巴的書中另外有這樣的規定：若於比丘尼、母、女、姊、妹、畜生等身上行於邪淫者，則犯三昧耶戒；若於比丘尼、母、女、姊、妹、畜生女之身上，依密

---

[44] 號稱「藏傳佛教」最高法王的達賴喇嘛，也是否定釋迦牟尼佛正法的破法者，他這樣毀謗釋迦牟尼佛：【根據一般大乘佛教的觀念，佛陀有三次重要的轉法輪──傳統上，佛陀對弟子主要的三次佛法教示，傳統上稱爲三轉法輪。嚴格地說，這三次轉法輪所開示的法教是互相矛盾的──某些內容不相符合。】（傑瑞米·海華、法蘭西斯可·互瑞拉編著，靳文穎譯，《揭開心智的奧秘》，眾生文化出版有限公司(台灣)，1996.6 初版，頁 71）。

[45]〈藏傳佛教寺院裡的孩童性侵害〉。

宗之雙身修法而合修者，則非是邪淫，則是不犯密
宗三昧耶戒者。也因爲藏傳佛教的三昧耶戒有這樣的
變通之道，導致許多藏傳佛教「大修行」成就之祖師，
多有使用姊妹、畜生女來男女雙修者，因爲這樣做完
全符合三昧耶戒的戒律。[46]

D、沙彌淪爲寺院裡的性工作者

Shree Narayan Singh 喇嘛於文章中繼續說：

事實上，聽說在這些寺院裡，想要做一位「表現良好」
的僧侶，或想要維持良好的表現者，都必須要實修這
樣的行爲[47]。年幼者必然會遭受性侵害，而且他們的
性交伴侶會給他們各種好處，包括現金等等，讓他們
成爲實質的「寺院裡的性工作者[48]」。[49]

---

[46] 資料來源：〈眞心新聞網〉http://www.enlighten.org.tw/trueheart/79。
[47] 譚崔性交的修行方式。
[48] 信受藏傳佛教的下場就是成爲「性工作者」，年少的男童、女性就是
性伴侶，男性就是接送性工作者的馬夫，也是綠帽者。利用性伴侶
（號稱：明妃、佛母、空行母）來行雙身法的譚崔性交，那是藏傳
佛教的必要條件，這些性伴侶被利用徹底就是性奴隸的下場。達賴喇
嘛說：【根本心的修行方式是根據：〈一〉新譯派所講的「密集金剛
密續」；〈二〉時輪空相法等等；〈三〉寧瑪派的大圓滿法。根據新
譯派，修秘密眞言到某種程度時，修者修特殊法，如利用性伴侶、
打獵等等。雖然利用性伴侶之目的，不難被說成是爲了用欲於道及
引出較細的證空之識，……只有在這種崇高境界中，才能以悲心將
瞋怒用於修道。是故，新譯派的此一修法之基，與大圓滿之基相
同。】（第十四世達賴喇嘛講述，《迎向和平》，慧炬出版社出版，
達賴喇嘛西藏基金會印贈（免費結緣），2002.7 初版第二刷，頁

　　因為達賴喇嘛所弘揚的無上瑜伽就是一定要利用性交來修，而且是不能不修。藏密喇嘛號稱可以即身成佛，因此在實修雙身法前，會很努力的修中脈、氣功，例如達賴喇嘛說：

入睡與死亡的經歷來自於體內不同元素的分解，這個分解過程會發生在許多不同的時候。例如，在特定的觀想禪修中，便會出現這種分解。這些元素的分解或解離，相應於不同粗細層次的心識。無論這種分解何時出現，都是由於體內氣的改變而出現不同粗細層次的心識。有三種方式可以讓身體的氣產生改變。第一種純粹是自然的生理過程，這是由於不同元素的分解，包括地大(堅固性)、水大(流動性)、火大(熱)、風大(動作性)。在睡眠與死亡的過程，這些會自然出現、無法控制。另一種類似的氣的改變是特定禪修的結果，主要透過專注與想像。這能讓心識從粗重轉到微細的層次，而產生氣的改變。第三種則是透過性交行為。不過，一般人的交

─────────────────

93-94。）達賴喇嘛又說：【當行者在密宗道達到較高層次時，他們會被要求去尋找明妃〔女性密宗修行人〕或勇父〔喇嘛或男性密宗修行人〕以作為入道的動力，當進行雙運時，男性行者有較高的證量就可以幫助女性行者證悟佛果；同理，女性行者如果有較高的證量也可以協助男性行者證悟。因此不論行者的性別，其效果是互補的。】（第十四世達賴喇嘛著，陳琴富譯，《藏傳佛教世界》，立緒文化事業有限公司，2004.10 初版八刷，頁 110）。
49〈藏傳佛教寺院裡的孩童性侵害〉。

媾無法達到這種能量的移動和心識粗細層次的改
變。唯有透過特定的修持，控制性交時生殖液的流
動才有可能發生，男女皆然。[50]

所以在達賴喇嘛直屬的寺院中行雙身法那是正常且必
修的課程。我們看 Shree Narayan Singh 喇嘛於文章中繼續
說：

這種被稱為「僧侶習俗」的修行方式，是已成年人之
間同意發生的性行為[51]，不過這似乎是當佛教被創立
時，就已存在西藏了[52]。不可得知的是，孩童何時被
引入這樣的現象，不過可能是相當早以前就有這樣的
事情發生，原因是青少年前的男孩荷爾蒙會越來越旺
盛，因此會散發出極大的性吸引力。

然而，過去好幾世紀以來，真正的佛教師父會全力去
強烈譴責這樣的不良行為。不過他們抑制的效果不
大，而原因是大家可想而知的。敦珠仁波切（Dudjom

---

[50] 第十四世達賴喇嘛著，楊書婷、姚恰平譯，《達賴喇嘛：心與夢的
解析》，大是文化，2008.9 初版，頁 50。

[51] 達賴喇嘛於書上說:【而最強的感受是在性高潮的時候，這是大樂的
修習之所以包括在最高瑜伽密續中的原因之一。……性高潮時因為
明光出現的經驗較持久，因此你較有機會加以利用。】（杰瑞米·海
華、法蘭西斯可·瓦瑞拉編著：靳文穎譯，《揭開心智的奧秘》，眾
生文化出版有限公司，1996/6/30 初版，頁 147-148）。

[52] 因為藏傳佛教的本質就是「譚崔性交」，根本不是佛陀所教導的。而
且雙身法被假冒成為佛教的修法，其實雙身法根本不是佛法，乃是
古印度性力派的外道法。

Rinpoche）有公開反對這樣的不良行爲[53]。第十六世嘉華噶瑪巴（Gyalwang Karmapa）被問到這個問題時，若有所思地回答說，在如此墮落的時代，僧侶們若能遵守五戒就已足夠了。然而「寺院裡的同性戀行爲」是十五世紀至尊宗喀巴（Je Tsongkhapa）推動改革後的格魯派運動時眞正地被制度化的。儘管如此，不管是口交或是肛交，都一直被視爲是違犯僧侶禁慾戒律的行爲，而且是公開被反對的[54]！……[55]

　　這裡說宗喀巴已經改革這個部分，其實不然，因爲宗喀巴乃是爲了要粉飾性交氾濫的情形，因此表面規定多多，

---

[53] 如同宗喀巴一般，只是表面反對，其實暗中自己也是弘揚雙身法，這樣的謊言很多。如同在台灣的達賴喇嘛西藏宗教基金會董事長兼發言人達瓦才仁接受中廣記者黃悅嬌採訪時，也是加以否認而說：【藏傳佛教修行法門不會強調雙修，受戒僧人更是絕對不允許。】http://www.bcc.com.tw/news/newsHistoryview.asp?cde=546685，2012/2/13 擷取。但他的教主達賴喇嘛卻主張性交修行，達賴說：【就算是兩性相交或一般所謂的性交， 也不會減損這個人的純淨行爲。 在修行道上已達到很高程度的瑜伽行者，是完全有資格進行雙修， 而具有這樣能力的出家人是可以維持住他的戒律。】（達賴喇嘛著，丁乃竺譯，《修行的第一堂課》，先覺出版股份有限公司，2004.6 初版 17 刷，頁 178。）達賴喇嘛又說道：【在無上瑜珈續中，即使是第一步的接受灌頂， 都必須在男性和女性佛交抱的面前成辦。……在這些男女交合的情況中，如果有一方的證悟比較高，就能夠促成雙方同時解脫或證果。】〔達賴喇嘛文集（3），達賴喇嘛著，鄭振煌譯，《西藏佛教的修行道》，慧炬出版社，2001.3 初一版一刷，56-57 頁〕。

[54] 雖然是公開反對，但是私下卻是大大執行。

[55]〈藏傳佛教寺院裡的孩童性侵害〉。

暗地裡卻依舊弘揚雙身法，而且比其他宗派弘揚得更激烈；如前文所舉《密宗道次第廣論》中鼓勵九個明妃與喇嘛上師弟子一起合修輪座雜交，就顯示得很明白了。再者，因為表面規定不許雙修，得要暗中修，這些喇嘛因此減少獲得女性的性工具使用，實在沒有辦法，只好找男童一起來性交修行；因為達賴喇嘛所弘揚的法門就是性交修行，這是他們的本質，不能離開性交而有藏傳佛教；如果離開性交的話，藏傳佛教就無法存在，可見達賴喇嘛所弘揚的藏傳佛教是假冒的佛教。

E、達賴喇嘛與高層喇嘛未曾抑止此種悲劇發生

　　Shree Narayan Singh 喇嘛文章中繼續說：

幾年前，本文作者在尼泊爾一間特別著名的寺院裡，親眼目睹了一件可悲的事件。在某一個夜晚，一位八歲的小沙彌被強行地拖走，而拖走他的不是別人，就是專門負責紀律的那位僧侶[56]。男孩身穿著內衣，一直苦苦哀求能被釋放，而他的年輕室友只能在一旁無助地觀看著。這位作者當時也完全無能為力，因為這整件事是在該寺院其中一位層級很高的喇嘛眼前所發生的，而這位高層喇嘛面對這件事唯一做的卻是低聲輕笑[57]。

---

[56] 藏傳佛教的三昧耶戒規定一定要每天性交，因此執行紀律者更是要執行三昧耶戒。

[57] 因為他們叫這是大喜、這是在修行。

在成長的過程當中，有一些青少年的僧侶們會開始配對[58]；他們這種隨著年紀的增長而一起分享喜怒哀樂的成年「情侶」在寺院的系統裡並不罕見。其他沒有配對的僧侶只會促使這種惡行繼續惡性循環[59]！不過平心而論，他們當中比較誠實的會隨著他們佛法知見和實修的增上而轉變方向，不再放縱自己。……

總之，必須要強調的是，這種難以克制的行為依照大多數文明社會的刑法，是要被譴責和懲罰的。更糟的是，**達賴喇嘛未曾採取任何抑止的行動**[60]，而為了省事，只是把這些事情隱藏起來！」[61]

其實達賴喇嘛未曾採取任何抑止的行動很正常，而且再正常不過，因為達賴就是弘揚這樣的性交修行法。例如達賴喇嘛在《藏傳佛教世界》有提到相關的說法，顯示他是鼓勵這樣性交修行的性交教主，達賴喇嘛說：

只有無上瑜伽能完全展示密續的深廣與獨特，因此我們應該視其他三部為邁向無上瑜伽的進階。雖然四部密續都是利用慾望來導引行者入道，但使用的欲望層次卻不相同。在第一部的「事續」中，入道的

---

[58] 從被強暴者，乾脆變成主動彼此性交修雙身法，以避免與不喜歡的人性交修雙身法，因為已經有配對了。

[59] 沒有配對者，某一天只好被人強暴或者強暴他人來實踐雙身法。

[60] 因為性交修行是達賴喇嘛主張的，請詳見本書前文各章節所舉的證據。實質上，達賴喇嘛他鼓勵都來不及了，怎麼會制止呢？只有不知道達賴喇嘛修行本質的人才會覺得奇怪。

[61] 〈藏傳佛教寺院裡的孩童性侵害〉。

欲念僅僅是對具有吸引力的異性凝視而已，其他三部—行部、瑜伽部和無上瑜伽部—的入道意念則分別是對此異性微笑，進而想牽手、觸摸，乃至最後想望性的結合。[62]

　　至於這些男童性侵的案件被喇嘛們隱藏起來，也是達賴喇嘛等一貫的伎倆；例如在過去一再發生的許多藏傳佛教密宗喇嘛的性侵害醜聞之中，相關的人員都是遵循這種隱藏事實的回應模式處理。我們看遠從西元 1994 年 11 月 10 日在美國加州發生的案例，暢銷書《西藏生死書》作者索甲仁波切性侵多位女子的事件就是好的例證。當性侵案東窗事發的時候，索甲仁波切立即逃離美國避難，最後才私底下支付了金額不詳的賠償金來和解擺平；並且一貫口徑地不再做任何公開發言與說明，就讓這事件隨著時間的逝去而漸漸被世人淡忘。再說，最近幾年在台灣地區的情形，幾乎是每一年都會發生的喇嘛性侵害事件中，較有名的就是2006 年 7 月 14 日被告發，喇嘛林喇仁波切性侵二十幾位女信徒的案子，林喇仁波切是西藏密宗佐欽寺的住持；他在台期間除了性侵女信徒之外，同時強迫受害女信徒口交及吞下他的精液，說是賜給女弟子「白菩提」心。當東窗事發之後，這個林喇仁波切卻立即逃離台灣，使得台灣的法律無法追究他；他並透過其他已被洗腦成功的合修譚崔性交的同夥，去指控受害的事件揭發者，然後就不再回應，手法也是

---

[62] 第十四世達賴喇嘛著，陳琴富譯，《藏傳佛教世界》，立緒文化事業有限公司，2004.10 初版八刷，頁 100。

一樣，讓這個事件就隨著時間的逝去而漸漸被世人淡忘。

F、達賴喇嘛的祈福有效嗎？

Shree Narayan Singh 喇嘛於文章中繼續提出質疑及勸說，希望國際視聽能夠正視這個問題，應該要認清達賴喇嘛這個性交邪教教主及這些性侵教義的嚴重性：

令人驚訝的是，這些西藏高原的僧侶們居然能展現出**如此體面的表相**；這也是爲什麼他們能夠欺騙到全世界好幾百萬人[63]。簡單地説，任何一個文化或次文化，若無法保護其年輕人，那麼它們在歷史上的地位必須要被降級。現代社會無法容許這樣的事情發生。達賴喇嘛必須要清楚明白地被告知這個道理。

在此呼籲聯合國人權事務高級專員公署以及各種非政府組織認眞地調查這些惡行，並且能夠處罰越多犯罪者越好；縱使像達賴喇嘛這麼重要的人物牽涉在其中，他們也不應該手軟。全世界民眾必須告訴這位諾貝爾和平獎得主：從今以後，他以及他的「僧侶」同胞們將不被承認是佛陀信仰傳承裡的僧侶[64]！⋯⋯

這樣的一個人（譯案：指達賴喇嘛）——**假籍佛教名義而**

---

[63] 因爲藏傳佛教延續了譚崔化的印度佛教，乃是組織嚴密而有千年歷史的詐騙集團，他流亡之後仍是政教合一的統治集團，因此勢力很大。

[64] 事實上藏傳佛教根本就不是佛教。

犯了無數次三昧耶戒的人，從上述的內容可見一斑，
尤其從「葛瑪巴紛爭」以及他親手促成佛教僧團的分
裂而造成他人極大的痛苦等這些事——將於 2003 年
1 月主持名爲「時輪金剛灌頂法會[65]」的聯歡盛會；
試問，這樣的一個人主持的法會又有何用處？
這樣的法會又能產生什麼祈福作用呢[66]？
難道不會又是另外一個以盲導盲的例子嗎？
倘若他願意將自己沉浸在社會服務裡、與其他人交
流，並實修他書裡寫得條條是道的高尚品德，因而成
爲像德雷莎修女一樣值得被頒發諾貝爾和平獎的

---

[65] 《時輪經》一共有十五級灌頂儀式，最低的前七級是公開的。而第十
二到第十五級灌頂，就是最秘密的**男女雙修灌頂儀式**。請參考本書
第四章〈藏傳佛教的《時輪經》—變態的性交灌頂儀式〉之介紹或
《西藏文化談》第九章到第十二章關於時輪大法的內容。（《西藏文
化談》，頁 46-66。耶律大石編譯，原著 Trimondi《達賴喇嘛的陰暗
面—藏傳佛教的雙修、巫術與政治》*Der Schatten des Dalai Lama -
Sexualität, Magie und Politik im tibetischen Buddhismus*）

[66] 從達賴主張性交雙身法與佛陀離欲的開示違背之外，讀者若有興趣
可以閱讀《達賴眞面目》中〈達賴喇嘛的祈福是無效的〉此章節：【我
們可以從很多的層面舉出論證，證明達賴喇嘛的祈福乃是無效的：
一者、藏傳「佛教」常常宣傳達賴喇嘛爲觀世音菩薩轉世，而且達賴
喇嘛已經號稱轉世十四次了，現任的達賴喇嘛爲第十四世；但是我
們從可稽的歷史資料及事實來看，歷代達賴喇嘛絕大多數都是未成
年即夭折死亡，短命早夭的多，甚至很多世都是不到二十歲就夭折
死亡。由這個簡單的事實現象，就可以知道達賴喇嘛根本就不是觀
世音菩薩轉世，他只是一介凡夫而已，卻被政教合一的愚民政策及
宣傳，吹捧爲大菩薩轉世；……二者……】（《達賴眞面目》，頁
39）。

話，那不會更好嗎？[67]

　　經過這位 Shree Narayan Singh 喇嘛的眞心直言，我們可以知道藏傳佛教的雙身法必定會造成許多性侵害的問題，可惡的是他們竟然把狼爪伸向孩童，而且對象還是男孩。我們發現在世界各地都有喇嘛的性侵醜聞，古時候的中國就是如此，到了今天在台灣和歐美也都常常看到喇嘛的性侵醜聞；請讀者繼續閱讀，我們下一章會揭曉這個性交教主達賴喇嘛及他的共修夥伴們的性交修行色彩。

（六）澳洲的藏傳佛教喇嘛 Choedak 公開道歉

　　〈坎培拉時報〉（*The Canberra Times*）是 1926 年創立於澳洲首都坎培拉的日報。其網站上登載了一篇有關喇嘛與女信徒發生性關係的報導，題名爲「佛教喇嘛公開道歉」[68]，作者爲 Frances Stewart。從這個報導就知道，連澳洲也是一樣有喇嘛性侵；只要有喇嘛弘傳藏傳佛教的地方就一定會有性侵事件發生，這也顯示達賴喇嘛所弘揚的譚崔性交修行法，就是性侵事件發生的重要原因之一。我們看這篇報導的內容：

　　　　　　　　　　2011 年 5 月 1 日半夜 12 時
　　坎培拉藏傳佛教團體領導人在去年年底傳出曾經與

---

[67] 〈藏傳佛教寺院裡的孩童性侵害〉。

[68] 資料來源自：
　　http://www.canberratimes.com.au/news/local/news/general/buddhist-lama-apologises/2149026.aspx。2012/2/13 擷取。

團體中幾位女性成員發生性關係；該領導人已公開向
會員們道歉。

坎培拉藏傳佛教協會 (The Tibetan Buddhist Society of
Canberra) 領導人喇嘛 Choedak 仁波切於十二月召開
協會特別會議時指出，「他私生活當中所發生的一些
改變如果造成了任何的混亂[69]」，他表示歉意。會議之
後他便出國去尼泊爾潛修[70]。

多位與該協會有關的女子向〈坎培拉時報週日版〉
（*The Sunday Canberra Times*）投訴，指控那一位前僧
侶宣稱自己與妻子分居後，便與幾位女性成員發生了
性關係。

那些女子們指出，她們十分震驚地發現她們的「心靈
導師」竟陷入數件與女成員不當的性關係當中[71]，因
為 Choedak 喇嘛一向在澳大利亞首都直轄區分會當中

---

[69] 從諸多新聞報導喇嘛教性侵案例和達賴所說的性交修行，我們可以
看出這絕對不是「個人的私生活問題」，而是**根本教義**的問題。

[70] 這是喇嘛們一貫的作法，如前所舉台灣發生的林喇仁波切，以及後
文所舉美國發生的索甲仁波切，都是一個模式，說之爲去潛修，實
際上是逃離發生地點而讓時間沖淡一切記憶。

[71] 雙身法需要與多名女子執行譚崔性交。如宗喀巴也說秘密灌頂要找
十二歲到二十歲共九位明妃，《密宗道次第廣論》是這樣說：【爲講
經等所傳後密灌頂，謂由師長與自十二至二十歲九明等至，俱種金
剛注弟子口，依彼灌頂。如是第三灌頂前者，與一明合受妙歡喜。
後者隨與九明等至，即由彼彼所生妙喜。】（宗喀巴著，法尊法師
譯，《密宗道次第廣論》，妙吉祥出版社，1986.6 初版，頁 376）。

被視為「令人敬重的老師和有家室的男人」[72]。

該女子們亦提供了文件給〈坎培拉時報週日版〉,顯示她們對 Choedak 喇嘛行為的投訴卻換來藏傳佛教國外領導人嚴厲的警告[73];那些領導人指出,若她們將醜聞於媒體揭露或告知其他新進的團體成員,她們將會受到精神上的傷害,而且那將會阻礙其他坎培拉人「透過佛法獲得開悟」。

日前在澳洲阿德萊德舉行靈修課程的 Choedak 喇嘛,對〈坎培拉時報週日版〉多次請求專訪不予回應[74],但一名代表在聲明中表示,Choedak 喇嘛「對受牽連的女子們和其他團體成員表達明確的歉意」。但女子們則控訴 Choedak 喇嘛警告她們不可以將他不當的行為公諸於世,而協會也透過聲明向她們表示相同的看法,還說曝光此事可能會「傷害很多家庭與孩童,並且會傷害某一位正面臨死亡威脅的重病患」[75]。

---

[72] 很多原來都是「形象很好的喇嘛上師、老師」,但是真正的面目卻是「性侵高手」,而這只是「冰山一角」嗎?從達賴性交說法與喇嘛教經典我們可看出「喇嘛教就是性力派的性交修行」。

[73] 因為這會影響到藏傳佛教的「秘密」,警告沒有秘密修雙身法,因為達賴喇嘛主張:「修習密教必須隱秘」(達賴・喇嘛十四世著/黃啓霖譯,《圓滿之愛》,時報文化出版企業有限公司,1991.9 初版一刷,頁 149)。

[74] 如前所舉這是喇嘛們一貫的作法,儘快逃離發生地點而讓時間過後而大家忘記這件事。

[75] 這就是喇嘛們知道事實的現況,就是很多人怕受到二次傷害,因此不敢曝光,所以他們這些喇嘛才敢這樣囂張的繼續性侵女眾,直到

在十二月的會議上，Choedak 喇嘛向信徒們道歉時說
道：「我今天會做這樣的聲明是因為我很關心你們當
中的每一位，而且為了佛法和新成員著想，我們要團
結維持組織的運作。[76]」

「由於事涉個人隱私，而且也必須保護我孩子們以及
其他相關人士的感受，我請你們大家尊重我們的隱
私。我知道有很多因此破碎的家庭，他們都需要精神
上的支持與體諒。[77]」

Choedak 喇嘛告訴成員們，與其對此事感到憤怒，他
們更應該利用此經驗來提昇自己。

他說：「我們當中每一個人都會犯錯，而要不要原諒
別人在於我們自己。若能以智慧來面對，這種個人生
命中的困境可以引領我們找到心靈當中更堅固、穩健
的避難所。」[78]

最後有人受不了而爆發出來。

[76] 因為他們怕新學員如果先知道最後就是要性交，那就不能用佛教的
名義來傳教。編者在此提醒台灣的「廣論團體」：您們願意被矇騙
嗎？

[77] 如果是這樣，請這些喇嘛上師呼籲：「放棄雙身法」，乃至破斥雙
身法，但是不可能的，第十四世達賴在書中所說的就是要弘揚雙身
法。

[78] 這個問題不是個人的問題，乃是整個藏傳佛教喇嘛教的教義問題，
因此讀者應該正視這個根源的問題。

（七）《西藏生死書》作者索甲仁波切被控性侵害

編者接著要舉證出達賴喇嘛所弘揚的藏傳佛教性交修行所衍生出來的問題，這是有關很有名的一個喇嘛—索甲仁波切—的性侵事件，這篇文章刊登在知名的英國日報〈衛報〉（*The Guardian*）[79]。本文作者 Mary Finnigan 是一位記者，也是研究藏傳佛教的作家。她於 2011 年 7 月 1 日撰寫了一篇有關喇嘛性侵婦女的報導，並分析受害者保持沉默的原因，請看作者 Mary Finnigan 怎麼說：

A、喇嘛性侵害的指控引發民眾對佛教禁忌產生質疑[80]

索甲仁波切（Sogyal Rinpoche）被指控性侵害的事件，凸顯了佛教（譯案：藏傳佛教）裡嚴禁流言以及強調忠誠度的這兩項規定對信徒們所造成的危害。

作者：Mary Finnigan
guardian.co.uk.

2011 年 7 月 1 日星期五，英國夏令時間 12:41 發布

照片說明：

---

[79] 編者案：〈衛報〉（*The Guardian*）為知名的英國日報，發行量在英國排名第三，網路上的點閱率更是所有英文報紙當中排名第二（僅次於〈紐約時報〉），以上數據出自於維基百科。
http://en.wikipedia.org/wiki/The_Guardian。2012/2/13 擷取。
[80] 資料來源自：
http://www.guardian.co.uk/commentisfree/belief/2011/jul/01/lama-sex-abuse-sogyal-rinpoche-buddhist。2012/2/13 擷取。

一位流亡海外的藏傳佛教比丘尼，正在西藏精神領袖達賴喇嘛的主要寺院和住處附近做大禮拜的動作。
照片來源：Ashwini Bhatia/美聯社[81]

一位化名爲 Janice Doe 的美國女子於 1994 年 11 月向法院提出了一樁求償千萬美元的訴訟，控告西藏喇嘛索甲仁波切對她做了性、精神和身體方面的侵害[82]。該訴訟案最後於法庭外解決；Janice Doe 簽署了一份保密協議書以換取現金賠償。

索甲否認了一切侵害的指控[83]，不過最近在加拿大 Vision TV 電視台上播放了一部名爲「以開悟爲名義」的研究紀錄片，影片中提供了對索甲不利的新證據。一位化名爲 Mimi 的年輕貌美女子在紀錄片裡敘述她曾遭受索甲性侵害。她是自 1994 年的訴訟案爆發以來，第一位公開自己親身體驗被索甲剝削的人。

索甲（姓氏 Lakar──「仁波切」這個頭銜意思是「珍貴的人」）是一個叫做本覺會(Rigpa)藏傳佛教組織的頭號人物；Rigpa 組織遍及全世界，在四十一個國家裡共擁有一百三十個據點。索甲撰寫了一本暢銷著

---

[81] 編案：本文沒有引用照片，唯引照片說明文。
[82] 藏傳佛教（喇嘛教）的本質就是譚崔性交，因此性侵乃是連續不斷，有關索甲仁波切性侵美國女子 Janice Doe，以及其他喇嘛性侵的報導，請參考張善思、呂艾倫編，《喇嘛性世界》，正智出版社（台北市），2011.7 初版首刷。
[83] 藏密都是用否認的方式，在眞相揭露以後，才去圓謊，乃至用鉅額金錢和解。

作──書名爲《西藏生死書》；另外他曾經和基努李維共同演出電影「小活佛」。索甲是一位成就大到令人敬畏的上師──他可能是僅次於達賴喇嘛知名度最高的西藏人。Janice Doe 的訴訟案使他邁向佛教巨星地位的旅程僅遭受短暫的挫折──儘管網路上有關他駭人聽聞的性生活傳言越來越多，而且出現的時間也越來越久。[84]

B、爲何受害者不願揭發知名喇嘛的惡行

作者 Mary Finnigan 接著說：

這些指控引發了一個更廣泛的問題：爲何受害者們不願意揭發這些具有領導魅力的宗教領袖對她們性侵的惡行？ Mimi 在那一部加拿大的紀錄片裡強調，這就是所謂的斯德哥爾摩症候群──指的就是受害者與侵犯他們的人建立起信賴關係的矛盾反應。Mimi 說道，「毆打我們的人也是唯一關愛我們，並且提供我們飲食、住處的那一個人。」

社會學家 Amanda Van Eck 目前擔任倫敦經濟學院異教團體信息資源 Inform 副主任。她認爲那些女子們保持沉默的最主要原因應該是恐懼，「在某些團體裡，那些女子們會害怕遭受報復，因此不願意公開發言。在其他的情況，除了害怕被報復外，她們可能還

---

[84] 〈喇嘛性侵害的指控引發民眾對佛教禁忌產生質疑〉，請參見註 80。

會擔心遭到不好的下場——被詛咒、不被拯救、被惡
魔附身、被惡勢力攻擊等等。」[85]

Van Eck 還指出，倘若異教團體領導者把外面的世界
加以妖魔化，那麼那些女子們也會擔心找不到任何可
以信賴的人。

很多在網路上的討論區裡，以匿名方式描述自己被性
侵害的女子們都躲起來了；她們不肯站出來是因爲想
要走出陰霾，而不願重溫這些生命中的創傷期。此
外，有些人還覺得必須要保護自己的家庭[86]。[87]

C、藏傳佛教的禁忌——三昧耶

作者 Mary Finnigan 接著說：

---

[85] 藏傳佛教有一種殺人的咒語叫做誅法，但是其實沒什麼用處。詳情
請參考平實導師所著的《狂密與眞密》第三輯第十三章。(平實導師
著，《狂密與眞密》第三輯，正智出版社（台北市），2002.6 初版。
頁 1010)
蘇格蘭哲學家坎貝爾 Campbell 也曾受到詛咒威脅。英國獨立報-1999
年 2 月 10 號報導指出：【June Campbell 曾經多年擔任一位地位崇高
西藏喇嘛的「明妃」。她還曾被告知如果違背秘密誓言的話，將遭
受死亡的威脅。】(請參考張善思、呂艾倫 編著，《喇嘛性世界》，
正智出版社（台北市），2011.7 初版首刷，頁 45）。

[86] 請讀者閱讀本書前面所舉證分析的部分，即可了知達賴喇嘛的政治
黑暗面。例如雄天事件以後，達賴疑似策劃暗殺雄天教派的信徒；
又如古時多世達賴暗殺其他宗派，乃至滅族的事實。十四世達賴喇
嘛密謀暗殺不丹國王被揭發。
http://www.wretch.cc/blog/kc4580455/13165057，2012/2/13 擷取。

[87] 〈喇嘛性侵害的指控引發民眾對佛教禁忌產生質疑〉

依照我個人的經驗[88]，佛教（譯案：藏傳佛教）團體裡有兩種禁忌，而這兩種禁忌各有其優點，不過也都可以被拿來當作是操縱他人的工具。其中一種禁忌是嚴禁流言的規定——這樣的規定固然可以幫助信徒們建立起安定的心靈狀態，不過它也有效地防止批判性言論的流傳。

第二種禁忌是三昧耶(samaya)——就是將師徒綁在一起的忠誠關係，它是藏傳佛教的主要信條之一[89]。三昧耶支撐著老師與新學者之間的關係，不過它可能被不擇手段地當作是威脅他人的工具——若你敢違背三昧耶，你將會為你自己和你所愛的人招來極惡劣

---

[88] 看來本文作者對藏傳佛教有一些研究。她曾經於 2010 年 7 月 6 日在〈衛報〉的網站上撰寫了一篇文章(*The triumph of Tibetan Buddhism*：http://www.guardian.co.uk/commentisfree/belief/2010/jul/06/religion-buddhism-dalai-lama-tibet，2012/2/13 擷取。)，述說自己曾經遠赴印度和尼泊爾修學藏傳佛教；回英國後，還花了幾年的時間在蘇格蘭的 Samye Ling 靈修中心學習打坐。

[89] 關於三昧耶戒請詳見平實導師著的《狂密與真密》第一輯，頁 31-37 和第四輯，頁 1097-1106 之介紹。密宗偽經《大日經》中假冒之「佛」如是言：【秘密主！如是上首諸如來印，從如來信解生，即同菩薩之標幟，其數無量。又秘密主！乃至身分舉動住止，應知皆是密印；舌相所轉眾多言說，應知普是真言。是故秘主！真言門修菩薩行諸菩薩已發菩提心，應當住如來地，畫漫荼羅；若異此者，同謗諸佛菩薩，越三昧耶，決定墮於惡趣。】（卷五）。此謂學密法者必須認定：修法壇中上師或自己之一切身口意行，皆是真言密印，神聖不可懷疑，否則即是犯根本戒一違犯三昧耶戒一必墮惡趣，受無量苦。此是密宗《大日經》所說之根本戒。

的後果[90]。

另外一個促使那些女子們保持沉默的原因,是因爲她們一旦被選爲重要上師身邊的內圈人,她們在宗教組織裡的地位就會水漲船高[91]。這些女子們被說服要把上師視爲本尊[92],要滿足他的願望以及突發奇想的要求,要承擔起令人疲乏的工作量,而且只要上師要求與她們性交,她們必須隨傳隨到[93]。這些女子們不但與家人朋友分離,她們與外面世界的聯繫也備受阻擾;另外,她們還被說服要把組織視爲自己的家,而上師(被混淆成父親─情人)就是這個家享有絕對權力的主導者。等到這些女子們意識到自己被侵害、剝削,而且牢牢地被困在一個脅迫性很強的異教團體當中,她們想要掙脫通常爲時已晚。她們已經將一切都投資進去了,而想要到組織外尋求更有價值的生活也已經逐漸變成不可能。[94]

---

[90] 其實這個三昧耶戒根本沒有效果,因爲違背因果律則,但是人們因爲受到喇嘛的恐嚇而心生恐懼,事實上這些恐嚇根本沒用。

[91] 與上師性交交換生活享受及身分地位的權利與權力,而不是正統佛教修行解脫及智慧的證量。

[92] 爲了要與上師合理性交,必須要洗腦觀想而說服自己接受本尊如同上師的樣子。

[93] 如達賴喇嘛說:【……根據新譯派,修秘密眞言到某種程度時,修者修特殊法,如利用性伴侶、打獵等等……】(引自:達賴喇嘛著,《慈悲與智見》,羅桑嘉措──西藏兒童之家,1997.3 修版三刷,頁246)。

[94] 〈喇嘛性侵害的指控引發民眾對佛教禁忌產生質疑〉。

D、神秘的譚崔──男女交合法門

作者 Mary Finnigan 接著說：

無論索甲是否如指控傳言所說的曾經侵犯那些女子們，他與那些女子們之間的關係引發了另外一個疑問：爲何一位又胖又矮的西藏喇嘛能夠吸引年輕貌美的西方女子？我們可以在神秘的譚崔(Tantra)裡頭找到追根究柢的答案──譚崔也是唯一把男女交合的修行法門納入通往開悟之道的佛教派系（譯案：藏傳佛教)[95]。卡迪夫大學教授 Geoffrey Samuel 解釋說：

「在無上瑜伽的第三灌頂裡，男女交合的實修與開悟是並行的[96]。男女交合當中所產生的感受能夠幫助修行者體驗最高的修行境界[97]──也就是成佛的境界

---

[95] 實際上根本不能開悟。

[96] 如達賴說：【對於佛教徒來說，倘若修行者有著堅定的智慧和慈悲，則可以運用性交在修行的道上，因爲這可以引發意識的強大專注力，目的是爲了要彰顯與延長心更深刻的層面（稍早有關死亡過程時曾描述），爲的是要把力量用在強化空性領悟上。】（達賴喇嘛著，丁乃竺譯，《修行的第一堂課》，先覺出版股份有限公司，2003.5 初版 7 刷，頁 177-178）。

[97] 達賴喇嘛又說：【當行者在密宗道達到較高層次時，他們會被要求去尋找明妃〔女性密宗修行人〕或勇父〔喇嘛或男性密宗修行人〕以作爲入道的動力，當進行雙運時，男性行者有較高的證量就可以幫助女性行者證悟佛果；同理，女性行者如果有較高的證量也可以協助男性行者證悟。因此不論行者的性別，其效果是互補的。】（第十四世達賴喇嘛著，陳琴富譯，《藏傳佛教世界》，立緒文化事業有限公司，2004.10 初版八刷，頁 110）。

98。」

Samuel 說道，如此一個神秘又難懂的神聖「性交」版
本，在藏傳佛教的經典裡確實是存在的[99]，不過不應
該把它和現代的新譚崔運動混淆[100]，而且這種修行方
法也不適合初學佛教徒[101]。他說：「必須要警告民眾
有關它可能的危害性[102]。一位上了年紀的上師去迷惑
一位年輕的女子，目的應該不是爲了幫她達到開悟吧

---

[98] 喇嘛教的佛，不是眞正的佛，只是男女抱在一起的抱身佛而已。

[99] 【密宗之密續，大約可以分爲「經典」與「續」二類。經典者，如《大
正藏》密教部之《大日經──大毗盧遮那成佛神變加持經、金剛頂經──
金剛頂一切如來眞實攝大乘現證大教王經、金剛峰樓閣一切瑜伽瑜
祇經、諸佛境界攝眞實經、佛說一切如來眞實攝大乘現證三昧大教
王經、佛說秘密三昧大教王經、佛說一切如來金剛三業最上秘密大
教王經、佛說大悲空智金剛大教王儀軌經、蘇悉地羯羅經、妙臂菩
薩所問經》等，皆是天竺「佛教」晚期之密宗祖師所集體創造，經
過長期之結集而後出現於人間，托言龍猛菩薩開南天門鐵塔所取出
之毗盧遮那佛所開示者；三乘佛經中並未有如是預言故，彼諸密經
所說皆與三乘經典之法義抵觸故，皆與解脫道及佛菩提道互相抵觸
故，本書中將一一舉述之，亦是本書所參考及舉證之重要資料。】
(平實導師著，《狂密與眞密》第一輯，正智出版社，2002.2 初版，
頁 9-10)。

[100] 因爲新譚崔運動沒有假冒佛教的名義，喇嘛教（藏傳佛教）本質與
新譚崔運動一致，卻是冒充佛教的假佛教。

[101] 這是喇嘛的托詞，因爲初機學人不知道底細所以不能告訴他們，怕
被舉發出來而曝光；如果已經整個栽入當中的老密宗修行人，自己
不論生命、財產、青春、身分地位都已經投入，恐怕喪失這些，因
此沒有退路可說，故也不得不接受雙身法了。

[102] 會造成家庭破裂，乃至戴綠帽子（參考《達賴眞面目》），還有得
到性病愛滋病的危險（參考《喇嘛性世界》）。

103 。」

流亡海外的西藏人長時間被他們無法控制的力量所
威脅。他們的社會習俗當中有一個禁忌，規定他們不
可以批評喇嘛。不但達賴喇嘛必須要遵守這個原則，
在西方國家傳授藏傳佛教的大部分喇嘛們也不能違
犯。縱使這些對索甲的指控令喇嘛們感到疑慮，但他
們還是緊密地圍繞在索甲身旁。以一個比較自私自利
的角度來看這件事，喇嘛們很明顯地一致保持沉默的
原因是因為索甲能夠吸進大量的財源——而一部分
的財源是被拿來贊助西藏有意義的活動104。105

（八）邱陽・創巴仁波切的惡行惡狀

A、剝開上師偽裝的外衣——性、暴力、侵害及開悟

　　編者接著引用美國 Geoffrey D. Falk 寫的《剝開上師偽
裝的外衣——性、暴力、侵害及開悟》(*Stripping the Gurus*

---

103 目的乃是要獲取性交修行的對象，勤修喇嘛教法的修行者根本不能
　　開悟，因為他們的本質就是譚崔性交，不是佛法。
104 根據台灣自由時報記者劉榮的報導：【林喇仁波切性侵逾 10 人，詐
　　財上億。】試想：一個喇嘛就能詐財上億，那麼這些來台灣的一群
　　又一群喇嘛性侵犯，到底詐騙了我們善良台灣人多少的血汗錢
　　啊？！據達賴流亡政府自己發佈的訊息說，他們的財源有一半以上
　　來自台灣，由此可證：所有被性侵的密宗女信徒都曾捐助了一份，
　　所有與喇嘛上床的女信徒的丈夫們也都曾不知不覺地間接捐了一
　　份。
105 〈喇嘛性侵害的指控引發民眾對佛教禁忌產生質疑〉

─*Sex, Violence, Abuse and Enlightenment*）[106]，作者在序中提到本書是有關於被太多外表看起來「聖潔而有智慧」的心靈導師及他們領導的團體所隱匿的罪行；重點放在過去一個世紀以來發生在北美洲的案件。我們來看這本書第十七章：「一位狂野、瘋狂的智者（邱陽‧創巴）」的故事，從這裡可以瞭解性交教主達賴喇嘛的同修之間，也是不離譚崔性交的荒誕修行：

> 邱陽‧創巴生於 1939 年……是創巴活佛的第十一次轉世，……從小就被栽培準備未來擔任西藏東部 Surmang 寺院的無上住持。

> 在歷代創巴的傳承裡，活佛指的是「帶著過去世的記憶和價值觀來轉世的人」〔作者：Stephen T. Butterfield，書名：*The Double Mirror: A Skeptical Journey into Buddhist Tantra*，出版社：North Atlantic Books（美國柏克萊），出版日期：1994〕。關於邱陽‧創巴活佛早年生在十四世紀末的第四次轉世（Trungpa Kunga-gyaltzen），書裡是這麼寫的：

> 他被視為是彌勒菩薩的轉世，注定將會成為下一個世界循環的那一尊佛……。[107]〔作者：邱陽‧創巴，書名：*Born*

---

[106] 作者 Geoffrey D. Falk，《剝開上師偽裝的外衣──性、暴力、侵害及開悟》（*Stripping the Gurus ─ Sex, Violence, Abuse and Enlightenment*），出版社 Million Monkeys Press（加拿大多倫多），出版日期 2009 年，讀者可直接從網路下載本書：http://www.strippingthegurus.com/ebook/download.asp。2012/2/13 擷取。

[107] 達賴喇嘛等藏傳佛教的上師活佛都是這樣誇大的胡說，達賴喇嘛說他是觀世音菩薩再來的謊言，這個邱陽創巴卻說自己是彌勒菩薩再

in Tibet，出版社：Shambhala Publications（美國波斯頓），出版日期：1977 年〕

……1959 年創巴在中國共產黨佔領西藏後逃離至印度。到了印度，他被達賴喇嘛指派擔任 "Young Lamas Home School in Dalhousie" 的心靈顧問，一直到 1963。[108]

B、十三歲開始即擁有很多女人的邱陽・創巴

作者 Geoffrey D. Falk 接著說：

……他十三歲起就有很多女人了，而且還生了一個兒子。……值得留意的是，創巴一直到二十歲才離開西藏到印度，而離開印度到英國求學也是四年後的事了。因此他在「擁有很多女人」的這十一年當中，他身處的傳統西藏及北印度是接受（僧侶等等）這樣的行為[109]。的確，根據創巴的兒子所說，當時他的母親與創巴在西藏結合時，他們倆位都是受過不淫戒的（作者：Ravi Dykema，文章名稱："*An Interview with Sakyong Mipham Rinpoche*," Nexus 網站，網址：

來，從很多證據都可以證明藏傳佛教的活佛是某某菩薩再來，其實都是胡扯及謊言，他們就以此來欺騙眾生。

[108]《剝開上師偽裝的外衣——性、暴力、侵害及開悟》，第十七章，頁112-113。

[109] 達賴喇嘛乃至這個邱陽・創巴活佛，其實都不是出家人，他們只是假借出家的外表，實質上都是實修譚崔性交的在家外道。

http://www.nexuspub.com/articles_2003/interview_2003_mj.php）。

……此外，由於創巴十四歲之後才開始擔任上師，但從十三歲開始就有很多女人了；很明顯地，他擔任「地位崇高如神」的上師之前和之後都有犯了不淫戒，但卻沒被處罰，而且再說一次，那是在 1950 年代以農業為主的西藏。[110]

1970 年創巴與年僅十六歲、渴望被調教的英國籍新婚妻子 Diana 定居美國。不久之後，他便於科羅拉多大學開始授課；後來還累積了約一千五百名弟子。……

1974 年創巴於科羅拉多州柏德城創立了美國第一所譚崔大學 —— 教學內容被認可的 Naropa Institute[111]。……」[112]

C、性交派對

作者 Geoffrey D. Falk 接著說：

曾經於 1970 年代於 Naropa 傳授為期三個月印度音樂課程的 Bhagavan Das 陳述了他在那裡比較生動的親

---

[110] 從本書所舉很多達賴所說的雙身法證據，就可以證明擔任上師以後必須繼續與女人「譚崔性交」修無上瑜伽雙身法，由此可知：這個行為不是個人行為，乃是藏傳佛教的「必修」課程，而且是終其一生都必修的「性交瑜伽」，是根本教義的問題。

[111] 請詳細閱讀本書前幾章提到譚崔性交的部分。

[112]《剝開上師偽裝的外衣——性、暴力、侵害及開悟》，第十七章，頁115。

身經驗〔作者：Bhagavan Das，書名：*It's Here Now (Are You?)*，

出版社：Broadway Books（美國紐約），出版日期：1997年〕：

環繞在(作者按：創巴)周圍的派對能量是具有強迫性
的。事實上， Naropa 這個地方基本上就是一場超大
型的派對[113]，一天二十四小時都是如此⋯⋯

我當時身處在一個很瘋狂的地方，感覺自己很迷失。
有一天，在與三個不同的女人性交之後，我無法從床
上爬起來。我受到了很大的創傷。那一切是超乎我所
能承受的。」[114]

D、大寶法王認證的最高等心靈上師

⋯⋯1974年創巴被當時第一次訪問西方國家的大寶
法王葛瑪巴喇嘛認證為「最高等的心靈上師
(Vajracarya)」。

所謂「瘋狂智慧」是以下列的理論為根本：

既然菩薩是一個完全無私、完全開放的人，他會以開
放的模式行事，不需要遵守規則[115]；他只會依照固定
的模式行事。菩薩不可能摧毀或傷害他人，因為他是

---

[113] 讀者若閱讀本書即可了知藏傳佛教是以性交修行為主，因此有性交
派對是必然會發生的事情。

[114] 《剝開上師偽裝的外衣——性、暴力、侵害及開悟》，第十七章，頁
115-116。（*Stripping the Gurus—Sex, Violence, Abuse and Enlightenment*）

[115] 菩薩不是不需要遵守規則，而是本來就符合法界實相的規則而行。

超凡慷慨的化身。他已經完全將自己的胸懷敞開來，所以不會在這個或那個之間做分別……他的心仔細和如實到他永不犯錯[116]。〔作者：邱陽·創巴，書名：Cutting Through Spiritual Materialism，出版社：Shamabala Publications（美國柏德），出版日期：1973 年〕

你一旦被傳授該信仰，而且三昧耶（作者按：上師和弟子之間的）繫縛一但形成了[117]，你的老師就變成了你的上師；你必須對你的上師有所承諾。從此以後，你的上師無論如何都不可能犯錯。由此可知，你若一切事情都服從你的上師，你亦不會犯錯[118]。Osel Tendzin[119]（作者按：創巴的接班人）的教義「你若遵守三昧耶，就不會犯任何錯」就是以這個觀念爲根本。他說這句話時並沒有陷入自大狂裡，而只是複頌主流金剛乘（作者按：譚崔佛教）最主要的理念。〔作者：Stephen T. Butterfield，書名：*The Double Mirror: A Skeptical Journey into Buddhist Tantra*，出版社：North Atlantic Books（美國柏克萊），出版日期：1994〕……[120]

---

[116] 但是喇嘛們卻是常常犯錯，如本書前面所舉出喇嘛犯錯而發生性醜聞之案例。

[117] 前文已提到藏傳佛教的三昧耶戒，乃是限制必須每天勤修雙身法。

[118] 由此可以反證「若上師一直犯錯，表示弟子也跟著一直犯錯」，因爲不是用智慧爲先導。

[119] 就是那位得愛滋病的喇嘛，請讀者繼續閱讀即知。

[120] 《剝開上師僞裝的外衣——性、暴力、侵害及開悟》，第十七章，頁116-117。

E、扒光別人的衣服、極盡羞辱

是的，在 Naropa 常常有「脫衣服」的事情發生[121]。舉例來說，1975 年秋天所舉辦的年會當中，有一場萬聖節變裝派對：

有一位女子全身被脫光，據說是創巴開玩笑式的指示；她被(作者按：創巴的)警衛高舉到空中，然後身體被傳來傳去──應該是爲了好玩，不過那位女子一點都不覺得好玩。〔作者：Peter Marin，書名：*Freedom & Its Discontents*，出版社：Steerforth Press（美國 South Royalton），出版日期：1995 年〕

和平主義詩人 William Merwin 與妻子 Dana 也參加了上述爲期三個月的靈修會議。但他們犯了不願意與其他成員混在一起的過失，因爲在那一個團體裡他們的態度被其他人視爲刺眼的「自我中心主義者」。

就這樣，William Merwin 夫婦短暫地出席上述的萬聖節派對，只與彼此跳舞，然後便回寢室休息。

然而創巴透過傳話者堅持他們必須回去參加派對。面對此要求，William 與妻子將自己鎖在房間裡，並熄燈……不久，他們面對著一群憤怒、酒醉的靈修信徒；那群人把他們的電話線切斷，並且(在創巴的指

---

[121] 因爲要修雙身法，但是這裡乃是推論，也就是要佐以其他「修譚崔性交」的必然性，連結到這裡的「脫衣服」，那就可以證成他們脫衣服就是要修譚崔性交時從潛意識說服的前行準備。

示下)把房門踢開，還打破了一扇窗戶。〔作者：Barry Miles，書名：*Ginsberg: A Biography*，出版社：Simon & Schuster（美國紐約），出版日期：1989年〕

那位詩人一時不知所措，但意識到了破碎的玻璃比寫詩用的筆更有威力，爲了自衛，便拿起玻璃瓶子往攻擊他的幾位信徒身上砸，造成了他的一位朋友受傷。充滿悔恨的 Merwin 放棄抗拒了；隨後他與妻子被拖出房間。

(作者按：Dana)哀求身旁的人打電話報警，不過沒有效。走廊裡有一位女子羞辱她，還有一位男人把酒潑到她臉上。〔作者：Michael Schumacher，書名：*Dharma Lion: A Biography of Allen Ginsberg*，出版社：St. Martin's Press（美國紐約），出版日期：1992年〕

然後創巴，這位有智慧的上師，告訴他腳旁的 Merwin「有人告訴他那位詩人製造了許多麻煩」：

(作者按：Merwin:) 我提醒他我們從未答應要聽他的話。他說：「啊！不過是你們自己要來的。」〔作者：Barry Miles，書名：*Ginsberg: A Biography*，出版社：Simon & Schuster（美國紐約），出版日期：1989年〕

隨後 Merwin 與創巴起了爭執。創巴以種族歧視的言語羞辱了 Merwin 的東方人妻子(作者按：她則反罵他是「納粹分子」)，然後還潑了一杯日本清酒在這位詩人的臉上。(作者：Georg Feuerstein，文章名稱："*Holy Madness: The*

Dangerous and Disillusioning Example of Da Free John"，期刊：*What is Enlightenment?* 第 九 期 ， 網 址：http://www.enlightennext.org/magazine/j9/default.asp)

……創巴命令侍者強制將這一對夫婦的衣服扒光……

述說這個事件時，Dana 是這麼寫的：「多位侍者把我拖走，然後把我壓在地上。我一直掙扎，呼叫我的朋友及群眾裡我看到的男子、女子，請他們報警。沒有人願意這麼做……(作者按：一位信徒)脫掉我的衣服，其他人則把我強制壓在地上。創巴用拳頭敲打那位信徒的頭，催他脫衣服的速度要快一點。我身上其他的衣服是被扯掉的。」

創巴說：「看到了沒？沒那麼糟，不是嗎？」Merwin 及 Dana 全身赤裸地站著，互相抱住對方，Dana 一直哭泣。〔作者：Barry Miles，書名：*Ginsberg: A Biography*，出版社：Simon & Schuster（美國紐約），出版日期：1989 年〕

最後，其他人自願地脫掉衣服；創巴看起來很滿意地說：「我們跳舞吧。」〔作者：Peter Marin，書名：*Freedom & Its Discontents*，出版社：Steerforth Press（美國 South Royalton），出版日期：1995 年〕 「因此大家便開始跳舞。」[122]

---

[122]《剝開上師偽裝的外衣──性、暴力、侵害及開悟》，第十七章，頁 117-119。

F、這就是所謂「眞正的藏傳佛教」

作者 Geoffrey D. Falk 接著說：

各位小朋友，這就是所謂「真正的藏傳佛教」。別讓
你們的父母知道：不然他們很快地連你們睡前祈福禱
告都會不准許，因爲害怕那會是通往激進下場之
「門」。

……

Merwin「事件」的第二天，創巴只是寫了一封公開的
信給所有參加靈修的成員，確實地解釋說他前一晚的
行爲是他「教學內容」的一部分。他沒有作出任何的
道歉，當然他也不認爲自己有犯任何的「錯」。〔作者：
Peter Marin，書名：*Freedom & Its Discontents*，出版社：Steerforth
Press（美國 South Royalton），出版日期：1995 年〕 ……

……確實，若有任何一位弟子敢去質疑這樣的一位上
師宣稱自己不可能犯錯的事實，那他就只是在展現自
己的不忠。因此很明顯的，任何一位聽話的信徒唯一
的「選擇」就是找一個「崇高的理由」來解釋這些活
動。

創巴或許可以說「我錯了」，或者他的弟子也可以說
「他錯了」；不過他們都不能這麼說。因爲這麼說會
與他們選擇相信的神話（作者按：指創巴神奇的開悟） 有
太大的衝突……

我想再回來談談我最近與 Naropa 夏季課程主任的談
話內容……在談話的過程中，我問他創巴是否會犯
錯，他回答：「你知道嗎，一個學生必須相信他的上
師不會犯錯。有時創巴會做一些我無法了解的事情。
不過我必須相信他所做的永遠爲對大局最好的。」
〔作者：Peter Marin，書名：*Freedom & Its Discontents*，出版社：
Steerforth Press（美國 South Royalton），出版日期：1995 年〕

我們被警告……不許談論我們的修行法門。我們發過
誓：「若我與任何尚未被有資格的上師帶領進入這個
法門的人討論這些教義，我願立即枯萎並且腐爛」。
而且這還不夠；創巴告知我們，若我們敢嘗試著離開
金剛乘，我們將遭受無法承受、微妙而且持久的痛
苦，災難將猛烈憤怒地追隨著我們……

想要成爲創巴的內圈人，必須要發誓永不揭露或甚至
討論他所做的一些事情。這樣的個人隱密在上師身上
是很常見的，尤其是金剛乘佛教裡。 在酗酒者及性
侵者所領導功能失常的團體裡也是常見的。對一個健
康、質疑的心靈而言，這種內圈隱密制度造成幾乎無
法克服的障礙…… 〔作者：Stephen T. Butterfield，書名：*The
Double Mirror: A Skeptical Journey into Buddhist Tantra*，出版社：
North Atlantic Books（美國柏克萊），出版日期：1994〕……[123]

---

[123]《剝開上師僞裝的外衣——性、暴力、侵害及開悟》，第十七章，頁
119-121。

G、創巴的接班人死於愛滋病

作者 Geoffrey D. Falk 接著說：

創巴於 1987 年死於急性酒精中毒；他死前指派一位名爲 Thomas Rich──又被稱爲 Osel Tendzin── 的美國籍弟子當他的接班人。Rich 已婚，有四個小孩，1990 年死於愛滋病，當時有不同的報導指出他曾經與(作者按:逾百名)男、女學生發生過性關係，並未告知他們自己染上了該疾病。[124]〔作者: John Horgan，書名: *Rational Mysticism: Dispatches from the Border Between Science and Spirituality*，出版社: Houghton Mifflin Company（美國紐約），出版日期: 2003〕

Tendzin 嘗試著在一個會議裡爲自己的行爲作解釋；我當時也在場。他這場演講和他其他所有的演講一樣，被視爲是一場佛法的開示演說，因此參與者被要求且寄望繳交供養金。〔作者: Stephen T. Butterfield，書名: *The Double Mirror: A Skeptical Journey into Buddhist Tantra*，出版社: North Atlantic Books（美國柏克萊），出版日期: 1994〕

由於 Butterfield 支付了規定的的三十五塊美元「供養金」，因此他有福利聽到 Tendzin 可疑的解釋:

---

[124] 湯姆斯・瑞奇 Thomas Rich 又稱歐澤・天津(Osel Tendzin)就是《喇嘛性世界》中所說得愛滋病的喇嘛。(請參考張善思、呂艾倫編著，《喇嘛性世界──揭開藏傳佛教譚崔瑜伽的面紗》，正智出版社，2011.7 初版，頁 63-72）。

在學生們仔細地提出問題後，他首先叫我們發誓要保密（又是一些家裡的秘密）；隨後他告知我們，創巴曾在 1980 年代初要求他做愛滋病病毒的檢驗，並要求他必須將陽性的檢驗結果保密。Tendzin 請教創巴，若有學生想與他發生性關係，那他該如何處理。創巴告訴他，只要他有做金剛乘淨化儀式，那就沒關係，因為學生們將不會感染到該疾病。總之，Tendzin 的解釋就是他只是依照他上師的指示行事。他說，我們不應該被困在善、惡二元論裡，從來就沒有任何的汙點，我們的憤怒是上師的慈悲，還有我們必須要淨化所有會防止我們將世界視為一個諸佛菩薩曼荼羅的那些障礙。[125]

---

[125]《剝開上師偽裝的外衣——性、暴力、侵害及開悟》，第十七章，頁124-125。

五、雙身法早已攻陷了台灣的佛寺

　　看了前面幾位國外的知名喇嘛性侵害或性醜聞案之後，我們再回到台灣寶島看看喇嘛們最近發生的性侵害案件。例如台灣佛教界頗具盛名的佛法山聖德禪寺的聖輪法師，他成爲藏傳佛教裡的仁波切以後，在 2011 年 11 月時爆發出雙修性侵醜聞，首先他被控涉嫌猥褻女義工，當年 11 月 7 日蘋果日報有一則新聞，標題爲「**淫僧掐胸強吻女義工、離譜尼姑竟攝影旁觀**」[1]；然後 11 月 9 日的新聞報導指出，警方在他臥房內發現聖輪法師藏有 20 本如何達到性高潮及雙修等書籍[2]，以及在二度搜索聖德禪寺時也驚見男女裸體雙修的歡喜佛；而且他的寺院如迷宮，還有私密電梯。[3] 後來聖輪法師的雙修性侵案越滾越大，還爆發出雙修對象是由比丘尼媒合的[4]；檢警發現寺內擔任總務工作的比丘尼，介紹其他女信徒和聖輪法師認識，警方估計被害人至少還有 5 人；該名比丘尼堅決否認，但有被害人出面指控，說

---

[1] 資料來源：http://ck101.com/viewthread.php?tid=2119535。2012/2/13 擷取。

[2] 資料來源：蘋果資料室
http://tw.nextmedia.com/applenews/article/art_id/33802274/IssueID/20111109。2012/2/13 擷取。

[3] 請詳見台視新聞：
http://www.ttv.com.tw/100/11/1001113/10011134665502I.htm。2012/2/13 擷取。

[4] 2011.11.13 自由時報「聖輪搞雙修 再爆比丘尼涉媒合」
http://www.taiwandaily.net/gp2.aspx?_p=kSF1c9zU9HQGHRVk6TIqqOZj/hSyWjvU。2012/2/13 擷取。

她還洗腦她們：「這是妳的福氣！」[5]；後來檢警積極的追查，已出面的被害人近十人，加上涉案比丘尼，其中不乏面貌姣好、高挑者，體態可歸類為林志玲、侯佩岑兩大類型。[6]

　　我們之前到佛法山網站觀看聖輪法師的簡介[7] 時，才發現他於 1998 年 5 月 16 日時被認證為「貢噶仁千多傑仁波切」，當時是由印度密教薩迦哦巴法王祿頂堪仁波切公開舉行「坐床大典」而認證的；自後他便宣稱「**遍習禪淨密各法，領略諸法妙理，以慈修身，善入佛慧，『顯密圓融』。**」可見他已從正統佛教轉而成為藏傳佛教喇嘛，自然轉依藏傳佛教應該要成就「無上瑜伽」的「三昧耶戒」，當然改以藏傳佛教無上瑜伽的樂空雙運作為他的主修；原本依止的正統佛教出家具足戒以及菩薩戒等戒相，自然因為與藏傳佛教的三昧耶戒牴觸而廢棄，原來依正統佛教而受持的比丘戒及菩薩戒等戒體也因此一一打失不存，令人慨嘆。《自由時報》報導也指出：

　　宗教界人士說，聖輪原是道教的扶鸞乩手，約 20 年

---

[5] 原文網址: NOWnews【在地情報】台中市／愈滾愈大！兩比丘尼引介女信徒給淫僧　遭收押禁見（2012/2/13 擷取）
http://www.nownews.com/2011/11/14/11464-2757567.htm#ixzz1iI0fxbU5。

[6] 資料來源自：中國時報 2011.11.15 聖輪法師涉性侵案 比丘尼找女眾法師愛林志玲款
http://www.wretch.cc/blog/kc4580455/13813263。2012/2/13 擷取。

[7] 佛法山已將網站移除，但有網友事先備份起來，有圖有真相。請至此網址觀看：http://www.wretch.cc/blog/kc4580455/13813231。2012/2/13 擷取。

前接觸藏傳佛教，融合佛教顯、密及道教法門，他可能因此走偏，連一些跟隨他的比丘尼都受到感染。

可見真的是藏傳佛教雙身法的根本教義誤了他[8]，所以這依舊不是個案；然而除了學密的聖輪法師性醜聞案，這些年全球各地還有許多喇嘛性侵的報導[9]，讀者可上網搜尋或

---

[8] 請詳見真心新聞網「藏傳佛教誤了他　他悖佛教誤眾生」這篇報導。http://foundation.enlighten.org.tw/trueheart/161。

[9] 除了以上所舉的幾個性侵事件外，還有甚多喇嘛教（藏傳佛教）喇嘛性侵的報導；因為藏傳佛教的教義內涵絕對不能離開雙身法，所以在找不到合適性伴侶的時候，喇嘛性侵害事件的發生就屬正常了，編者再略舉一些新聞報導，如：
(1) 蘇格蘭報紙 Daily Record (2000 年 4 月 17 日)報導：
西方最大的密宗道場，也就是位於蘇格蘭於 Samye Ling，遭警方調查性侵害與毒品，住持涉嫌騷擾年輕出家人，此道場曾獲得達賴喇嘛及知名人士如李察吉爾之支持。
聽說那位住持性侵害了三位男人，另外這個道場還有涉嫌吸毒案件、偷竊和詐騙。原告乃十八歲出家人名 Kevin Stevenson。
(2) 英國倫敦知名報紙 The Independent (2000 年 9 月 10 日)也有類似案件的報導。
(3) The Free Library (網上圖書館)則報導同一個道場之另一椿醜聞：
一名於該道場掛單的三十歲喇嘛名 Tenzin Chonjoe 性侵一名十四歲少女，被判三個月有期徒刑。
(4) 2000 年 6 月，來自尼泊爾的拉秋仁波切，被控對一名婦人性侵害。
(5) 2001 年 6 月，尼泊爾籍楚姓喇嘛被張姓女子控告騙婚及詐欺。
(6) 2002 年 10 月，〈新明日報〉報導：（香港訊）女商人自爆與來自中國成都密宗大師義雲高發生性關係，還聲稱拍下交歡錄影帶。
(7) 2002 年 10 月，瑜伽老師向警方指控，遭由印度來台弘法的喇嘛圖登且曲性侵害。
(8) 2004 年 12 月，台灣籍喇嘛楊鎬，涉嫌連續對兩名女子性侵害。
(9) 2006 年 4 月，時尚摩登的西藏喇嘛盛噶仁波切，遭北台科大教授

詳見《喇嘛性世界》第 57-59 頁即可了知。

　　從聖輪法師這個案例和台灣歷年來的喇嘛性侵害案，我們或許可以推知，雙身法可能早已入侵了台灣的許多佛寺中；另外正覺同修會也有學員曾經是某知名山頭的出家比丘尼，當她發現該寺院的住持私下竟與女眾合修雙身法，並已有非常明顯跡象，準備要找她合修雙身法時，她當下就斷然決定盡速找機會逃離下山；而後來當她離開時，是趁夜揹著一個簡單行李徒步下山。最後，終於因為找不到修學正法的道場，只好還俗；但也因此有因緣在十年後進入正覺同修會中修學。這在《我的菩提路》第二輯中她的同修曾提到：

> 一九九二年到○○法師的○○山，……。○○法師可能承襲在佛光山所學，對僧團的基層以眼線系統的小報告來掌握；對高層核心的女眾則以雙身法來控制，所以核心分子等於都是他的老婆(這一點我是離開○○山才知道的，我家中同修逃離了○○山以後認識了

　　江燦騰抨擊：他在台亂搞男女關係。

(10) 2006 年 7 月，大陸的林喇仁波切在台弘法，藉機性侵多名女信徒。還說他的精液（甘露）吞下後可得到最高加持。

(11) 2007 年 4 月，自稱是達賴認證的活佛，來自西藏，在台灣傳法的敦都仁波切，以「雙修」為名，不只對女信徒性侵未遂，甚至還亂搞男女關係，有多名女子受害。

(12) 2008 年 3 月，出生於印度的貝瑪千貝仁波切，與黃姓婦人於道場發生性關係，遭婦人丈夫當場捉姦。

(13) 2010 年 10 月，「真佛宗麻豆萬化共修會」黃姓喇嘛父子拐騙少女雙修，性侵及性騷擾長達 8 年，台南地院將兩人以連續性侵害及性騷擾少女罪嫌，分別重判 9 年 2 月和 3 年 2 月有期徒刑。

我，才告訴我這些事情）。難怪核心的女眾幹部若不聽話時，他可以又打又踢，可是被他使用暴力方法管教的人，卻都不會離開○○山，原來早都已是「一家人」。○○法師也常請藏密所謂的活佛與仁波切到○○山傳法或授課，所以實行藏密的雙身法，也是必然的事。我後來因為對○○法師的管理方式極端反對，終於離開了。……[10]

　　編者也得知另外一個訊息，據說這位○○山的○○法師，曾經有學者去他的寺院參訪，無意間在他的臥房床底下發現了壯陽藥酒；那位○○法師也曾被某周刊爆料出有性醜聞，我們將這些訊息聯結起來，可以聯想或許真的有那麼一回事。由此可見藏傳佛教的雙身法可能早已傳入台灣佛寺中，那個時間還是在二十年前的台灣，如今台灣還有許多知名的大法師都在修學或公開弘傳藏傳佛教、密宗；編者不禁懷疑他們會不會也在暗中修雙身法，而台灣其他的出家眾還不勇敢地站出來破斥修雙身法的藏傳佛教嗎？難道要等到整個台灣佛教的佛寺全面淪陷而自己也受害了，才不得不黯然離開嗎？

---

[10] 郭正益等人著，《我的菩提路》第二輯，林榮翔〈給導師的禪三見道報告〉，正智出版社，2010.3 初版，頁 117-118。

六、結論：修雙身法的喇嘛教不是佛教

在看完前面各章節的內容之後，相信讀者對於藏傳佛教和達賴喇嘛必定會有更深入的瞭解。我們來做個總結，首先，達賴喇嘛所弘傳的藏傳佛教不是真正的佛教，是以譚崔性交爲主的宗教。這不僅許多外國學者都是這麼的認爲，甚至連達賴喇嘛自己在書中都提倡雙身法，乃至藏傳佛教的祖師宗喀巴也在《密宗道次第廣論》中提到雙身法，雙身法是最高的修行，這在密宗最高的經典《時輪經》也是這麼說的（請詳見前所論述）。

A、達賴喇嘛是性交教主並非觀世音菩薩的化身

另外我們從達賴喇嘛的黑暗政治手段中，也可以知道達賴喇嘛並不是真正的和平者，達賴喇嘛迫害西藏人民，實行農奴制、愚民政策，再加上歷任達賴喇嘛也是如此地實施恐怖政權（請詳見第三章所論述）。另外歷代達賴喇嘛不是擁有許多情婦，或是就像達賴六世那樣努力的實修男女雙修法，加上歷代達賴不是很年輕就夭折，不然就被暗殺了（請詳見第一章所論述），試問這樣短命的人怎麼可能是佛菩薩的化身呢！由此可知，達賴喇嘛絕對不是觀世音菩薩的化身，他也不是一位真正的佛教徒，因爲佛陀是不主張性交修行的，達賴喇嘛他只是一位末代政權中的一位性交教主而已。

B、雙身法的危機已遍布全世界

修雙身法的喇嘛們自古以來就造成世間許多的紛亂，除了古時候在中國淫亂天下[1]之外，到了今天也在世界各地造成了許多的性侵害和性醜聞，其中都不乏知名的喇嘛，有在歐洲和美國犯案的，甚至澳洲也有喇嘛在修雙身法；而這個宗教卻自稱為佛教，他們在台灣和華人地區收了佛教信徒廣大的供養，據達賴流亡政府自己發佈的訊息說，他們的財源有一半以上來自台灣；然後更可惡地是喇嘛們不僅拿了錢，還與信徒們的妻女上床合修雙身法，當事件被爆發出來後卻是由佛教來承擔，這樣污衊了多少佛門清淨修行人的清譽，因此我們佛教必須要與這樣修雙身法的喇嘛教劃清界線。

C、再三呼籲大眾請遠離達賴喇嘛為首的邪教

如今藏傳佛教在台灣禍根已深，有許多顯教的大法師（如聖輪法師）以正統佛門僧人的身分，暗中或公開對藏傳佛教邪歸依、信受邪戒潛修藏傳佛教外道法；導致也有不少的信眾迷信藏傳佛教，誤認男女雙修是最高層次的修法。好在

---

[1] 元史中就有說到元朝皇帝引進喇嘛的雙身法，喇嘛到處淫亂婦女之事。《元史》卷四三《順帝紀》、卷二〇五《哈麻傳》：【至正十四年，時帝怠於政事，荒於遊宴，……　帝乃詔以西天僧為司徒，西番僧為大元國師。其徒皆取良家女，或四人、或三人奉之，謂之供養。於是，帝日從事於其法，廣取女婦，惟淫戲是樂，又選採女為十六天魔舞。八郎者，帝諸弟，與所謂倚納者，皆在帝前，相與褻狎，甚至男女裸處，號所處室曰皆既兀該，華言事事無礙也。君臣宣淫，而群僧出入禁中，無所禁止，醜聲穢行，著聞於外。雖市井之人，亦惡聞之。】

目前有正覺同修會及正覺教育基金會站出來摧邪顯正，民眾才漸漸了解藏傳佛教的本質，但目前也只能讓藏傳佛教表面上暫稍隱匿以避風頭，如果斬草未除根難免春風吹又生。因此我們在此向社會大眾及佛教界呼籲：莫再受「藏傳假佛教」的誤導，更莫轉而誤導眾人；不但自身要唾棄令人毀法壞戒的藏傳佛教，更要救護眾生遠離藏傳佛教邪淫妄語的侵害，這樣才是釜底抽薪盡掃妖氛，豎立新佛門氣象的根本作法，也才能真正的回歸爲一名堂堂正正、清清淨淨的三寶弟子。

　　所以我們要告訴大家，這種的修雙身法的「藏傳假佛教」不是真正的佛教，而雙身法也不是真正的佛法。編者在此也希望讀者能夠有智慧地分辨，並懇請讀者能夠發起慈悲心來救護其他的眾生們，我們都不希望下一個雙修性侵的悲劇發生在你我的親朋好友身上，也不希望自己的家人朋友們因爲想要修行，但卻誤入了密宗雙身法的修行當中造下邪淫乃至大妄語的地獄業。

附　錄

〈附錄一〉　合理質疑藏傳佛教
Begründete Zweifel

本文為瑞士 YABYUM 雜誌訪談德國藏密評論家 Trimondi
原刊載於 1999 年 11 月 YABYUM 二號刊
德文原文取自 Trimondi 官網：http://www.trimondi.de/interv06.html
感謝 Trimondi 先生授權中譯（譯者：辛燕）

在西方人眼中，藏傳佛教是平和的榜樣，譚崔瑜伽是「崇高性愛」的體現；Trimondi 夫婦撰寫的《達賴喇嘛的陰暗面—藏傳佛教的雙修、巫術與政治》（Der Schatten des Dalai Lama - Sexualität, Magie und Politik im tibetischen Buddhismus）卻給了我們截然不同的面貌。Trimodi 夫婦為我們（YABYUM）整理出批判的重點：達賴喇嘛好戰的權力政治、雙修密法對女性的侵害。

YABYUM: 您二位合寫了這本厚達八百多頁的書。是什麼樣的動機，使二位想要用這樣的厚度及深度，來評論達賴喇嘛、藏傳佛教以及與之息息相關的宗教政治等問題？

Victor & Victoria Trimondi: 五年前（譯註：1994 年）我們開始著手寫這本書時，我們對藏傳佛教是持正面態度的。我們也像許多人一樣，相信達賴喇嘛以勇氣及信念體現了眾所關心的社會、政治及個人價值：平和無爭、悲憫有情、跨越種族、

環保意識、生死解脫、包容異己、世界大同、社會責任、宗教對話、文化交流……等。

但更令我們著迷的，是藏傳佛教的核心——坦特羅：我們似乎看到了一個追求兩性平等，不排斥性愛、甚至以性愛爲中心主旨的宗教。

那時我們不只是接觸達賴喇嘛的思想而已。因爲我自己是出版人，因此便在工作上主動出版達賴喇嘛的書，爲他舉辦各種討論會和大型活動。1982 年，我從巴黎接達賴喇嘛到德國法蘭克福書展，途中值遇亂流，我們所搭的小型螺旋槳飛機晃動得非常厲害；當時機上的每一個人—包括達賴喇嘛在內—全都臉色慘白。共同經歷了這次的生死一瞬間之後，我們與達賴喇嘛發展了工作之外的私人情誼。

這位「法王陛下」對宗教的包容態度，尤其讓我們讚歎——十四世達賴喇嘛從來不鼓吹人們放棄原有的宗教而改信佛教；相反的，他總是嚴肅的、反覆的提醒想要改信他教的人：以質疑、批判的精神，徹徹底底檢證之後，再作決定。

那麼二位是照他所說的那樣做了嗎？

是的，正是如此！爲了從藏傳佛教找到能夠解決世界問題的心靈指導，我們研究了佛教的基本教義、坦特羅的文獻及歷史，以及早期坦特羅修行者的傳記；此外，我們也著手瞭解西藏歷史、達賴喇嘛的生平、以及流亡藏人的政治。

　　研究的結果，不僅讓我們大感意外，而且徹底地翻轉了我們對藏傳佛教的看法。原本以爲的和平、包容，其實是好戰、侵略的文化；原本以爲的親善女性、兩性平等，其實是壓制、剝削女性，而爲了達到這個目的，背後有一個極爲巧妙的宗教理論系統。

　　剷除異己、暴政統治、獨裁專制、權力深慾、巫術密法、恐怖政治、踐踏人性……，所有我們想像不到的事實，卻在藏傳佛教的典籍、儀軌以及歷史中，一一呈現。認識到藏傳佛教的這些陰暗面之後，我們對藏傳佛教的好感也因此出現個人危機：亦即我們再也不能認同藏傳佛教是正面文化，並且與我們一向尊敬的精神領袖、也是私人朋友的達賴喇嘛，漸行漸遠。

二位是如何進行研究的？

　　許多藏傳佛教典籍都已經譯成各種歐洲語文，其中高級及無上密續，也由世界各地的藏學專家譯成英語，並且受到精通英語的喇嘛認可。我們的治學方法，用的不是傳統的文本分析法，因爲文本分析不是我們的目的。我們想要處理的，是文化評論以及深度心理學，而非撰寫藏學論文。藏傳佛教不是一般人所能認識的，因爲它涉及一套密學體系，單單純粹描述這個體系是不夠的。

　　我們使用的是現代人類學的理論基礎。要瞭解一個民族的神話，特別是想要深入剖析它的「內在邏輯」時，必須使

用目前人類學派共同使用的方法：深入神話的「魔力」世界，
但不受它的魔力「牽引」；只有這樣，才能夠用學術語言將
它的內在意涵解譯出來。

**二位在書中探討了許多議題，例如：香巴拉神話的世紀之
戰以及建立由「佛」統治的世界帝國，還有藏傳佛教對女
性的壓抑及性侵害。二位怎麼看待譚崔瑜伽？**

譚崔瑜伽是一個很敏感的議題，因為它涉及到兩性在宗
教中的角色。所有的「父權」宗教，早在幾百年前就將女性
排除在宗教的神聖性之外。位居教團核心人物的，不論是「神
職人員」或「掌權者」，基本上都是男性。即便是歷史上的
佛陀及其原始教義，一樣看得到濃烈的男性至上色彩。然
而，當我們乍看傳統的印度或西藏譚崔瑜伽時，很容易以為
它是反向而行的；可是，一旦深入的詳細研究之後，我們馬
上就會發現：印度及西藏譚崔瑜伽的許多修法、意涵，都統
攝在一個極為精細的行法中，而女性在這個密法修鍊中，是
受榨取的對象 —— 特別是女性的性能量，也就是陰精
（Gynergie）。

從目的來看傳統譚崔瑜伽，它絕不僅僅是西方新譚崔瑜
伽所強調的，只是心靈感官的性愛技巧，藉以提升雙方愛意
並在性行為中一起達到平等合一的滿足。相反的，修鍊傳統
譚崔的目的在於啟動性密法之後轉換能量，也就是：圓滿個
人的神性後，進一步掌握宇宙的能量。換句話說，行者從譚
崔密法的修鍊中，不僅可以獲得個人的、精神上的權力，更

可以獲得政治上的權力。因此，世人所知的現存藏傳佛教典籍，「性」即是「權力」的同義詞。我們在書中詳盡介紹了譚崔雙修密法與政治的關聯、以及香巴拉神話與「佛教」極權世紀之戰的關聯，而這些都是「譚崔之王」──《時輪續》的主要內容。不論世人是否認同《時輪續》的密法及依之修鍊而獲得的效用，續裏所描述的殘酷好戰、蔑視女性、獨裁專制等，都是不對的。

有人批評您說：密續典籍及圖像只是意象，根本不該理解成實修的圖文指導。意思是：「新譚崔」的理念及行法，沒有任何實質意義。您二位對這個問題的看法是？

佛教對密續修行是「純粹意象」或「實際」的討論，由來已久。這也難怪。因為修習金剛乘（譯註：藏傳佛教、喇嘛教）時，幾乎必須犯盡所有的佛制戒律。出家人須遠離淫行，金剛乘卻要求性交；甚至還要求暴力行為、允許謀殺。

這個「意象」或「實修」的討論，也存在於藏傳佛教，這突顯了一件事：幾乎沒有一位大喇嘛不是以雙修為其修鍊基礎，不管他本身是否已經在修鍊密法。舉個例子：黃教始祖宗喀巴擁有「持戒清淨」的崇高形象，據說他從來沒有跟實體明妃雙修過。姑且不論這個說法是否真實，擺在我們眼前的事實卻是：宗喀巴本人就寫了有關譚崔密法的重要論著（譯註：《菩提道次第廣論、密宗道次第廣論》等）；他對「意象或實修」的態度是很明確的：「女性同伴是解脫的基礎」。

　　只要深入研究各種文獻，很快都會發現：密宗的無上密續是傾向、甚至規定必須使用實體明妃的。這是符合密續的精神及內在邏輯的，就如我們在書中所詳細描述的那樣。

是否為我們說明一下意象、實修的爭論由來？

　　之所以會認爲密續修行純粹只是意象，主要來自兩大誤解：

1. 以十四世達賴爲首的西藏流亡喇嘛，在西方社會的示現是「獨身僧人」。事實上，除了格魯一派（也就是黃教）之外，其他三派—噶舉派、薩迦派、寧瑪派—沒有一派奉行這個「獨身法」。即便是格魯派本身的修行者，修習密續時也仍然是必須與實體明妃雙修的。

　　我們來看看美國 Miranda Shaw 教授的書[1] 引述了當今黃教上師—耶喜喇嘛、格桑嘉措格西、達杰格西—的自述，這三位上師都與實體明妃合修過雙身法。而蘇格蘭的 June Campbell[2] 也在她的書中詳述了她與噶舉派上師—聲名顯赫的卡盧仁波切—的雙修關係。這兩位女性都是藏

---

[1] 譯註：著有《性愛與覺悟：藏傳佛教中的女性》(*Passionate enlightenment: women in Tantric Buddhism*)，Princeton University Press 出版社，1995/9/18。

[2] 譯註：著有《空行母：性、定位與藏傳佛教》(*Traveller in Space: Gender, Identity and Tibetan Buddhism*)，The Athlone Press 出版社，1996 初版，Continuum 出版社，2002 修訂版。

學專家，也曾經是佛法的修行人，她們比一般人都更瞭解
藏傳佛教的系統。

2. 另一個推波助瀾，導致大眾認為密續只是象徵而非實修
的誤解，來自德國籍喇嘛 Anagarika Govinda 所寫的《西
藏神秘主義的基礎》(*Grundlagen tibetischer Mystik*)，這
本書非常暢銷，許多西方人是因為這本書而接觸藏傳佛教
的。Govinda 喇嘛本人極力主張空行母只是「象徵」──
純粹的靈女，因此，他非常熱切的想要掃除藏傳佛教等於
男女雙修的「性愛染污」印記。

能否分享一下二位研究新譚崔瑜伽（New-Age-Tantra）的結果？

我們在書中很清楚地表明了我們對譚崔瑜伽的致力追
求神聖性愛，是持非常正面態度的；但同時我們也必須強
調：男女雙方在實修之前、之時、與之後，都互相站在平等
的地位，是實修的重要前提。然而，這個前提在佛教（譯註：
藏傳佛教）或印度教的傳統譚崔文獻中，看不到任何蛛絲馬
跡。大致說來，譚崔瑜伽不是屬於採陽術，就是屬於採陰術；
而西藏的譚崔瑜伽，全都屬於採陰術。即便是咸認以尊重女
性著稱的《Candamaharosana 續》(Candamaharosana Tantra)，所
採用的修法也仍然是採陰術。

「新譚崔瑜伽」(New-Age-Tantra) 嘗試的作法是：培養並
維護男女雙方在性愛中的平等性。但修習者必須小心，要避

免錯解傳統譚崔瑜伽的意涵及行法,而在不知不覺中運用它的「榨取（性能量）機制」,反受其害。例如,手印或曼陀羅在傳統譚崔瑜伽,都是用來吸取性能量的工具;假如現代「西方」譚崔對此不加思索過濾、全盤引用,勢必重蹈舊譚崔的錯誤。此外,新譚崔過於強調身體交合的性愛快感,而忽略了個人超感官的形上領域——這雖然是自有譚崔瑜伽以來,就一直存在的現象,但是,正確理解上述暨微觀又宏觀的各個層面,是認識「密學」不可或缺的重要條件。

不論是新譚崔或舊譚崔,它們在心靈層面的發展時間,都過於短暫;我們覺得那很狹隘,也很遺憾。因為,男女透過性愛而致性靈合一,不僅重要,也是雙方共同期盼的。心靈的「神秘合一」,能使男女雙方享受合一的力與美;而這種心靈的接觸,跟身體的交合一樣,都是可以經過培養、教授與學習的。

進一步說,一對所謂的「覺悟」伴侶有他們應負的社會倫理及人道責任。就如舊譚崔涵蓋了後社會面向一樣（它的問題我們在書中都有闡述）,現代譚崔瑜伽也應該負起社會倫理及人道責任,而不只是一味追求個人的高峰經驗。心靈的滿足是有責任義務的:它必須對社會的均衡和諧有所貢獻。或許現在正是「新譚崔」捨棄自我主義,承擔文化創新責任的時候。

新譚崔有「可能」（我們必須謹慎地遣詞用字）成為新宗教文化的前身,而這個宗教正是以男女兩性為中心主旨。

然而我們也認為，在發展到那一步之前，它還需要許多必要
條件的配合，才有可能從現在的面貌進一步發展成為真正的
「宗教文化」。

*對很多西方人而言，佛教似乎是當代唯一具吸引力的心靈
指導與生活方式。二位怎麼看待佛教作為哲學或宗教信仰
這件事？*

　　要完整回答這個問題，得另寫一本大部頭，就像科林・
高爾德納（Colin Goldner）在《達賴喇嘛–法王陛下的墜落》
（*Dalai Lama – Fall eines Gottkönigs*）書中處理這整個體系
的問題一樣。而這在我們當初寫書時，並不是計畫中的議題。

　　改變的最大前提，永遠是批判、開放的理性精神。我們
因而很喜歡引用佛陀的這段開示：「卡拉瑪人！汝等所惑是
當然，所疑是當然，有惑之處，定會起疑。卡拉瑪人！汝
等勿信風說；勿信傳說；勿信臆說；勿信于藏經之教相合
之說；勿信基於尋思者；勿信基於理趣者；勿信熟慮於因
相者；雖說是與審慮忍許之見相合亦勿予信；說者雖堪能
亦勿予信；雖說此沙門是我之師亦勿予信之。卡拉瑪人！
若汝等只自覺：此法是不善，此法是有罪，此法是智者之
所訶毀者。若將此法圓滿、執取之即能引來無益與苦。則
卡拉瑪人！汝等於時應斷（彼）！」[3]

---

[3] 譯註：此段經文出自《卡拉瑪經》（巴利文：Kesamuttisutta），上座
部佛教經典，載《巴利大藏經・增支部》第三集第 65 經，主要講述
佛陀對卡拉瑪人的教誨。對應的漢傳佛教經典載於《大正新修大藏

　　佛陀不僅認可批判，也要求弟子批判。從這個精神出發，檢視乃至辨正神話、傳統教條，甚至質問該教義是否合乎我們現代的倫理道德，是合乎佛的教示的。在這個脈絡下，與佛教史以及佛教與國家、戰爭、性別問題進行批判性對話，是很重要的。在此即將步入下一個世紀的前夕，任何宗教都沒有免於人們質問它的歷史的權力。而同等必要的是：深入批判它的當代性，也就是具體的與當代西藏喇嘛進行辨正。只有真正的實踐批判精神，具體檢驗藏傳佛教之後，才可以決定是否要投入它的信仰。

二位如何看待西藏獨立運動？

　　政治上推動的「西藏自由」，並不是西藏流亡政府也不是達賴喇嘛的要求，而是 1989 年史特拉斯堡宣言希望比照香港模式，讓西藏在中國的管領下實行「自治」。我們無從評斷流亡藏人如何看待這個模式，但同情西藏的擁護者老是高喊「西藏自由」口號的同時，卻從來沒有關心過國際法中「自治」與「主權」的差別何在。

　　我們無意涉入西藏的政治問題。但原則上，我們也不贊同過度強調民族國家，就像現在隨處可見的模式一般。西藏人必須自己認真思考：是否真的受到中國統治的欺壓，唯有

經 ·中阿含經 ·業相應品》中《伽藍經》第六卷。以上資料參考自維基百科。
http://zh.wikipedia.org/zh-hant/%E5%8D%A1%E6%8B%89%E7%8E%9B%E7%BB%8F。2010/10/21 擷取。

脫離中國才是自由之道？不論結論是哪一個，藏人本身都必須團結一致，先從喇嘛的政教統治中解放出來，再來談尋求民族發展的自治之路。唯有如此，西方人才能從旁提供真正合宜的協助。

記者：Edi Goetschel

Begründete Zweifel

(Aus: http://www.trimondi.de/interv06.html)

Der tibetische Buddhismus gilt im Westen als Vorbild für Friedfertigkeit, Tantra als Inbegriff von «Heiligem Sex». Ein völlig anderes Bild zeichnet das Buch «Der Schatten des Dalai Lama» von Victor und Victoria Trimondi. YABYUM erläuterten sie die wichtigsten Punkte ihrer Kritik: die militante Machtpolitik des Dalai Lama, Sexualmagie und Frauenverachtung.

YABYUM: Ihre kritische Auseinandersetzung mit dem Dalai Lama, dem tibetischen Buddhismus und der damit verbundenen Politik füllt einen Wälzer von über 800 Seiten. Was war der Anlass, sich mit der Problematik in dieser Breite und Tiefe zu beschäftigen?

Victor und Victoria Trimondi: Als wir vor fünf Jahren mit den Recherchen zu unserem Buch begannen, hatten wir durchaus ein positives Verhältnis zum tibetischen Buddhismus. Wie sehr viele Menschen glaubten wir, dass der Dalai Lama die sozial-politischen und individuellen Werte, die auch uns am Herzen lagen, mit Mut und Überzeugung zum Ausdruck bringt: Friedfertigkeit, Mitgefühl mit allen leidenden Wesen, Überwindung der Klassen- und Rassenschranken, ökologisches

Bewusstsein, Freiheit des Individuums, Transzendieren des Feindbilddenkens, Gemeinschaftssinn, soziales Engagement, interreligiöser Dialog, Begegnung der Kulturen und vieles mehr.

Insbesondere aber waren wir vom Tantrismus angezogen, dem eigentlichen Kern des tibetischen Buddhismus. Hier schien es endlich eine Religion zu geben, welche die Gleichberechtigung der Geschlechter ernst nahm und den Eros nicht aus dem sakralen Raum verbannte, sondern ihn geradezu in sein Zentrum stellte.

Aber nicht nur ideengeschichtlich waren wir mit dem XIV. Dalai Lama verbunden. Als Verleger habe ich Bücher von ihm publiziert, habe mehrere Symposien und Grossveranstaltungen für ihn organisiert. 1982 holte ich ihn mit einer kleinen Propellermaschine von Paris auf die Frankfurter Buchmesse. Das Flugzeug geriet in einen Sturm und schwankte abenteuerlich. Alle Insassen, einschliesslich des Dalai Lama wurden bleich. Solch extreme Momente im Leben schaffen Bindungen und es entwickelte sich eine, wenn auch lockere Freundschaft.

Uns gefiel ganz besonders die religiöse Toleranz «Seiner Heiligkeit». Niemals fordert der XIV. Dalai Lama Menschen dazu auf, ihre angestammte Religion zu verlassen und sich dem Buddhismus anzuschliessen. Im Gegenteil – er warnt eindringlich vor einem Religionswechsel und betont immer wieder, es sei geradezu die Pflicht eines jeden, denjenigen Glauben, den er annehmen wolle, auf Herz und Nieren zu prüfen, ihm mit aller Skepsis und mit einem völlig kritischen Geist gegenüberzutreten und dann erst seine Entscheidung zu fällen.

Und das haben Sie gemacht?

Das genau haben wir gemacht! In der Absicht, im tibetischen Buddhismus eine spirituelle Lehre zu entdecken, die Antwort weiss auf die Lösung unserer Weltprobleme, haben wir die Grundlagen des Buddhismus, die tantrischen Texte, die Geschichte des Tantrismus und die Biografien der frühen Tantriker studiert, ausserdem haben wir uns mit der Geschichte Tibets, der Dalai Lamas und der Politik der Exiltibeter auseinandergesetzt.

Das Ergebnis war mehr als ernüchternd und führte zu einer völligen Revision unserer bisherigen Sicht. Statt einer friedvollen und toleranten haben wir eine kriegerische und aggressive Kultur vorgefunden; statt Frauenfreundlichkeit und Geschlechterparität haben wir ein System kennengelernt, dass die Unterdrückung und Ausbeutung der Frau durch sein Raffinement auf die Spitze treibt.

Unterdrückung Andersdenkender, Despotismus, Intoleranz, grenzenlose Machtobsessionen, Dämonisierung und Angst als politisches Mittel, Verachtung alles Menschlichen – all das, was wir gerade nicht vermutet hatten, mussten wir in den Texten, den Ritualen und der Geschichte dieser Religion entdecken. Für uns war die Erkenntnis über die Schattenseiten des tibetischen Buddhismus zeitweise mit einer persönlichen

Krise verbunden – denn es hiess Abschied nehmen von einer
bisher von uns positiv besetzten Kultur und einem
hochgeschätzten Menschen, einem spirituellen Vorbild und
einem persönlichen Freund.

Wie sind Sie bei Ihren Ermittlungen vorgegangen?

Mittlerweile liegt ein umfangreiches Quellenmaterial über den
tibetischen Buddhismus in vielen europäischen Sprachen vor.
Ein Grossteil der Höheren und Höchsten Tantras wurden
weltweit von den qualifiziertesten Tibetologen übersetzt und in
vielen Fällen durch Englisch sprechende Lamas abgesichert.
Methodisch haben wir uns nicht auf eine klassische Textkritik
beschränkt. Das war auch niemals unsere Absicht, da wir ein
kulturkritisches und tiefenpsychologisches Werk und keine
tibetologische Abhandlung verfassen wollten. Weil es sich im
Falle des tibetischen Buddhismus – was keineswegs allgemein
bekannt ist – um ein mythologisches System handelt, genügt es
nicht, dieses System einfach zu beschreiben.

Wir haben uns methodisch von einem Grundsatz der modernen
Ethnologie beeinflussen lassen. Um einen Mythos zu verstehen,
um seine «Logik» zu erfassen – darüber gibt es unter
Ethnologen verschiedenster Richtung einen Konsensus: Man
muss in den «Bannkreis» des Mythos treten, darf sich jedoch
selber nicht «bannen» lassen. Dann erst kann der Sinn des
Mythos in eine wissenschaftliche Sprache übersetzt werden.

Sie stellen in Ihrem Buch verschiedene Themenbereiche zur Diskussion, den militanten Shambala-Mythos beispielsweise mit dem Endziel einer Buddhokratisierung der Welt oder die Unterdrückung und den Missbrauch von Frauen im tibetischen Buddhismus. Welche Bedeutung hat das Thema Tantra?

Der Tantrismus behandelt ein sehr delikates Thema, nämlich die Rolle der Geschlechter im sakralen Raum. In allen patriarchalen Religionen wurde die Frau schon vor Jahrhunderten aus den Mysterien vertrieben. Die zentralen gesellschaftlichen Positionen – als «Priester» oder als «Politiker» – nahm grundsätzlich ein männliches Wesen ein. Auch der historische Buddha und seine ursprüngliche Lehre zeigen stark androzentrische Züge. Der traditionelle Tantrismus in Indien und Tibet scheint auf den ersten Blick anders zu sein. Untersuchen wir jedoch differenziert die dort empfohlenen Praktiken und ihre Symbolzuweisungen, dann werden wir bald erkennen, dass es sich hierbei in den meisten Fällen um eine der raffiniertesten Methoden handelt, um die Geschlechterpolarität auszubeuten, insbesondere die Frau und die weiblichen Energie, die Gynergie.

Die traditionellen Tantras erschöpfen sich jedoch – von ihrer Intention her – keineswegs als sinnlich-spirituelle Techniken, um den Eros der Geschlechter zu kultivieren und um die gleichwertige Ganzheit beider Partner herzustellen, so wie das vom westlichen Neo-Tantrismus gern und oft gesehen wird. Die Praktiken beinhalten vielmehr die sexualmagische Aktivierung von Symbolfeldern mit einem transpersonalen, d. h.

theogonischen und kosmogonischen Inhalt. Tantra und Macht – persönliche, spirituelle und politische – gelten deswegen in allen uns bekannten einschlägigen Texten als Synonyme. In unserem Buch haben wir detailliert beschrieben, wie die Verbindung zwischen tantrischer Sexualmagie und Politik, zwischen einem Mythos – Shambhala – und einer buddhokratischen Endzeitvision im Kalachakra-Tantra, dem «König der Tantras», hergestellt wird. Ob man nun die Wirksamkeit einer solchen Praxis wie dem Kalachakra-Tantra ernst nimmt oder nicht – sie ist auf jeden Fall abzulehnen, weil sie kriegerische, grausame, frauenverachtende und despotische Züge aufweist.

Von Kritikern Ihres Buches wird geltend gemacht, dass tantrische Texte und Bilder symbolische Bedeutung hätten und keinesfalls als Anleitung zur Praxis missverstanden werden dürften. Nebenbei bemerkt würde das heissen, dass Vorstellungen und Übungen des New-Age-Tantra purer Unsinn wären. Worauf gründet sich Ihre Haltung in dieser Frage?

Die buddhistische Diskussion über die «nur symbolische» oder «reale» Bedeutung der Tantra-Texte ist so alt wie diese selbst. Sie ist auch ganz verständlich, denn bei der Ausübung des Vajrayana müssen fast alle ethischen Vorschriften des Vinaya Pitaka, der von Buddha verordneten Ordensregeln, durchbrochen werden. Zu den geforderten Regelverletzungen zählen ja nicht nur der Sexualverkehr, der für einen buddhistischen Mönch grundsätzlich verboten ist. Die Tantras fordern auch andere,

sehr aggressive Akte, die sogar einen Mord einschliessen
können.

Der Diskurs «symbolisch» versus «realistisch» wurde auch in
der tibetischen Tradition geführt, dabei lässt sich unter dem
Strich sagen, dass fast alle bedeutenden Lamas von einer realen
Durchführung der Sexualpraktiken ausgehen, gleichgültig, ob
sie diese selber praktiziert haben oder nicht. Tsongkapa, der
Gründer des Gelbmützenordens, zum Beispiel hat eine sehr
«tugendhaftes» Image und man erzählt, er habe niemals mit
einer realen Sexualpartnerin, einer Mudra, praktiziert. Ob dies
nun stimmt oder nicht, mag dahin gestellt bleiben, Tsongkapa
ist auf jeden Fall der Verfasser bedeutender tantrischer –
sexualmagischer – Kommentare und seine Aussagen zur
Symboldebatte ist eindeutig: «Eine weibliche Partnerin gilt als
Basis für die Vollendung der Befreiung.»

Wer sich mit der Materie intensiv beschäftigt, wird sehr schnell
herausfinden, dass bei den höchsten Tantras reale Frauen
bevorzugt werden oder sogar Vorschrift sind. Dies ergibt sich
auch aus dem Sinn und der inneren Logik der Tantra-Texte,
wie wir das ausführlich in unserem Buch dargestellt haben.

*Wie ist es denn zu erklären, dass darüber eine hitzige Debatte
stattfindet?*

Zur Auffassung der reinen Symboldeutung der Tantras haben
vor allem zwei Missverständnisse beigetragen:

1. Die exiltibetischen Lamas, mit dem XIV. Dalai Lama an der Spitze, sind hier im Westen demonstrativ als «zölibatäre Mönche» aufgetreten. Soweit damit der Verzicht auf Heirat gemeint ist, gilt dies nur für den Gelug-pa Orden, die Gelbmützen, nicht jedoch für die drei anderen Schulen Kagyü-pa, Sakya-pa und Nyingma-pa. Im tantrischen Ritual praktizieren aber auch die Gelug-pas mit realen Mudras.

Miranda Shaw zitiert moderne Gelbmützen-Meister wie Lama Yeshe, Geshe Kelsang Gyatso und Geshe Dhargyey, die mit realen Frauen ihre Rituale durchgeführt haben sollen. June Campbell berichtet über ihr tantrisches Verhältnis zu dem sehr berühmten Kagyü-Meister Kalu Rinpoche. Beide Frauen sind Tibetologinnen und kennen als ehemals praktizierende Buddhistinnen das System von innen.

2. Ganz entscheidend für das Missverständnis, dass die tantrischen Texte nur einen Symbolwert hätten, war das Buch des deutschen Lama Anagarika Govinda «Grundlagen tibetischer Mystik». Dabei handelt es sich um einen Bestseller, durch den zahlreiche Menschen aus dem Westen zum ersten Mal ernsthaft mit dem tibetischen Buddhismus in Berührung gekommen sind. Govinda ist ein geradezu fanatischer Verfechter der «reinen Symbolthese» – Dakini als reine Seele – und er versucht mit grossem Eifer den tibetischen Buddhismus von jeglichem «sexuellen Schmutz» zu reinigen.

Was für Konsequenzen haben Ihre Recherchen für das New-Age-Tantra?

Wir haben in unserem Buch ganz offen zum Ausdruck gebracht, dass wir grundsätzlich der Sakralisierung der Sexualität, wie es der Tantrismus ganz allgemein fordert, sehr positiv gegenüber eingestellt sind. Voraussetzung ist jedoch, dass sich beide Partner vor, während und nach der tantrischen Performance als gleichwertige Pole anerkennen. Das ist, wenn wir die Symbolwelt der verschiedenen traditionellen Tantratexte – buddhistische und hinduistische – untersuchen, in keinem uns bekannten Fall garantiert. Grob teilen sich die Schulen in – wie wir es nennen – androzentrische und gynozentrische Ausrichtungen. Die tibetischen Schulen sind allesamt androzentrisch, sogar wenn man nach dem buddhistischen «Candamaharosana Tantra» praktiziert, ein Text, der immer wieder wegen seiner Frauenfreundlichkeit zitiert wird.

Das sogenannte «New-Age-Tantra» versucht verbal die Gleichwertigkeit der Partner zu kultivieren und aufrechtzuerhalten. Diese müssen aber Acht geben, dass sie nicht die Opfer einer missverstandenen Symbolwelt und Symbolpraxis werden und dadurch unbewusst traditionelle Unterdrückungsmechanismen anwenden. Zum Beispiel sind benutzte Ritualgegenstände, Mudras – Handzeichen – oder Mantras oft die Mittel eines raffinierten Systems der Energieausbeutung und ihre naive und unreflektierte Übernahme durch «westliche» Tantra-Schulen kann die traditionellen Fehlentwicklungen wiederholen und festigen. Hinzukommt, dass sich das New-Age-Tantra zu sehr auf den körperlich-sexuellen Bereich – Lust und Sinnlichkeit – konzentriert und den intellektuell-metaphysischen Aspekt des Tantrismus naiv vernachlässigt. Dieser ist jedoch seit jeher Teil des tantrischen Weges. Es geht dabei jedoch um mikro-makrokosmische Dimensionen, deren Verständnis die Kenntnis einer «mystischen Wissenschaft» voraussetzt.

Ebenfalls begrenzt und bedauernswert erscheint es uns, dass die seelische Ebene im New-Age-Tantra – ebenso wie im traditionellen Tantra – zu kurz kommt. Auch auf der psychischen Ebene ist – unserer Sicht nach – eine «mystische Vereinigung» der beiden Partner wichtig und wünschenswert. Die «unio mystica» der Seelen ist ein Ereignis, durch das die beiden Partner ihre Schönheit und Kraft erfahren können. Seelenbegegnungen sollten ebenso kultiviert, gelehrt und gelernt werden wie die physische metaphysische Begegnung von Mann und Frau.

Es geht weiter um die ethische und humane Rolle in der Gesellschaft, die ein «erleuchtetes» Paar zu spielen hat. Genauso wie der traditionelle Tantrismus eine meta-gesellschaftliche Dimension umschliessen kann, deren problematische Seite wir in unserem Buch gezeigt haben, so sollte der «moderne Tantrismus» sozial-ethische und humanistische Verantwortungen übernehmen, anstatt allein individuelle Peak-Erlebnisse zu ermöglichen. Spiritualität verpflichtet, sie ist ein Geschenk, welches der Harmonie des Gleichgewichts in der Gesellschaft zu dienen hat. Vielleicht ist es an der Zeit, dass der «Neo-Tantrismus» seine egozentrische

Einseitigkeit verlässt und sich in den Dienst einer kulturellen Erneuerung stellt.

Das New-Age-Tantra mag – vorsichtig ausgedrückt – die Vorform einer neuen religiösen Kultur sein, welche die Geschlechterpolarität in ihr Zentrum stellt. Es bedarf aber – unserer Ansicht nach – noch sehr vieler zusätzlicher Komponenten, damit sich aus diesem «Milieu» ein wirklicher «Kulturentwurf» entwickeln kann.

Was für Konsequenzen ergeben sich für den Buddhismus als Philosophie oder Religion, der vielen Menschen im Westen als derzeit einzige, jedenfalls überaus attraktive spirituelle Lehre und Lebensweise erscheint?

Diese Frage zu beantworten, würde Seiten füllen, denn sie verlangt eine sehr komplexe Antwort, insbesondere da es uns nicht darum geht, das ganze System in Frage zu stellen, wie das zum Beispiel Colin Goldner in seinem Buch «Dalai Lama – Fall eines Gottkönigs» mit aller Bestimmtheit tut.

Erste Voraussetzung für eine Veränderung ist immer ein kritisches und offenes Bewusstsein. Wir zitieren in diesem Zusammenhang gerne den folgenden Spruch des historischen Buddha: «Deine Zweifel sind begründet, Sohn des Kesa. Höre meine Weisung: Glaube nichts auf blosses Hörensagen hin; glaube nicht an Überlieferungen (!), weil sie alt und durch viele Generationen bis auf uns gekommen sind; glaube nichts aufgrund von Gerüchten oder weil die Leute viel davon reden; glaube nicht, bloss weil man dir das geschriebene Zeugnis irgendeines alten Weisen vorlegt; glaube nie etwas, weil Mutmassungen dafür sprechen oder weil langjährige Gewohnheit dich verleitet, es für wahr zu halten; glaube nichts auf die blosse Autorität deiner Lehrer und Geistlichen hin. Was nach eigener Erfahrung und Untersuchung mit deiner Vernunft übereinstimmt und deinem Wohl und Heil wie dem aller anderen Wesen dient, das nimm als Wahrheit an und lebe danach.» (Anguttara Nikaya I, 174)

Zu dieser – von Buddha legitimierten und geforderten Kritik – zählt primär eine Auseinandersetzung mit den Mythen und traditionellen Dogmen sowie die Frage, ob diese heute immer noch mit den humanpolitischen Anforderungen unserer Zeit vereinbar sind. Wichtig in diesem Zusammenhang ist weiterhin ein kritischer Diskurs über die Geschichte des Buddhismus, über sein historisches Verhältnis zum Staat, zum Krieg, zur Geschlechterfrage usw. Keine Religion darf sich am Beginn des kommenden Jahrtausends einer solchen Befragung ihrer Geschichte entziehen. Ebenso notwendig ist die kritische Hinterfragung der Gegenwart, d. h. konkret die Auseinandersetzung mit den lebenden tibetischen Lehrern. Erst nachdem eine solche Kritik ehrlich durchgeführt wurde, sollte man sich für den tibetischen Buddhismus als Religion entscheiden oder es sein lassen.

Was für Konsequenzen sind zu ziehen in Bezug auf das politische Engagement für ein freies Tibet?

Ein politisches Engagement für ein «freies» Tibet wird heute weder von der exiltibetischen Regierung noch vom Dalai Lama gefordert, sondern nach der Strassburger Erklärung 1989 geht es ausschliesslich um die «Autonomie» Tibets unter chinesischer Generalverwaltung nach dem Hongkong-Modell. Ob ein solches Modell von den Exiltibetern wirklich ernst gemeint ist, können wir nicht beurteilen, jedenfalls läuft die Sympathisantenszene immer noch mit dem Spruch «Free Tibet» herum und schert sich wenig um die entscheidende völkerrechtliche Differenz zwischen «Autonomie» und «Souveränität».

Wir möchten den Tibetern nicht in ihr politisches Konzept hineinreden. Grundsätzlich sind wir jedoch gegen jegliche Überbetonung des Nationalstaates, wie es heute wieder überall Mode ist. Die Tibeter müssen selber ehrlich beurteilen, ob sie von chinesischer Seite so unterdrückt werden, dass nur eine Loslösung von China der einzige Weg in die Freiheit ist. In jedem Fall sollten sich unter ihnen Menschen zusammentun, die sich konsequent aus den Strukturen des politischen Lamaismus emanzipieren und ihre autonomen Wege zum Nutzen ihres Volkes suchen. Dabei sollten ihnen Frauen und Männer aus dem Westen behilflich sein.

Interview: Edi Goetschel

〈附錄二〉 藏傳佛教將帶眾生何處去？

Wohin führt der tibetische Buddhismus?

作者 Stefan Bamberg

原文刊載於 gandhi-auftrag 網：www.gandhi-auftrag.de/Buddhismus.htm

感謝 Bamberg 先生授權中譯（譯者：辛燕）

（Trimondi《達賴喇嘛的陰暗面－藏傳佛教的雙修、巫術與政治》封面）

　　有關宇宙論以及由生死凡夫所建立的世界（例如「香巴拉」），已在〈宇宙大爆炸的眞相〉、〈誰是世界的主宰〉二文中，有所討論。現在我們繼續來看看，藏傳佛教以及其他哲學是怎麼說的。Victor 及 Victoria Trimondi 夫妻檔合寫了《達賴喇嘛的陰暗面－藏傳佛教的雙修、巫術與政治》（*Der Schatten des Dalai Lama - Sexualität, Magie und Politik im tibetischen Buddhismus*, Patmos 出版社, ISBN 3-491-72407-4），書中翔實指出佛教（譯註：藏傳佛教）背後的鬼神信仰以及誅法巫術；而他

們也在 www.trimondi.de 網站羅列目前德國對佛教的各種討論資訊，供讀者查閱。另外，2000 年第 9 期 factum 雜誌介紹了《達賴喇嘛的陰暗面》這本書，並且登載了〈佛教實錄—評論達賴喇嘛的政教目的及其不為人知的宗教儀軌—來自西藏的微笑法王有他陰暗的一面〉("Schwarzbuch des Buddhismus. Die religionspolitischen Ziele und okkulten Ritualpraktiken des Dalai Lama erfahren Kritik. Der ewig lächelnde Gottkönig aus dem Tibet hat eine Schattenseite") 一文。本篇〈藏傳佛教將帶眾生何處去？〉即從該文摘錄部分內容：

釋迦牟尼佛的法教向來都以正面而積極的面貌，出現於世人面前，這與西方日漸頹傾的理性文化，成了文化對比。當西方國家的基督信仰不斷帶來剝削與戰爭，佛教帶給人們的始終是自由與和平。西方基督信仰的自我、躁進、輕慢、物質主義，對比出東方佛教信仰的內觀、慈悲、無爭與忍辱。

知名人物如影歌紅星的相繼投入佛教信仰，如：莎朗史東、鄔瑪舒曼、蒂娜透納、Patty Smith、梅格萊恩、莎莉麥克琳、李察吉爾、史帝芬席格，眾所皆知。而當今佛教最重要的看板人物及代表，非丹增嘉措—第十四世達賴喇嘛—莫屬。這位流亡印度的西藏法王，集一切正面人格特質於一身：耐心、謙和、敬心、和睦、幽默、包容、調柔、慈悲。這些形象有如陽光一般閃耀，使得達賴喇嘛在很多人心中成為當代最至高無上的人物。

達賴喇嘛的信眾視他為神，認為他是活佛，尊他為袞頓（譯註：Kundun, 藏人對達賴喇嘛的尊稱）。在喇嘛教裏，達賴是最上至尊——本初佛的道成肉身。許多西藏人、蒙古人、華人、以及愈來愈多的西方人，都認為他是新時代的先驅、現代版的救世主。

在眾人眼中，達賴喇嘛儼然為神。他既是人王，又是乞士，這樣的反差正是這位佛教領袖令人著迷的原因。腳穿拖鞋的人王，金黃幢幡的背後是萬能的神……至少從外表看來，他與西藏版耶穌基督的再世沒有兩樣。

正當各國元首、天主教教宗飽受外界批評時，達賴喇嘛卻幾乎沒有受到任何評論。除了中國，全世界沒有人敢對這位「陽光教主」說半句批評的話。這個情形直到 1997 年才有了轉變——德國及瑞士媒體報導了藏傳佛教內部的教派紛爭：雄天事件。當時大家都非常難以置信：和平的佛教（譯註：藏傳佛教）是迫害對手、施展巫術的溫床？釋迦牟尼佛慈悲的眼神下，藏著令人毛骨悚然的鬼神信仰？這是西方首度發聲，輕輕批判達賴喇嘛的領導；而後續的評論聲浪，則直到今天都沒有中斷過。

1995 年，Victor 及 Victoria Trimondi 夫婦開始著手觀察並研究藏傳佛教。早在八〇年代，Victor Trimondi 即曾以出版人的身分，從 Trikont 出版社為達賴喇嘛及藏傳佛教出版書籍。當時他著迷於左道密宗[4] 的神祕觀點，並且對宗

4 譯註：聖嚴法師《印度佛教史》第十二章〈從密教盛行到近代佛教〉：「所謂

教對話、宗教與科學的關係，極感興趣。

　　Victor 及 Victoria Trimondi 夫婦當時著手研究藏傳佛教時，是相信達賴喇嘛真的抱持著包容、人本、倫理、和平的價值觀的。可是隨著愈來愈深入的認識，他們的觀點也愈來愈翻轉。Victor Trimondi 說：「深入研究西藏歷史、喇嘛教的宗教儀軌、宗教極權企圖、流亡藏人的政治社會情形之後，我們完全改觀。」

　　因為他們在研究中，清楚看出達賴喇嘛的笑容背後，正是基本教義、專制好戰、性力崇拜，而這些是與西方的傳統社會價值觀背道而馳的。

　　Trimondi 夫婦在《達賴喇嘛的陰暗面－藏傳佛教的雙修、巫術與政治》這本書中，為我們介紹了佛教（譯註：藏傳佛教）背景、及其不為人知的一面。全書 816 頁，揭示了：坦特羅（譯註：譚崔瑜伽）及壇城[5] 修法、香巴拉神話，還有達賴喇嘛與毛澤東、日本沙林毒氣首腦麻原彰晃、前納粹德國黨衛軍、新法西斯分子之間的密切關係……，種種內容都在達賴喇嘛的陽光身影下，投射出他陰暗的一面。

左道密教，是對以《大日經》為主的純密或右道密教而言。（…）佛教本以淫慾為障道法，密教的最上乘卻以淫行為修道法。由中國而傳到日本的密教，僅及於金剛界及胎藏界的純密，未見到最後的無上瑜伽之行法，所以日本學者稱它為左道密教。」

[5] 譯註：聖嚴法師《印度佛教史》第十二章〈從密教盛行到近代佛教〉：「對於男性的修持者而言，女性的生殖器實在就是一個修持無上瑜伽法門的道場；藉此道場的修持，可得悉地（即相應）；因此，便稱女子的陰道為「婆伽曼陀羅」（即曼達拉、檀城、諸佛淨土）。」

我們有誰想得到，這位諾貝爾和平獎得主、推動宗教互容的「先驅」，信仰的竟是可怕的女「神」－吉祥天女（Palden Lhamo）並奉她為護法神？（……）

可以預見的，Trimondi 夫婦對達賴喇嘛以及喇嘛教的批判，帶來的將不只有贊同，更多的是對他們的責難。因為，有誰敢說這位「法王陛下」的不是呢？令人驚訝的是，最猛烈的炮火，是來自基督教圈。Michael von Brück 教授是其中之一；他任教於德國慕尼黑大學基督新教神學院，教授傳教學及宗教學，是公認的佛教專家。另一位 Ulrich Dehn 博士，是基督新教世界信仰中心的負責人。他在一篇令人感到極不尋常的書評中指出：Trimondi 夫婦的書「沒有可信度」，書中雜七雜八的內容，有部分是作者編派出來的。

確實，這對夫妻作家的各種結論「與大部分治學嚴謹的西藏及佛教研究，截然不同」。但 Dehn 博士這句話的言下之意其實是：Trimondi 夫婦的研究結果根本是錯的。可是，Dehn 博士自己的這個論點又是根據什麼而說的呢？我們看到 Trimondi 夫婦秉持嚴謹的治學態度，援引藏傳佛教的典籍資料；書中對《時輪續》的詮釋，全都來自《時輪續》自身的內容。而這一點竟正是 Dehn 博士所批判的。他說：《時輪續》的內容「根本不能直接拿來推知達賴喇嘛以及藏傳佛教的意圖及作為」。為什麼不能？按他這種說法的話，豈不誰都可以愛看佛教經典就看，但全都可以不用當一回

事，最後也都不用全部信受？！

　　Trimondi 夫婦的研究方法卻不是這樣。他們揚棄了典型的西方模式，不是專挑只合乎自己想法的，也不是將巫術、召喚鬼神的內容過濾掉，而將藏傳佛教詮釋為「軟性佛教」。他們依照佛教在經典中、以及在東方實際存在的情形，來解釋佛教。由於使用了非西方典型模式，他們因此釐清了：喇嘛教的本質是清楚的與巫術、政治連結在一起的。（……）

2000 年第 19 期 IDEA SPEKTRUM 雜誌刊登了一篇文章：

〈有意的操控〉"Bewußte Manipulation"

　　（……）Trimondi 夫婦接受 IDEA 雜誌訪談時表示：「藏傳佛教不是寬大為懷的宗教，它的代表人—達賴喇嘛—既不是聖者，也不是真正的人權鬥士、宗教互容的先驅。相反的，在藏傳佛教以占領世界為目標的宗教體系中，他是最高領導人。」達賴喇嘛偏愛的《時輪續》儀軌，其中蘊含著「有意的操控信眾、絕對的敵我思想、攻擊至上的戰士精神，以及 2327 年世界末日的預言（S.M.註：依據我的經驗，這個紀元不一定正確，因為我們已經生活在《時輪續》描述的鐵鳥飛的時代）。一旦消滅所有的異教徒之後，一個由『佛』獨裁統治的世界將因此誕生」。這個著名的香巴拉神話，需要信眾實修種種具有巫術象徵意義的宗教儀軌及

觀想；而這個神話所描述的景象，與達賴喇嘛主張的人性
平權、宗教對話，完全背道而馳。

召喚鬼神

　　藏傳佛教的根本，是巫術、鬼神信仰以及獻祭。其
中，召喚惡魔鬼神扮演了舉足輕重的角色，因為它們是達
賴喇嘛驅遣去攻擊敵人的得力助手。鬼神崇拜及巫術，在
佛陀的原始佛教中是完全看不到的。**吉祥天女**（Palden
Lhamo）**出現在佛世之前，原本是個女魔，被降服之後成為
達賴喇嘛的「私人護法神」，她的任務是對抗並消滅「佛法
的敵人」。她的兒子不肯歸順佛教**（譯註：藏傳佛教）**，吉祥
天女便親手殺了他，並且剝下他的皮，做成座騎上的馬
鞍。唐卡中的吉祥天女騎著這匹座騎**（譯註：非驢非馬的怪
獸）**，渡過一片血海**（譯註：飄浮著人頭、內臟）**。「我們所崇
敬的、總是談著宗教包容的達賴喇嘛，為什麼會信仰這樣
一個護法神？」**Victoria Trimondi 這麼問。

「佛法」之為表象

　　Trimondi 夫婦認為，一旦跳過達賴喇嘛的意識型態以
及密法，他所開示的佛法就只是幌子。但這個關鍵點，許
多著名的宗教學家卻認為無關緊要，不當作一回事。如
Michael von Brück 教授－慕尼黑大學天主教學者－就視之
為無害，不認為有必要指出藏傳佛教踐踏人權的思想及作
法。而 Trimondi 夫婦則要求藏傳佛教公開辯論。另外，德

國社會黨禮遇達賴喇嘛之餘，卻不質疑也不辯明藏傳佛教
中大有問題、違反人道的內容，眞是令人不解。

侮辱並威脅批評者

　　Trimondi 夫婦說，儘管達賴喇嘛以降神問卜的方式決
定國家政策，並且出於宗教、政治權力關係迫害剝削女
性，但在藏傳佛教官方代表、西方同情人士的眼中，卻仍
是不容批評的。敢對達賴喇嘛提出批判的人，例如德國慕
尼黑作家科林・戈登納（Colin Goldner）[6]，不但遭到謾罵，甚
至受到死亡威脅。藏傳佛教總是伴隨著數不清的醜聞，其
中不乏西藏喇嘛對女弟子的性侵害。（引文結束）

　　有趣的是，達賴喇嘛曾經提出以數百萬美金買下
Trimondi 夫婦這本書版權的提議，以便一勞永逸禁絕本書出
版。而 Trimondi 夫婦書中指證歷歷的各項內容，至今仍然無
人能夠提出有力的辯正，取而代之的只是不堪的造謠及中
傷。各位親愛的讀者，請你們平心靜氣看看 www.trimondi.de 這
個網站，Trimondi 夫婦毫無保留的在這個網站公布了外界對
他們的大部分評論，讀者很容易可以從中讀出箇中端倪。他
們的書《達賴喇嘛的陰暗面－藏傳佛教的雙修、巫術與政治》
（*Der Schatten des Dalai Lama - Sexualität, Magie und Politik im
tibetischen Buddhismus*）值得一讀，尤其書中詳述了香巴拉，
清楚顯示出神話的背後眞正藏著一個惡魔之國。

---

[6] 譯註：科林・戈登納同時也是心理治療學家，曾經多次前往印度、西藏，著
　　有《達賴喇嘛－法王陛下的墜落》（*Dalai Lama－Fall eines Gottkönigs*）一書。

Wohin führt der tibetische Buddhismus?

von Stefan Bamberg

(Aus: http://www.gandhi-auftrag.de/Buddhismus.htm)

Das Verständnis über dieses Falluniversum und die Ebenen, welche die gefallenen Wesen hier errichtet haben, wie z.B. Shambhala, wie es in den Artikeln "Die Wahrheit über den Urknall" und "Wer ist der Herr der Welt" erläutert wurde, lassen uns jetzt weiterblicken, was es mit dem tibetischen Buddhismus und mit so manch anderer Philosophie hier auf der Erde auf sich hat. Victor und Victoria Trimondi haben mit ihrem Buch **"Der Schatten des Dalai Lama", Patmos Verlag, ISBN 3-491-72407-4**, deutlichstens aufgezeigt, was für dämonische und schwarzmagische Praktiken hinter dem Buddhismus stehen. Auf ihrer Homepage www.trimondi.de kann man sich umfassend über die momentane Buddhismus-Diskussion informieren. Hier ein Auszug aus dem

Artikel *"Schwarzbuch des Buddhismus. Die religionspolitischen Ziele und okkulten Ritualpraktiken des Dalai Lama erfahren Kritik. Der ewig lächelnde Gottkönig aus dem Tibet hat eine Schattenseite"*, Zeitschrift factum 9/2000, in welcher das Buch "Der Schatten des Dalai Lama" vorgestellt wurde:

Die Lehre Gautama Buddhas wird häufig als positives östliches Gegenmodell zur dekadenten westlichen Rational-Kultur dargestellt. Während das christliche Abendland Ausbeutung und Krieg brachte, steht der Buddhismus für Freiheit und Friede. Dem westlich-christlichen Egoismus, der Unruhe, der Arroganz und dem Materialismus werden östlich-buddhistische Meditationen, Mitgefühl, Gelassenheit und Bescheidenheit entgegengesetzt.

Die Prominenz macht vor. *Sharon Stone, Uma Thurman, Tina Turner, Patty Smith, Meg Ryan, Shirley Mac Laine, Richard Gere, Steven Seagal* - sie alle treten als Buddha-Verehrer auf und werden weltweit gehört. Wichtigstes Aushängeschild und zentrale Figur innerhalb des Buddhismus ist allerdings Tenzin Gyatso, der 14. Dalai Lama. Dem in Indien lebenden Exil-Tibeter werden sämtliche bekannten, positiven Charakterzüge gleich auf einmal zugesprochen: geduldig, demütig, respektvoll, bescheiden, humorvoll, tolerant, sanft, herzlich. Das Image des Dalai Lama ist blendend weiß. Für viele Menschen ist er die edelste Persönlichkeit unseres Zeitabschnitts überhaupt.

Die Anhänger des Dalai Lama sehen ihn als eine Art Gottheit. Er gilt als lebender Buddha, als Kundun. Nach

lamaistischer Lehre inkarniert sich in ihm das Höchste, der Adi
Buddha, der höchste Buddha. Ein Ideal in Fleisch und Blut.
Tibeter, Mongolen, Chinesen, aber auch immer mehr
Menschen im Westen sehen ihn als den Vorläufer einer neuen
Zeit, als modernen Messias.

Dem Dalai Lama in die Augen zu sehen, ist für viele
gleichbedeutend, wie Gott gesehen zu haben. König und
Bettelmönch in einem zu sein, gerade diese Diskrepanz macht
den Buddhisten-Führer so faszinierend. Ein König, der in
Sandalen kommt; hinter dem orangenen Tuch die Allmacht
Gottes ... Zumindest äußerlich werden Parallelen zu Jesus
Christus wach.

Während über Staatspräsidenten geflucht und über den
Papst geschimpft wird, bleibt der Dalai Lama unangetastet. Mit
Ausnahme der chinesischen Kommunisten wagt es keiner, an
dieser "Lichtgestalt" auch nur die leiseste Kritik zu üben. Doch
dann kam das Jahr 1997. Das Deutsche und das Schweizer
Fernsehen brachten kritische Beiträge über einen internen
religiösen Streit bei den tibetischen Buddhisten. Was man im
Zusammenhang mit der Shugden-Affäre zu sehen und zu hören
bekam, war fast zu neu, um wirklich wahrgenommen zu
werden: der friedliche Buddhismus eine Brutstätte von
Unterdrückung und okkulten Praktiken? Steht hinter dem
versunkenen Blick des meditierenden Buddhas ein
angstgeprägter Dämonenglaube? Zum ersten Mal wurde leise
Kritik an der Führung des Dalai Lamas laut. Sie brach bis heute
nicht ab.

1995 begann das deutsche Ehepaar Victor und Victoria Trimondi seine Beobachtungen und Studien über den tibetischen Buddhismus aufzuschreiben. Victor Trimondi hatte als Verleger in den 80er Jahren im Trikont-Verlag Bücher des Dalai Lama und über den tibetischen Buddhismus publiziert. Er bewegte sich in der linken esoterischen Szene und interessierte sich für den interreligiösen Dialog und die Beziehung zwischen Religion und Wissenschaft.

Als sie damals mit ihren Recherchen über den tibetischen Buddhismus begannen, waren Victor und Victoria Trimondi noch überzeugt, daß die Toleranz, die humanpolitischen Bekenntnisse, die ethischen Wertvorstellungen und die friedvollen Visionen des Dalai Lama ernst gemeint und richtungweisend waren. Doch die Ausgangslage veränderte sich je länger desto mehr ins Gegenteil. Victor Trimondi: "Nach intensivem Studium der tibetischen Geschichte, des lamaistischen Ritualwesens, der religionspolitischen Absichten des Lamaismus und der gesellschaftspolitischen Situation unter den Exiltibetern, kamen wir zu einem ganz anderen Schluß."

Das Ehepaar Trimondi leitete aus den buddhistischen Quellen so ziemlich das Gegenteil von dem ab, was uns das Lächeln des Dalai Lama vorgibt. Sie fanden einen fundamentalistischen, autokratischen, kriegerischen und sexistischen Kulturentwurf, der sich nicht mit den sozialen Grundsätzen der abendländischen Tradition vereinbaren läßt.

Ihr Buch bringt Hintergründe über den Buddhismus, wie sie bei uns nicht bekannt sind ("Der Schatten des Dalai Lama -

Sexualität, Magie und Politik im tibetischen Buddhismus").
Auf 816 Seiten liefern die Autoren Victor und Victoria
Trimondi Einzelheiten über die Tantra- und Mandala-Praxis,
den Shambhala-Mythos, die Beziehung zwischen dem Dalai
Lama und Mao Tsetung, dem japanischen Giftgas-Guru Shoko
Asahara sowie zu ehemaligen SS-Leuten und Neofaschisten
und vieles mehr, was dunkle Schatten auf die "Lichtgestalt" des
Dalai Lama wirft.

**Wer vermutet schon, daß der Friedensnobelpreis-Träger
und "Vorkämpfer" für die interreligiöse Toleranz
ausgerechnet Palden Lhamo, eine schreckliche weibliche
"Göttergestalt", als Schutzgöttin verehrt? (...)**

Das die Kritik am Dalai Lama und am Lamaismus Victor
und Victoria Trimondi nicht nur Lobeshymnen, sondern vor
allem Schelte einbringen würde, war absehbar. Wer kann es
wagen, einen Gottkönig anzuschwärzen? Befremdend wird es
aber, wenn die schärfste Kritik aus christlichen Kreisen kommt.
So zum Beispiel von Prof. Dr. Michael von Brück. Er gilt als
Buddhismus-Fachmann und lehrt an der
Evangelisch-theologischen Fakultät München Missions- und
Religionswissenschaft. Der von Dr. Ulrich Dehn. Der Referent
der Evangelischen Zentralstelle für Weltanschauungsfragen
(EWZ) schreibt in einer auffallend unsicher gehaltenen
Rezension, das Trimondi-Buch sei von "zweifelhafter Qualität".
Der Rummel darum sei teilweise von den Autoren inszeniert
worden.

Ulrich Dehn stellt richtig, daß die Resultate der Autoren "so ganz anders sind als die meisten hochgelehrten tibetologischen und buddhologischen Forschungen". Damit will er aber eigentlich sagen, sie seien falsch. Nur - wo bleiben die Argumente? Die Trimondis nehmen die buddhistischen Texte ernst. Ihre Interpretationen des Kalachkra-Tantra basieren auf dem tatsächlichen geschriebenen Text. Und genau das kritisiert Dehn. Er schreibt, diese Texte ließen "keinerlei direkten Schluß über die derzeitigen mutmaßlichen Absichten und Aktivitäten des Dalai Lama und seines Umfeldes zu". Warum denn nicht? So kann nur jemand urteilen, der sich zwar gerne mit buddhistischem Wissen berieselt, es letztlich aber nicht für voll nimmt.

Die "Trimondis" gingen ganz anders vor. Sie lasen die Texte nicht mit dem typisch westlichen Filter, der nur wahrnimmt, was ins Konzept paßt. Ihre Auslegung ist keine westlich geglätteter, jegliches magisches Denken und sämtlichen dämonischen Spiritismus wegradierender Softie-Buddhismus. Nein. Sie erklären den Buddhismus, wie er im Lehrbuch steht und im Osten gelebt wird. Dabei erkennen sie eine deutliche Verbindung von Magie und Politik, die im Lamaismus immer eine Selbstverständlichkeit war. (...)

In der Zeitschrift "IDEA SPEKTRUM" 19/2000 erschien der folgende Artikel:

"Bewußte Manipulation"

(...)Trimondis Kernaussage lautet: Der tibetische

Buddhismus ist nicht tollerant, und sein oberster Representant, der Dalai Lama, ist weder ein Heiliger noch ein ehrlicher Vorkämpfer für Menschenrechte und für das Miteinander der Religionen. Vielmehr sei er der Anführer eines von seinen Lehren her auf Welteroberung ausgerichteten Religionssystems, sagen sie in einem Gespräch mit idea. Das vom Dalai Lama bevorzugte Ritual des Kalachakra Tantra beinhaltet "eine bewußte Manipulation der Gläubigen, ein krasses Feindbilddenken, einen aggressiven Kriegerethos und eine apokalyptische Endzeitlösung, die im Jahre 2327 eintreten (Anm. von S. M. diese Jahreszahl muß nach meinen Erfahrungen nicht unbedingt stimmen, weil wir genau jetzt die Weltsituation haben, die für diese Jahreszahl beschrieben wird.) und nach Vernichtung aller Andersgläubigen zur Errichtung einer globalen Buddhokratie führen soll". Diese als Shambhala Mythos bekannte Vision, die durch rituelle, magisch-symbolische und meditative Praktiken von den Gläubigen begleitet wird, stehe in krassem Widerspruch zu der vom Dalai Lama proklamierten Humanität und zum interreligiösen Dialog.

Beschwörung von bösen Geistern und Dämonen

Der tibetische Buddhismus beruhe auf Magie, Geisterglaube und Opferritualen. Eine zentrale Rolle spiele die Beschwörung von bösen Geistern und Dämonen, deren Aggressivität sich der Dalai Lama zu nutze mache. Dieses magische Weltbild sei weit entfernt von den friedvollen Grundlagen der ursprünglichen Buddhalehre. **So soll der Dalai Lama als "persönliche Schutzgöttin" aus vorbuddhistischer Zeit eine Dämonin**

(Palden Lhamo) haben, deren Aufgabe darin besteht, die "Feinde der Lehre" zu bekämpfen und zu vernichten. Sie habe mit eigener Hand ihren Sohn umgebracht, weil dieser sich nicht dem Buddhismus anschließen wollte, und dem Toten die Haut abgezogen, um sie als Sattel für ihr Maultier zu benutzen. Auf ikonographischen Darstellungen reitet (Anm.: mit <u>diesem</u> <u>Reittier</u>) Palden Lhamo durch einen blutenden See. "Wie kann ein Heiliger Mann wie der Dalai Lama von religiöser Toleranz sprechen, wenn er eine solche Schutzgöttin hat?", fragt Victoria Trimondi.

"Ökumene" als Farce

Trimondis zufolge ist das ökumenische Gespräch des Dalai Lama eine Farce, solange über seine Ideologie und geheimen Praktiken nicht offen diskutiert werde. Statt dessen nähmen prominente Theologen die tibetischen Selbstaussagen nicht ernst. An den Universitäten verharmlosten Katholiken wie Prof. Michael von Brück (München) den tibetischen Buddhismus, anstatt auf menschenverachtende Gedanken und Praktiken hinzuweisen. Trimondis fordern eine offene Auseinandersetzung mit dem tibetischen Buddhismus. Es sei unverständlich, daß die SPD den Führer einer Religion hofiere, ohne sich mit deren problematischen und inhumanen Inhalten auseinanderzusetzen und darüber aufzuklären.

Beleidigungen und Drohungen gegenüber Kritikern

Offizielle Vertreter des tibetischen Buddhismus und seine

westlichen Sympathisanten ließen keine Kritik an der vom Orakelwesen bestimmten Staatspolitik des Dalai Lama und der Ausbeutung der Frau für politische und religiöse Machtzwecke zu, so Trimondis. Kritiker würden diffamiert oder bekämen sogar Morddrohungen, beispielsweise der Münchener Buchauto Colin Goldner. Mit dem tibetischen Buddhismus würden zahlreiche Skandale im Zusammenhang gebracht, etwa der sexuelle Mißbrauch von Frauen durch tibetische Lamas. (Zitat Ende)

Interessant ist auch das Angebot des Dalai Lama an die Trimondis von mehreren Millionen Dollar für die Rechte ihres Buches, damit er es <u>einstampfen lassen kann</u>. Für die in Trimondis Buch dargelegten Aufdeckungen wurde noch nicht eine fundierte Widerlegung entgegengebracht. Nur Diffamierungen von peinlichster Art kann man lesen. Lieber Leser, schauen sie sich ruhig einmal die homepage www.trimondi.de an. Victor und Victoria Trimondi haben einen Großteil der gegen sie entgegengebrachten Kritik vorbehaltlos abgedruckt, damit sich der Leser sein eigenes Bild machen kann. Ihr Buch lohnt sich zu lesen, vor allen auch die genauen Beschreibungen von Shambhala, da einem hier klar wird, was für ein dämonisches Reich sich wirklich dahinter verbirgt.

〈附錄三〉　蓮花生譚崔性交六十四式

蓮花生譚崔性交六十四式內容：

雙運遊戲基本為八，八中各八，成六十四式。初基本八者：一、近狎，二、胎合，三、指弄，四、齒玩，五、蓮戲，六、聲韻，七、肉感，八、顛鸞。

一、近狎者，分八：1 始覷其面，生歡喜心，二人同行，身分偶觸，此名竊玉。2 按摩其乳，此名推就。3 柔語偎傍，此名牽性。4 貼近按撫，唇舌互嚙，此名意惹。5 以手勾緊其頸，狂吻出聲，此名籐纏。6 起立以足踏其足背二足，拘抱其腰，手攀其頸，而呷其唇，此名摘櫻。7 同眠互襯互抱腰，此名契入。8 杵入蓮宮，此名水乳。

二、胎合者，於八處相吻：口、喉、乳、脅、腰、鼻、顴骨、蓮花，八處也。

三、指弄者，八種為令淫盛而豎其毛孔故：1 唇乳等處輕細畫之，唯現細紋一痕，此名藕絲。2 用指略深入乳喉等處令現曲形紋，此名半月。3 彼身發癢，羞態搖動不定，以五指齊按之，此名壇城。4 於臍孔、尾脊骨處以手畫之，此名纏綿。5 於前等處斜欹畫紋，此名輕紗。6 乳背及地角下，以十字杵畫紋，此名羯摩。7 乳等處，以五指甲印之，名曰梅花。8 乳等處蓮花瓣形而畫紋，此名小蓮。四、齒玩者：1 貪心生

起，面色極鮮紅，此名春色。2 從彼唇以齒輕印，此名點絳。3 於彼頤上以唇與齒相合而嚙，此名珊瑚。4 面頰齒鬘顯現，名曰笑靨。5 僅如獠牙，以一、二齒相咬，此名明點。6 於腰間、喉、眉、面以齒連印痕，名曰珠鬘。7 如虛空雲，無有定處，於乳、背等處散印齒痕，此名燦雲。8 脇下以指甲畫後，以齒印之，此名蓮珠；總之，爲起如雀如騾貪心歡樂，於其易發癢處，如耳下、頸間、脇下、乳上、密蓮中、腰背間，以齒及指畫印並行爲妙。

五、蓮戲分八：1 腹貼近杵，斜彈蓮面諸瓣，此名吐浪。2 手握杵根，以另半納蓮宮，此名輕挑。3 女伸足仰睡，男杵如插蒲巴，直下而住，此名深契。4 女歡喜稍爲抽擲，復深入不動，此名半就。5 突入突出，此名啼笑。6 數淺一深，互換而行，此名醉酒。7 上下互動，此名默契。8 初漸入一半，次一半突然深入，此名滿願。

六、聲韻（明妃叫床之聲）分八：如泣、如嘆、如息、如吟、如阿娃打、如哇拉阿打、如小解脫、如阿哇爵哇，依次（依順序爲）如鴿、如杜鵑、如哈里打、如鷺鷥、如蜜蜂、如鵝、如春鳥、如巴哇嫁，皆從腹中出聲（皆是從腹中直接出聲，而非造作之由口表演出聲）。

七、肉感分八：與胞合相同，特於拳、掌、肘、腰、面等處，以手按摩如前，八種聲韻任何一種生起，即是貪相，必生大樂，如其口所生氣甚冷，當久按之，必能生樂。

八、顛鸞：男身肥大，女不能受重壓，則顛倒以御，女當如男，如下而行：1騰挪快行名曰跑。2久住慢出名曰按。3腿相糾纏，女腹如轉輪，名曰輾。4男腿踵相纏，男從下略動，名曰篩。5男人休息名曰坦。6男全不動，女慢慢行，名曰梭。7男手足伸直名曰醉。8女背向我而坐，上行，名曰嬌。此上六十四式隨欲而行，以契空樂（以上六十四種姿勢，隨自己之喜好而行之，藉以契合空樂）。……

大樂引導門摘錄十六式：蓮中脈種性不同，當知各式方便；大要為四，支分十六：1金剛種者，父抱母頸，母抱父腰，杵上下穿插，脈在花左方出現。2蓮花種者，女仰臥，高枕其頸，女足置女肩，父從下抱緊而行，脈或上方、或下方出現。3具獸種者，母足置父手灣內，父抱其腰下而行，脈從左右而來。4大象種者，母足在父乳上伸，父一足灣抱母，一足伸，手抱母下部，脈在蓮花中心出現。特別以杵在女上行秘密拳法者，則以杵於蓮面上（於陰戶表面上）輕輕彈打，其後插入，隨在何處皆可得脈；得已，承辦事業者，脈細長為上品，短粗當未開口，以紅色花（原註：藏名烏取者），??（藏文植物名，意不詳）之根，紅蜂糖、牛乳冷塊、白狗杵（白狗之陽具）、當歸、????（藏文植物名，意不詳）、管仲、花椒、硃砂、羊乳，塗杵（塗於陰莖而後交合）可開其口（可打開明妃之海螺脈口）。

（引自陳健民著，徐芹庭編《曲肱齋全集》（三），普賢錄音有聲出版社，80年7月10日出版，頁596-600。）

〈附錄四〉　參考書目

1. 第十四世達賴喇嘛講述，《迎向和平》，慧炬出版社出版，達賴喇嘛西藏基金會印贈〈免費結緣〉，2002.7 初版第二刷。

2. 達賴喇嘛文集（3），達賴喇嘛著，鄭振煌譯，《西藏佛教的修行道》，慧炬出版社，2001.3 初版一刷。

3. 第十四世達賴喇嘛著，陳琴富譯，《藏傳佛教世界》，立緒文化事業有限公司，2004.10 初版八刷。

4. 達賴喇嘛著，《慈悲與智見》，羅桑嘉措——西藏兒童之家，1997.3 修版三刷。

5. 達賴喇嘛著，《喜樂與空無》，唵阿吽出版社，（台北），1998.3 初版。

6. 達賴喇嘛著，丁乃竺譯，《達賴生死書》，天下雜誌股份有限公司，2004.12 第一版第十二次印行。

7. 達賴喇嘛著，丁乃竺譯，《修行的第一堂課》，先覺出版股份有限公司，2003.5 初版 7 刷。

8. 達賴喇嘛著，鄭振煌譯，《達賴喇嘛在哈佛》，立緒文化，2004.7 初版。

9. 達賴喇嘛著，楊書婷、姚怡平譯，《心與夢的解析》，大是文化有限公司，2008.9 初版。

10. 達賴喇嘛十四世著，黃啓霖譯，《圓滿之愛》，時報文

化出版企業有限公司，1991.9 初版一刷。

11. 杰瑞米‧海華、法蘭西斯可‧瓦瑞拉編著：靳文穎譯，《揭開心智的奧秘》，眾生文化出版有限公司，1996.6 初版。

12. 宗喀巴著，法尊法師譯，《密宗道次第廣論》，妙吉祥出版社，1986.6 初版。

13. 陳健民著，徐芹庭編，《曲肱齋全集（一）》，普賢錄音有聲出版社，1991.7 出版。

14. 陳健民著，徐芹庭編，《曲肱齋全集（三）》，普賢王如來佛教會，1991.7.10 出版精裝本。

15. 奧修著，謙達那譯，《了解性、超越性——從性到超意識》奧修心靈系列 59，奧修出版社，2006.4 初版。ISBN 書號 9578693648。

16. 理成紀錄，〈達賴喇嘛和中國佛教訪問團之問答〉，達香寺法訊〈利生〉，中華民國八十七年元月刊（27 期），第二版。

17. 更朗仁巴羅桑蔣貝丹增傳授，丹增卓津漢譯，《吉祥時輪六座上師瑜伽念修教授》，盤逸有限公司出版發行，2008.2 出版。

18. 印順法師著，《以佛法研究佛法》，正聞出版社（台北），1992.2 修訂一版。

19. 印順著，《華雨集（四）》，正聞出版社（台北），1993.4 初版。

20. 道然巴羅布倉桑布講述，盧以炤筆錄，《那洛六法》，晨曦文化公司 1994.8 初版。

21. 更敦群培著，陳琴富中譯，《西藏慾經》〈中文版序〉，大辣出版，2003.12 初版 10 刷。

22. 張善思、呂艾倫編著，《喇嘛性世界——揭開藏傳佛教譚崔瑜伽的面紗》，正智出版社，2011.7 初版。

23. 朵藏才旦編著，《藏傳佛教文化概覽》，甘肅民族出版社（蘭州），2002 年。

24. 平實導師著，《狂密與眞密》，正智出版社，2002.2 初版。

25. 耶律大石編譯，《西藏文化談》，正覺教育基金會，2008.3 初版。（原著 Victor ＆ Victoria Trimondi，《達賴喇嘛的陰暗面——藏傳佛教的雙修、巫術與政治》 *Der Schatten des Dalai Lama - Sexualität, Magie und Politik im tibetischen Buddhismus*）

26. 吳明芷居士著，《淺談達賴喇嘛之雙身法》，正覺教育基金會，2008.6 初版。

27. 正智出版社有限公司編著，《達賴眞面目——玩盡天下女人》（中英對照版），正智出版社，2011.1 初版。

28. 易孟醇編輯，《蔣經國自述》，湖南人民出版社，1988.9 第一版第一刷。

29. 摘錄自馮玉祥著，《馮玉祥將軍自傳——我的生活》第三本。

30. 郭正益等人著，《我的菩提路》第二輯，林榮翔〈給導師的禪三見道報告〉，正智出版社 2010.3 初版。

31. 李冀誠、顧綏康編著的《西藏佛教密宗藝術》，外文出版社（北京），1991 年第一版。

32. 《元史》卷 43〈順帝紀〉、卷 205〈哈麻傳〉

33. 科林　高爾德納（Colin Goldner）著，《達賴喇嘛——墜落的天神》（或《達賴喇嘛—法王陛下的墜落》）（*Dalai Lama -Fall eines Gottkönigs*），Alibri 出版社 (德國)，1999 出版，2008 擴大新版。

34. 黛安娜・J・木克坡、卡羅琳・蘿絲・吉米安合著 (Diana J. Mukpo、Carolyn Rose Gimian），《作為上師的妻子：我和邱陽創巴的人生》，英文書名《*DRAGON THUNDER: My Life with Chogyam Trungpa*》，橡樹林出版社，2009.4.10 初版。

35. 瓦弗夫列(Bruno Waldvogel-Frei)著，《達賴喇嘛微笑了…藏傳佛教的陰暗面》（*Und der Dalai Lama lächelte…Die dunklen Seiten des tibetischen Buddhismus*），Schwengeler 出版社（瑞士 Berneck），2002 年，2004 第 2 版。

36. Maxime Vivas 著，《達賴喇嘛——其實沒那麼「禪」—達賴喇嘛不為人知的那一面》（*Dalaï Lama—Pas si ZEN. La face cachée du Dalaï-Lama*），　Max Milo 出版社（巴黎），2011/08/18。

37. Geoffrey D. Falk 著，《剝開上師偽裝的外衣——性、暴力、侵害及開悟》（*Stripping the Gurus-Sex, Violence, Abuse and Enlightenment*），Million Monkeys Press 出版社（加拿大多倫多），2009 年。

    讀者可直接從網路下載本書:

    http://www.strippingthegurus.com/ebook/download.asp

38. Victor ＆ Victoria Trimondi 著，《達賴喇嘛的陰暗面——藏傳佛教的雙修、巫術與政治》（*Der Schatten des Dalai Lama - Sexualität, Magie und Politik im tibetischen Buddhismus*），Patmos 出版社，1999 年。讀者可直接從網路下載本書英文版 *The Shadow of the Dalai Lama* ：

    http://www.trimondi.de/SDLE/Index.htm

39. Gilles Van Grasdorff 著，《歷代達賴喇嘛祕史》（*L'histoire Secrète des Dalaï-Lamas*），Flammarion（法國第四大出版社），2009 年。

40. The Dalai Lama 著，英文版《My Land and My People》，McGraw-Hill 出版社（紐約）1962；法文版《*Mémoires du Dalaï-Lama, Ma terre et mon peuple*》，John Didier 出版社（巴黎），1963。

41. The XIV Dalai Lama 著, "*Kalachakra Tantra: Rite of Initiation*", Wisdom Publications 出版社(Boston)，1999。

〈附錄五〉 達賴喇嘛譚崔雙修之圖

A. 達賴喇嘛弘揚的譚崔性交雙身像

達賴喇嘛所傳的藏傳佛教（喇嘛教），其供奉的每一尊菩薩的大腿上都抱著一位裸體的女人——他的佛母，正與他進行**性交**——無上瑜伽、樂空雙運。

試想：歷代都是性交教主的達賴喇嘛，所弘揚的教義就是**譚崔性交**，眾喇嘛合修的對象就是**您的女兒、妻子**，所修的無上瑜伽就如同此圖一般。這樣的修行方法，您的家庭能夠和諧嗎？不擔心感染性病嗎？您還要供給大把大把的鈔票給愛妻去供養喇嘛嗎？

達賴喇嘛的寺院常有發生性侵男童及性醜聞，眞正的原因就是
「藏傳佛教」的教義核心——**譚崔性交**；只是歷代達賴等喇嘛
們，美其名爲無上瑜伽、大樂光明、大手印、大圓滿、樂空雙運。

此圖就是這個性交教主─達賴喇嘛─所弘揚的雙身像，都是不離男女雙修**性交**圖，這是結合暴力及性侵的修行圖騰，也是這個末代達賴最喜愛的《時輪經》內涵，**性交修行**是其核心法義。

達賴喇嘛打著修行成佛的口號，其實是在勤修譚崔性交，真正的
目的就是想要繼續當他的「性交教主」。

達賴喇嘛所弘揚的《時輪經》世界，上師與徒弟就是這樣合修無
上瑜伽、大樂光明；這是他們坐姿合抱勤修譚崔性交。

末代達賴（性交教主）及歷代的達賴喇嘛，他們所弘揚無上瑜伽、
大樂光明；此圖為立姿合抱勤修譚崔性交。

末代達賴（性交教主）教導出來的喇嘛，就是要這樣勤修譚崔
性交，其中的佛母（明妃）極可能是您的女兒或妻子，除非您
努力阻止妻女親近「喇嘛教、性交教」。

在達賴喇嘛（性交教主）所弘揚的藏傳佛教中，上師及佛母（明妃）就在密壇中行無上瑜伽灌頂，當您信受這個假佛教的說法，您的女性眷屬就無法避免被性侵的危險。

B. 達賴喇嘛生殖崇拜性圖騰

西藏密宗藏傳「佛教」寺院門口公開展示的生殖崇拜圖騰──男
女性器官，顯示密宗所弘揚的從來都是取自印度教男女性交追
求淫樂的雙身法，上圖爲男性的（金剛），下圖爲女性的（蓮花）。
圖片引用自：

http://www.xzta.gov.cn/rwxz/zjw

C. 達賴喇嘛雙身密修本尊像略影

拍攝地點：北京市首都博物館

達賴喇嘛所弘雙身法中的大威德金剛雙身像
拍攝地點：北京市首都博物館

達賴喇嘛（性交教主）最喜愛的《時輪經》，其中立姿的男女雙修譚崔性交圖

拍攝地點：北京首都博物館

台灣有一句俚語是用來責備不正經、不知羞恥的人：阿里不達。這句罵人的話其實是針對藏傳佛教的假佛，是對不離女人的雙身法假佛 adibuddha 之音譯。

不幸的是，歷代達賴喇嘛所弘揚的教義，就是這種不正經、不知羞恥的**男女雙修**的譚崔瑜伽，美其名為無上瑜伽、樂空雙運，騙人說享受淫樂時的覺知心是佛教中開悟者所證的空性。其實與佛法說的第八識空性心無關，就只是像這樣的圖騰一般，在密壇實行雙身法而淫人妻女；所以達賴喇嘛乃是想當性交教主，因為他們所弘揚的核心法義就是譚崔性交，所作所為都不離性交與暴力的手段。

拍攝地點：北京首都博物館

D. 喇嘛與女信徒公然親密逛街

時間：2011 年 8 月 11 日下午四點多
地點：台北市天母 SOGO 百貨公司
達賴喇嘛所傳藏傳佛教（喇嘛教）中的一位喇嘛（出家人），
與一位女信徒十指緊扣，表現很恩愛的樣子。這也顯示弘揚譚
崔性交的本質內涵，是與正統佛教相違背的。

時間：2011 年 8 月 11 日下午四點多。

在台北市天母 SOGO 百貨公司，出現了與女信徒十指緊扣的喇嘛， 後來他們兩個還一起親密地去逛超市。這樣的情形，背後的事實或最後發展，必然會符合性交教主達賴喇嘛所弘傳的性交教義——男女雙修。

佛教正覺同修會〈修學佛道次第表〉

第一階段
* 以憶佛及拜佛方式修習動中定力。
* 學第一義佛法及禪法知見。
* 無相拜佛功夫成就。
* 具備一念相續功夫──動靜中皆能看話頭。
* 努力培植福德資糧，勤修三福淨業。

第二階段
* 參話頭，參公案。
* 開悟明心，一片悟境。
* 鍛鍊功夫求見佛性。
* 眼見佛性〈餘五根亦如是〉親見世界如幻，成就如幻觀。
* 學習禪門差別智。
* 深入第一義經典。
* 修除性障及隨分修學禪定。
* 修證十行位陽焰觀。

第三階段
* 學一切種智真實正理──楞伽經、解深密經、成唯識論…。
* 參究末後句。
* 解悟末後句。
* 透牢關──親自體驗所悟末後句境界，親見實相，無得無失。
* 救護一切眾生迴向正道。護持了義正法，修證十迴向位如夢觀。
* 發十無盡願，修習百法明門，親證猶如鏡像現觀。
* 修除五蓋，發起禪定。持一切善法戒。親證猶如光影現觀。
* 進修四禪八定、四無量心、五神通。進修大乘種智，求證猶如谷響現觀。

佛菩提二主要道次第概要表

佛菩提道—大菩提道

遠波羅蜜多	資糧位	十信位修集信心——一劫乃至一萬劫 初住位修集布施功德（以財施為主）。 二住位修集持戒功德。 三住位修集忍辱功德。 四住位修集精進功德。 五住位修集禪定功德。 六住位修集般若功德（熏習般若中觀及斷我見，加行位也）。
	見道位	七住位明心般若正觀現前，親證本來自性清淨涅槃。 八住位於一切法現觀般若中道。漸除性障。 十住位眼見佛性，世界如幻觀成就。 一至十行位，於廣行六度萬行中，依般若中道慧，現觀陰處界猶如陽 一至十迴向位熏習一切種智；修除性障，唯留最後一分思惑不斷。第
近波羅蜜多	修道位	初地：第十迴向位滿心時，成就道種智一分（八識心王一一親證後，法）復由勇發十無盡願，成通達位菩薩。復又永伏性障而不具法施波羅蜜多及百法明門。證「猶如鏡像」現觀，故滿初地心 二地：初地功德滿足以後，再成就道種智一分而入二地；主修戒波羅然清淨。 三地：二地滿心再證道種智一分，故入三地。此地主修忍波羅蜜多及，留惑潤生。滿心位成就「猶如谷響」現觀及無漏妙定意生身。 四地：由三地再證道種智一分故入四地。主修精進波羅蜜多，於此土成就「如水中月」現觀。 五地：由四地再證道種智一分故入五地。主修禪定波羅蜜多及一切種 六地：由五地再證道種智一分故入六地。此地主修般若波羅蜜多——如變化所現，「非有似有」，成就細相觀，不由加行而自然證 七地：由六地「非有似有」現觀，再證道種智一分故入七地。此地主流轉門及還滅門一切細相，成就方便善巧，念念隨入滅盡定。
大波羅蜜多		八地：由七地極細相觀成就故再證道種智一分而入八地。此地主修一相土自在，滿心位復證「如實覺知諸法相意生身」故。 九地：由八地再證道種智一分故入九地。主修力波羅蜜多及一切種智 十地：由九地再證道種智一分故入此地。此地主修一切種智——智波羅功德，成受職菩薩。 等覺：由十地道種智成就故入此地。此地應修一切種智，圓滿等覺地人相及無量隨形好。
圓滿波羅蜜多	究竟位	妙覺：示現受生人間已斷盡煩惱障一切習氣種子，並斷盡所知障一切間捨壽後，報身常住色究竟天利樂十方地上菩薩；以諸化身利

圓滿成就究竟佛果

二道並修，以外無別佛法

		解脫道：二乘菩提
	外門廣修六度萬行	↓ 斷三縛結，成初果解脫
	內門廣修六度萬行	↓ 薄貪瞋癡，成二果解脫
焰，至第十行滿心位，陽焰觀成就。 十迴向滿心位成就菩薩道如夢觀。		斷五下分結，成三果解脫

領受五法、三自性、七種第一義、七種性自性、二種無我斷，能證慧解脫而不取證，由大願故留惑潤生。此地主修。

蜜多及一切種智。滿心位成就「猶如光影」現觀，戒行自

四禪八定、四無量心、五神通。能成就俱解脫果而不取證。

及他方世界廣度有緣，無有疲倦。進修一切種智，滿心位

智，斷除下乘涅槃貪。滿心位成就「變化所成」現觀。
依道種智現觀十二因緣一一有支及意生身化身，皆自心真
得滅盡定，成俱解脫大乘無學。
修一切種智及方便波羅蜜多，由重觀十二有支一一支中之
滿心位證得「如犍闥婆城」現觀。

入地前的四加行令煩惱障現行悉斷，成四果解脫，留惑潤生。分段生死已斷，煩惱障習氣種子開始斷除，兼斷無始無明上煩惱。

七地滿心斷除故意保留之最後一分思惑時，煩惱障所攝色、受、想三陰有漏習氣種子同時斷盡。

切種智及願波羅蜜多。至滿心位純無相觀任運恆起，故於
，成就四無礙，滿心位證得「種類俱生無行作意生身」。
羅蜜多。滿心位起大法智雲，及現起大法智雲所含藏種種
無生法忍；於百劫中修集極廣大福德，以之圓滿三十二大

煩惱障所攝行、識二陰無漏習氣種子任運漸斷，所知障所攝上煩惱任運漸斷。

隨眠，永斷變易生死無明，成就大般涅槃，四智圓明。人
樂有情，永無盡期，成就究竟佛道。

↓
斷盡變易生死
成就大般涅槃

佛子 蕭平實 謹製

二〇〇九、〇二修訂
二〇一二、〇二增補

佛教正覺同修會 共修現況 及 招生公告 2012/04/01

一、共修現況：（請在共修時間來電，以免無人接聽。）

台北正覺講堂 103 台北市承德路三段 277 號九樓 捷運淡水線圓山站旁

Tel..**總機** 02-25957295（晚上）（**分機：九樓**辦公室 10、11；知客櫃檯 12、13。**十樓**知客櫃檯 15、16；書局櫃檯 14。**五樓**辦公室 18；知客櫃檯 19。**二樓**辦公室 20；知客櫃檯 21。）

Fax..25954493

第一講堂 台北市承德路三段 277 號九樓

禪淨班：週一晚上班、週三晚上班、週四晚上班、週五晚上班、週六下午班、週六上午班（皆須報名建立學籍後始可參加共修，欲報名者詳見本公告末頁）

增上班：瑜伽師地論詳解：每月第一、三、五週之週末 17.50～20.50
平實導師講解（僅限已明心之會員參加）

禪門差別智：每月第一週日全天 平實導師主講（事冗暫停）。

法華經講義：平實導師主講。詳解釋迦世尊與諸佛世尊示現於人間之正理：為人間有緣眾生「開、示、悟、入」諸佛所見、所證之法界真實義，並細說唯一佛乘之理，闡釋佛法本來只有**成佛之道，不以聲聞、緣覺的緣起性空作為佛法**；闡釋二乘菩提之道只是從唯一佛乘中析出之方便道，本非真實佛法；闡釋阿含之二乘道所說緣起性空之法理及修證，實不能令人成佛，只有佛菩提道的實相般若及種智才能使人成佛；若不能信受及實地理解此真理者，終將只能成就解脫果，絕不可能成就佛菩提果。每逢週二 18.50～20.50 開示，由平實導師詳解。不限制聽講資格，本會學員憑上課證聽講，會外人士請以身分證件換證進入聽講（此為大樓管理處安全管理規定之要求，敬請諒解）。《法華經講義》講畢後，每週同一時段將續講《佛藏經》。

第二講堂 台北市承德路三段 267 號十樓

禪淨班：週一晚上班、週四晚上班、週六下午班。

進階班：週三晚上班、週五晚上班（禪淨班結業後轉入共修）。

法華經講義：平實導師講解。每週二 18.50~20.50（影像音聲即時傳輸）。本會學員憑上課證進入聽講，會外學人請以身分證件換證進入聽講（此為大樓管理處安全管理規定之要求，敬請諒解）。講畢後每週同一時段續講《佛藏經》。

第三講堂 台北市承德路三段 277 號五樓。

進階班：週一晚上班、週三晚上班、週四晚上班、週五晚上班、週六下午班。

法華經講義：平實導師講解。每週二 18.50~20.50（影像音聲即時傳輸）。本會學員憑上課證進入聽講，會外學人請以身分證件換證進入聽講（此為大樓管理處安全管理規定之要求，敬請諒解）。講畢後每週同一時段續講《佛藏經》。

第四講堂 台北市承德路三段 267 號二樓。

　　進階班：週三晚上班（禪淨班結業後轉入共修）。

　　法華經講義：平實導師講解。每週二 18.50~20.50（影像音聲即時傳輸）。
　　　　　　　　本會學員憑上課證進入聽講，會外學人請以身分證件換證
　　　　　　　　進入聽講（此為大樓管理處安全管理規定之要求，敬請諒
　　　　　　　　解）。講畢後每週同一時段續講《佛藏經》。

正覺祖師堂 大溪鎮美華里信義路 650 巷坑底 5 之 6 號（台 3 號省道
　　34 公里處 妙法寺對面斜坡道進入）電話 03-3886110 傳真、ADSL
　　03-3881692 本堂供奉 克勤圓悟大師，專供會員每年四月、十月各二
　　次精進禪三共修，兼作本會出家菩薩掛單常住之用。除禪三時間以
　　外，每逢單月第一週之週日 9:00~17:00 開放會內、外人士參訪，當天
　　並提供午齋結緣。教內共修團體或道場，得另申請其餘時間作團體參
　　訪，務請事先與常住確定日期，以便安排常住菩薩接引導覽，亦免妨
　　礙常住菩薩之日常作息及修行。

桃園正覺講堂（第一、第二講堂）：桃園市介壽路 286、288 號 10 樓
　　（陽明運動公園對面）電話：03-3749363（請於共修時聯繫，或與台北聯繫）
　　禪淨班：週六上午班、週一晚上新班、週三晚上班、週五晚上班。

　　法華經講義：平實導師講解 以台北正覺講堂所錄 DVD，2009 年 11 月
　　　　　　　　24 日開始，每逢週二晚上放映；歡迎會外學人共同聽講，不
　　　　　　　　需出示身分證件。講畢後每週同一時段續講《佛藏經》。

新竹正覺講堂 新竹市東光路 55 號二樓之一 電話 03-5724297（晚上）
　　第一講堂：

　　進階班：週四晚上班（由禪淨班結業後轉入共修）。

　　法華經講義：平實導師講解，每週二晚上。以台北正覺講堂所錄 DVD
　　　　　　　　放映。歡迎會外學人共同聽講，不需出示身分證件。講畢後
　　　　　　　　每週同一時段續講《佛藏經》。

　　第二講堂：

　　禪淨班：週一晚上班、週三晚上班、週四晚上班、週五晚上班、
　　　　　　　週六上午班。

　　法華經講義：每週二晚上與第一講堂同時播放法華經講義。

台中正覺講堂 04-23816090（晚上）

　　第一講堂 台中市南屯區五權西路二段 666 號 13 樓之四（國泰世華銀行
　　　　　　　樓上。鄰近縣市經第一高速公路前來者，由五權西路交流道可以
　　　　　　　快速到達，大樓旁有停車場，對面有素食館）。

　　禪淨班：週一晚上班、週三晚上班、週四晚上班、週五晚上班、週六
　　　　　　　早上班。

　　進階班：雙週末晚上班、每週日晚上班（由禪淨班結業後轉入共修）。

　　增上班：單週週末以台北增上班課程錄成 DVD 放映之，限已明心之會
　　　　　　　員參加。

法華經講義：平實導師講解。以台北正覺講堂所錄 DVD 放映。每週二晚上放映，歡迎會外學人共同聽講，不需出示身分證件。講畢後每週同一時段續講《佛藏經》。

第二講堂　台中市南屯區五權西路二段 666 號 4 樓
　法華經講義：每週二晚上與第一講堂同時播放法華經講義。
　第三講堂、第四講堂：
　　　　台中市南屯區五權西路二段 666 號 4 樓（裝潢中，尚未開放）。

台南正覺講堂
第一講堂　台南市西門路四段 15 號 4 樓。06-2820541（晚上）
　禪淨班：週一晚上班、週三晚上班、週四晚上班、週六早上班、週六晚上班。
　進階班：雙週週末下午班（由禪淨班結業後轉入共修）。
　增上班：單週週末下午，以台北增上班課程錄成 DVD 放映之，限已明心之會員參加。
　法華經講義：平實導師講解。以台北正覺講堂所錄 DVD 放映。每週二晚上放映，歡迎會外學人共同聽講，不需出示身分證件。講畢後每週同一時段續講《佛藏經》。

第二講堂、第三講堂　台南市西門路四段 15 號 3 樓（裝修中，未開放）

高雄正覺講堂　高雄市新興區中正三路 45 號五樓 07-2234248（晚上）
　第一講堂（五樓）：
　　禪淨班：週一晚上班、週三晚上班、週四晚上班、週五晚上班、週末上午班、週末下午班。
　　法華經講義：平實導師講解。以台北正覺講堂所錄 DVD 放映。每週二晚上放映，歡迎會外學人共同聽講，不需出示身分證件。講畢後每週同一時段續講《佛藏經》。
　第二講堂（四樓）：
　　法華經講義：每週二晚上與第一講堂同時播放法華經講義。
　　禪淨班：週一晚上班。
　　進階班（由禪淨班結業後轉入共修）：週一晚上班、週四晚上班。
　第三講堂（三樓）：（尚未開放使用）。

香港正覺講堂　香港九龍新蒲崗八達街 3 之 5 號　安達工業大廈 2 樓 C 座。（鑽石山地下鐵 A2 出口）電話：（852）23262231
　禪淨班：週六班 14:30-17:30、週日班 13:30-16:30。
　法華經講義：平實導師講解　以台北正覺講堂所錄 DVD，每逢週六 19:00-21:00、週日 10:00-12:00 放映；歡迎會外學人共同聽講，不需出示身分證件。播畢後每週同一時段續播《佛藏經》。

美國洛杉磯正覺講堂 ☆已遷移新址☆

17979 E. Arenth Ave, Unit B, City of Industry, CA 91748 USA
TEL. (626) 965-2200　　Cell. (626) 454-0607

禪淨班：每逢週末 15：30~17：30 上課。

進階班：每逢週末上午 10：00 上課。

增上班：每逢週末 15：30~17：30 以平實導師台北增上班課程錄成 DVD 放映之。

金剛經宗通：家喻戶曉的《金剛般若經》法義已被依文解義者普遍誤解了。此經中隱藏著法界中最大而且永遠的秘密，這個秘密是什麼？為什麼受持讀誦《金剛般若經》者被人輕賤時，先世罪業可以全部消滅？並且因為讀誦受持《金剛般若經》而獲得廣大無邊的功德？《金剛經》宗通，將為您解答這些問題。此經是實相般若的入門經典，乃是將大般若經六百卷濃縮之後的精華（再濃縮之後則是《心經》）；由此可知《金剛般若經》在修習實相般若上的重要性了！但因為此經古來常被錯悟大師錯會及誤說，因此而延誤了廣大佛弟子證悟實相的機會；今由平實導師以通宗之方式宣講，令人容易於聽講時悟入，期能廣利真實學佛者。關係緊密之《實相般若經》，亦附載於《金剛經》之後宣講之；佛陀於此經中不斷使用禪門機鋒，幫助菩薩弟子們悟入實相。平實導師講解，以台北正覺講堂所錄之 DVD 公開放映之，每週六下午放映(13：00~15：00)，歡迎各界人士共享第一義諦無上法益，不需報名。本經全部播畢後，將繼續播放**法華經講義** DVD。

二、招生公告　本會台北講堂及全省各講堂，每逢**四月、十月**中旬開新班，每週共修一次（每次二小時。開課日起三個月內仍可插班）；但美國洛杉磯共修處得隨時插班共修。各班共修期間皆為二年半，欲參加者請向本會函索報名表（各共修處皆於共修時間方有人執事，非共修時間請勿電詢或前來洽詢、請書），**或直接從成佛之道網站下載報名表**。共修期滿時，若經報名禪三審核通過者，可參加四天三夜之禪三精進共修，有機會明心、取證如來藏，發起般若實相智慧，成為實義菩薩，脫離凡夫菩薩位。

三、新春禮佛祈福　農曆年假期間停止共修：自農曆新年前七天起停止共修與弘法，正月 8 日起回復共修、弘法事務。新春期間正月初一～初七 9.00~17.00 開放台北講堂、大溪禪三道場（正覺祖師堂），方便會員供佛、祈福及會外人士請書。美國洛杉磯共修處之休假時間，請逕詢該共修處。

＊＊藏傳佛教修雙身法，非佛教＊＊

佛教正覺同修會　贈閱書籍 目錄　

1. **無相念佛**　平實導師著　回郵 10 元
2. **念佛三昧修學次第**　平實導師述著　回郵 25 元
3. **正法眼藏—護法集**　平實導師述著　回郵 35 元
4. **真假開悟簡易辨正法＆佛子之省思**　平實導師著　回郵 3.5 元
5. **生命實相之辨正**　平實導師著　回郵 10 元
6. **如何契入念佛法門** (附：印順法師否定極樂世界) 平實導師著 回郵 3.5 元
7. **平實書箋—答元覽居士書**　平實導師著　回郵 35 元
8. **三乘唯識—如來藏系經律彙編**　平實導師編　回郵 80 元
　　　　　　（精裝本　長 27 cm　寬 21 cm　高 7.5 cm　重 2.8 公斤）
9. **三時繫念全集—修正本**　回郵掛號 40 元（長 26.5 cm×寬 19 cm）
10. **明心與初地**　平實導師述　回郵 3.5 元
11. **邪見與佛法**　平實導師述著　回郵 20 元
12. **菩薩正道—回應義雲高、釋性圓…等外道之邪見** 正燦居士著 回郵 20 元
13. **甘露法雨**　平實導師述　回郵 20 元
14. **我與無我**　平實導師述　回郵 20 元
15. **學佛之心態—修正錯誤之學佛心態始能與正法相應** 正德老師著 回郵 35 元
　　　　　　　附錄：平實導師著《略說八、九識並存…等之過失》
16. **大乘無我觀—《悟前與悟後》別說**　平實導師述著　回郵 20 元
17. **佛教之危機—中國台灣地區現代佛教之真相**（附錄：公案拈提六則）
　　　　　　　　　　　平實導師著　回郵 25 元
18. **燈　影—燈下黑**（覆「求教後學」來函等）　平實導師著　回郵 35 元
19. **護法與毀法—覆上平居士與徐恒志居士網站毀法二文** 正圜老師著 回郵 35 元
20. **淨土聖道—兼評選擇本願念佛** 正德老師著 由正覺同修會購贈回郵 25 元
21. **辨唯識性相—對「紫蓮心海《辯唯識性相》書中否定阿賴耶識」之回應**
　　　　　　　　正覺同修會 台南共修處法義組 著　回郵 25 元
22. **假如來藏—對法蓮法師《如來藏與阿賴耶識》書中否定阿賴耶識之回應**
　　　　　　　　正覺同修會 台南共修處法義組 著　回郵 35 元
23. **入不二門—公案拈提集錦第一輯**（於平實導師公案拈提諸書中選錄約二十則，
　　　　　　　　合輯為一冊流通之）平實導師著　回郵 20 元
24. **真假邪說—西藏密宗索達吉喇嘛《破除邪說論》真是邪說**
　　　　　　　　　　　正安法師著　回郵 35 元
25. **真假開悟—真如、如來藏、阿賴耶識間之關係** 平實導師述著　回郵 35 元
26. **真假禪和—辨正釋傳聖之謗法謬說** 正德老師著　回郵 30 元
27. **眼見佛性—駁慧廣法師眼見佛性的含義文中謬說** 正光老師著　回郵 25 元

28.**普門自在**——公案拈提集錦 第二輯（於平實導師公案拈提諸書中選錄約二十則，合輯為一冊流通之）平實導師著 回郵25元

29.**印順法師的悲哀**——以現代禪的質疑為線索 恒毓博士著 回郵25元

30.**識蘊真義**——現觀識蘊內涵、取證初果、親斷三縛結之具體行門。
　　　　　　——依《成唯識論》及《唯識述記》正義，略顯安慧《大乘廣五蘊論》之邪謬
　　　　　　　　　　　　平實導師著 回郵35元

31.**正覺電子報** 各期紙版本 免附回郵 每次最多函索三期或三本。
　　　　　　　　　　（已無存書之較早各期，不另增印贈閱）

32.**現代人應有的宗教觀** 正禮老師 著 回郵3.5元

33.**遠惑趣道**——正覺電子報般若信箱問答錄 第一輯 回郵20元

34.**遠惑趣道**——正覺電子報般若信箱問答錄 第二輯 回郵20元

35.**確保您的權益**——器官捐贈應注意自我保護 正光老師 著 回郵10元

36.**正覺教團電視弘法三乘菩提 DVD 光碟 (一)**
　　　　由正覺教團多位親教師共同講述錄製 DVD 8 片，MP3 一片，共 9 片。有二大講題：一為「三乘菩提之意涵」，二為「學佛的正知見」。內容精闢，深入淺出，精彩絕倫，幫助大眾快速建立三乘法道的正知見，免被外道邪見所誤導。有志修學三乘佛法之學人不可不看。(製作工本費 100 元，回郵 25 元)

37.**正覺教團電視弘法 DVD 專輯 (二)**
　　　　總有二大講題：一為「三乘菩提之念佛法門」，一為「學佛正知見(第二篇)」，由正覺教團多位親教師輪番講述，內容詳細闡述如何修學念佛法門、實證念佛三昧，以及學佛應具有的正確知見，可以幫助發願往生西方極樂淨土之學人，得以把握往生，更可令學人快速建立三乘法道的正知見，免於被外道邪見所誤導。有志修學三乘佛法之學人不可不看。(一套 17 片，工本費 160 元。回郵 35 元)

38.**佛藏經** 燙金精裝本 每冊回郵 20 元。正修佛法之道場欲大量索取者，請正式發函並蓋用大印寄來索取 (2008.04.30 起開始敬贈)

39.**喇嘛性世界**——揭開藏傳佛教譚崔瑜伽的面紗 張善思 等人著 回郵20元

40.**藏傳佛教的神話**——性、謊言、喇嘛教 正玄教授編著 回郵20元

41.**隨 緣**——理隨緣與事隨緣 平實導師述 回郵20元。

42.**學佛的覺醒** 正枝居士 著 回郵25元

43.**導師之真實義** 正禮老師 著 回郵10元

44.**淺談達賴喇嘛之雙身法**——兼論解讀「密續」之達文西密碼
　　　　　　　　吳明芷居士 著 回郵10元

45.**魔界轉世** 張正玄居士 著 回郵10元

46.**一貫道與開悟** 正禮老師 著 回郵10元

47.**博愛**——愛盡天下女人 正覺教育基金會 編印 回郵10元

48.**意識虛妄經教彙編**——實證解脫道的關鍵經文 正覺同修會編印 回郵25元

49.**繫念思惟念佛法門** 蔡正元老師著 回郵10元

50.**廣論三部曲** 正益老師著 回郵20元

51.**第七意識與第八意識**——第七、八識有可能是意識嗎？
　　　　　　平實導師述 俟電子報連載完畢後出版

52.**邪箭囈語**——從中觀的教證與理證，談多識仁波切《破魔金剛箭雨論——反擊
蕭平實對佛教正法的惡毒進攻》邪書的種種謬理
正元老師著 俟正覺電子報連載後出版
53.**真假沙門**——依 佛聖教闡釋佛教僧寶之定義
正禮老師著 俟正覺電子報連載後結集出版
54.**真假禪宗**——藉評論釋性廣《印順導師對變質禪法之批判
及對禪宗之肯定》以顯示真假禪宗
附論一：凡夫知見 無助於佛法之信解行證
附論二：世間與出世間一切法皆從如來藏實際而生而顯
正偉老師著 俟正覺電子報連載後結集出版 回郵未定
55.**雪域同胞的悲哀**——揭示顯密正理，兼破索達吉師徒《般若鋒兮金剛焰》。
王心覺居士著 俟正覺電子報連載後結集出版

★ 上列贈書之郵資，係台灣本島地區郵資，大陸、港、澳地區及外國地區，
請另計酌增（大陸、港、澳、國外地區之郵票不許通用）。尚未出版之
書，請勿先寄來郵資，以免增加作業煩擾。

★ 本目錄若有變動，唯於後印之書籍及「成佛之道」網站上修正公佈之，
不另行個別通知。

函索書籍請寄：佛教正覺同修會 103 台北市承德路 3 段 277 號 9 樓
台灣地區函索書籍者請附寄郵票，無時間購買郵票者可以等值現金抵用，
但不接受郵政劃撥、支票、匯票。大陸地區得以人民幣計算，國外地區請
以美元計算（請勿寄來當地郵票，在台灣地區不能使用）。欲以掛號寄遞
者，請另附掛號郵資。

親自索閱：正覺同修會各共修處。 ★請於共修時間前往取書，餘時無人
在道場，請勿前往索取；共修時間與地點，詳見書末正覺同修會共修現況
表（以近期之共修現況表為準）。

註：正智出版社發售之局版書，請向各大書局購閱。若書局之書架上已經
售出而無陳列者，請向書局櫃台指定洽購；若書局不便代購者，請於正覺
同修會共修時間前往各共修處請購，正智出版社已派人於共修時間送書前
往各共修處流通。 郵政劃撥購書及 大陸地區 購書，請詳別頁正智出版
社發售書籍目錄最後頁之說明。

成佛之道 網站：http://www.a202.idv.tw 正覺同修會已出版之結緣書籍，
多已登載於 成佛之道 網站，若住外國、或住處遙遠，不便取得正覺同修
會贈閱書籍者，可以從本網站閱讀及下載。 書局版之《宗通與說通》
亦已上網，台灣讀者可向書局洽購，成本價 200 元。《狂密與真密》第一
輯~第四輯，亦於 2003.5.1.全部於本網站登載完畢；台灣地區讀者請向書
局洽購，每輯約 400 頁，賠本流通價 140 元（網站下載紙張費用較貴，容
易散失，難以保存，亦較不精美）。

＊＊藏傳佛教修雙身法，非佛教＊＊

1.**宗門正眼**—公案拈提 第一輯 重拈　平實導師著　500元
因重寫內容大幅度增加故，字體必須改小，並增爲 576 頁 主文 546 頁。
比初版更精彩、更有內容。初版《禪門摩尼寶聚》之讀者，可寄回本公司
免費調換新版書。免附回郵，亦無截止期限。(2007 年起，每冊附贈本公
司精製公案拈提〈超意境〉CD 一片。市售價格 280 元，多購多贈。）

2.**禪淨圓融**　平實導師著　200元（第一版舊書可換新版書。）

3.**真實如來藏**　平實導師著　400元

4.**禪—悟前與悟後**　平實導師著　上、下冊，每冊250元

5.**宗門法眼**—公案拈提 第二輯　平實導師著　500元
（2007 年起，每冊附贈本公司精製公案拈提〈超意境〉CD 一片）

6.**楞伽經詳解**　平實導師著　全套共 10 輯　每輯250元

7.**宗門道眼**—公案拈提 第三輯　平實導師著　500元
（2007 年起，每冊附贈本公司精製公案拈提〈超意境〉CD 一片）

8.**宗門血脈**—公案拈提 第四輯　平實導師著　500元
（2007 年起，每冊附贈本公司精製公案拈提〈超意境〉CD 一片）

9.**宗通與說通**—成佛之道 平實導師著　主文381頁 全書400頁 成本價200元

10.**宗門正道**—公案拈提 第五輯　平實導師著　500元
（2007 年起，每冊附贈本公司精製公案拈提〈超意境〉CD 一片）

11.**狂密與真密 一～四輯**　平實導師著　西藏密宗是人間最邪淫的宗教，本質
不是佛教，只是披著佛教外衣的印度教性力派流毒的喇嘛教。此書中將
西藏密宗密傳之男女雙身合修樂空雙運所有祕密與修法，毫無保留完全
公開，並將全部喇嘛們所不知道的部分也一併公開。內容比大辣出版社
喧騰一時的《西藏慾經》更詳細。並且函蓋藏密的所有祕密及其錯誤的
中觀見、如來藏見……等，藏密的所有法義都在書中詳述、分析、辨正。
每輯主文三百餘頁　每輯全書約 400 頁　流通價每輯 140 元。

12.**宗門正義**—公案拈提 第六輯　平實導師著　500元
（2007 年起，每冊附贈本公司精製公案拈提〈超意境〉CD 一片）

13.**心經密意**—心經與解脫道、佛菩提道、祖師公案之關係與密意 平實導師述　300元

14.**宗門密意**—公案拈提 第七輯　平實導師著　500元
（2007 年起，每冊附贈本公司精製公案拈提〈超意境〉CD 一片）

15.**淨土聖道**—兼評「選擇本願念佛」　正德老師著　200元

16.**起信論講記**　平實導師述著　共六輯　每輯三百餘頁　成本價各200元

17.**優婆塞戒經講記**　平實導師述著 共八輯 每輯三百餘頁 成本價各200元

18.**真假活佛**—略論附佛外道盧勝彥之邪説（對前岳靈犀網站主張「盧勝彥是
證悟者」之修正）正犀居士 (岳靈犀) 著　流通價140元

19.**阿含正義**—唯識學探源 平實導師著　共七輯　每輯250元

20.**超意境 CD** 以平實導師公案拈提書中超越意境之頌詞，加上曲風優美的旋律，錄成令人嚮往的超意境歌曲，其中包括正覺發願文及平實導師親自譜成的黃梅調歌曲一首。詞曲雋永，殊堪翫味，可供學禪者吟詠，有助於見道。內附設計精美的彩色小冊，解說每一首詞的背景本事。每片 280 元。【每購買公案拈提書籍一冊，即贈送一片。】

21.**菩薩底憂鬱 CD** 將菩薩情懷及禪宗公案寫成新詞，並製作成超越意境的優美歌曲。1.主題曲〈菩薩底憂鬱〉，描述地後菩薩能離三界生死而迴向繼續生在人間，但因尚未斷盡習氣種子而有極深沈之憂鬱，非三賢位菩薩及二乘聖者所知，此憂鬱在七地滿心位方才斷盡；本曲之詞中所說義理極深，昔來所未曾見；此曲係以優美的情歌風格寫詞及作曲，聞者得以激發嚮往諸地菩薩境界之大心，詞、曲都非常優美，難得一見；其中勝妙義理之解說，已印在附贈之彩色小冊中。 2.以各輯公案拈提中直示禪門入處之頌文，作成各種不同曲風之超意境歌曲，值得玩味、參究；聆聽公案拈提之優美歌曲時，請同時閱讀內附之印刷精美說明小冊，可以領會超越三界的證悟境界；未悟者可以因此引發求悟之意向及疑情，真發菩提心而邁向求悟之途，乃至因此真實悟入般若，成真菩薩。 3.正覺總持咒新曲，總持佛法大意；總持咒之義理，已加以解說並印在隨附之小冊中。本 CD 共有十首歌曲，長達 63 分鐘，請直接向各市縣鄉鎮之 CD 販售店購買，本公司及各講堂都不販售。每盒各附贈二張購書優惠券。

22.**禪意無限 CD** 平實導師以公案拈提書中偈頌寫成不同風格曲子，與他人所寫不同風格曲子共同錄製出版，幫助參禪人進入禪門超越意識之境界。盒中附贈彩色印製的精美解說小冊，以供聆聽時閱讀，令參禪人得以發起參禪之疑情，即有機會證悟本來面目而發起實相智慧，實證大乘菩提般若，能如實證知般若經中的真實意。本 CD 共有十首歌曲，長達 69 分鐘，預定 2012 年五月中、下旬公開發行，請直接向各市縣鄉鎮之 CD 販售店購買，本公司及各講堂都不販售。每盒各附贈二張購書優惠券。〈禪意無限〉出版後將不再錄製 CD，特此公告。

23.**我的菩提路**第一輯　釋悟圓、釋善藏等人合著　售價 200 元

24.**我的菩提路**第二輯　郭正益、張志成等人合著　售價 250 元

25.**鈍鳥與靈龜**——考證後代凡夫對大慧宗杲禪師的無根誹謗。
　　　　　　　　　　　　平實導師著　共 458 頁　售價 250 元

26.**維摩詰經講記** 平實導師述　共六輯　每輯三百餘頁　優惠價各 200 元

27.**真假外道**——破劉東亮、杜大威、釋證嚴常見外道見　正光老師著　200 元

28.**勝鬘經講記**——兼論印順《勝鬘經講記》對於《勝鬘經》之誤解。
　　　　　　　　　　　平實導師述　共六輯　每輯三百餘頁　優惠價 200 元

29.**楞嚴經講記** 平實導師述　共 **15** 輯，每輯三百餘頁　優惠價 200 元

30.**明心與眼見佛性**——駁慧廣〈蕭氏「眼見佛性」與「明心」之非〉文中謬說
　　　　　　　　　　正光老師著　共 448 頁　成本價 250 元

31.**金剛經宗通** 平實導師述 共9輯 每輯三百餘頁 優惠價200元
　　　　　　　　　　　預定2012年6月出版第一輯(以後每二個月出版一輯)
32.**佛法入門**──迅速進入三乘佛法大門,消除久學佛法漫無方向之窘境。
　　　　　　　　　　○○居士著 將於正覺電子報連載後出版。售價200元
33.**廣論之平議**──宗喀巴《菩提道次第廣論》之平議 正雄居士著
　　　　　　　　約二或三輯 俟正覺電子報連載後結集出版 書價未定
34.**中觀金鑑**──詳述應成派中觀的起源與其破法、凡夫見本質 正德老師著
　　　　　　　　於正覺電子報連載後結集出版之。 出版日期、書價未定
35.**霧峰無霧**──給哥哥的信 辨正釋印順對佛法的無量誤解
　　　　　　　　　　游宗明 居士著 俟電子報連載完畢後出版之。
36.**末法導護**──對印順法師中心思想之綜合判攝 正慶老師著 書價未定
37.**實相經宗通** 平實導師述 俟整理完畢後出版之。
38.**菩薩學處**──菩薩四攝六度之要義 正元老師著 出版日期未定。
39.**法華經講義** 平實導師述 每輯200元 出版日期未定
40.**八識規矩頌詳解** ○○居士 註解 出版日期另訂 書價未定。
41.**印度佛教史**──法義與考證。依法義史實評論印順《印度佛教思想史、佛教
　　　　　　史地考論》之謬說 正偉老師著 出版日期未定 書價未定
42.**中國佛教史**──依中國佛教正法史實而論。○○老師 著 書價未定。
43.**中論正義**──釋龍樹菩薩《中論》頌正理。
　　　　　　　　　　　正德老師著 出版日期未定 書價未定
44.**中觀正義**──註解平實導師《中論正義頌》。
　　　　　　　　　　○○法師(居士)著 出版日期未定 書價未定
45.**佛藏經講記** 平實導師述 出版日期未定 書價未定
46.**阿含講記**──將選錄四阿含中數部重要經典全經講解之,講後整理出版。
　　　　　　　　平實導師述 共二輯 每輯200元 出版日期未定
47.**寶積經講記** 平實導師述 每輯三百餘頁 優惠價200元 出版日期未定
48.**解深密經講記** 平實導師述 約四輯 將於重講後整理出版
49.**成唯識論略解** 平實導師著 五~六輯 每輯200元 出版日期未定
50.**修習止觀坐禪法要講記** 平實導師述 每輯三百餘頁 優惠價200元
　　　　　　　　將於正覺寺建成後重講、以講記逐輯出版 日期未定
51.**無門關**──《無門關》公案拈提 平實導師著 出版日期未定
52.**中觀再論**──兼述印順《中觀今論》謬誤之平議。正光老師著 出版日期未定
53.**輪迴與超度**──佛教超度法會之真義。
　　　　　　　　　　○○法師(居士)著 出版日期未定 書價未定
54.**《釋摩訶衍論》平議**──對偽稱龍樹所造《釋摩訶衍論》之平議
　　　　　　　　　　○○法師(居士)著 出版日期未定 書價未定
55.**正覺發願文**註解──以真實大願為因 得證菩提
　　　　　　　　　　正德老師著 出版日期未定 書價未定
56.**正覺總持咒**──佛法之總持 正圜老師著 出版日期未定 書價未定

正智出版社有限公司書籍介紹

禪淨圓融：言淨土諸祖所未曾言，示諸宗祖師所未曾示；禪淨圓融，另闢成佛捷徑，兼顧自力他力，闡釋淨土門之速行易行道，亦同時揭櫫聖教門之速行易行道；令廣大淨土行者得免緩行難證之苦，亦令聖道門行者得以藉著淨土速行道而加快成佛之時劫。乃前無古人之超勝見地，非一般弘揚禪淨法門典籍也，先讀為快。平實導師著 200元。

宗門正眼—**公案拈提**第一輯：繼承克勤圓悟大師碧巖錄宗旨之禪門鉅作。先則舉示當代大法師之邪說，消弭當代禪門大師鄉愿之心態，摧破當今禪門「世俗禪」之妄談；次則旁通教法，表顯宗門正理；繼以道之次第，消弭古今狂禪；後藉言語及文字機鋒，直示宗門入處。悲智雙運，禪味十足，數百年來難得一睹之禪門鉅著也。平實導師著 500元（原初版書《禪門摩尼寶聚》，改版後補充為五百餘頁新書，總計多達二十四萬字，內容更精彩，並改名為《宗門正眼》，讀者原購初版《禪門摩尼寶聚》皆可寄回本公司免費換新，免附回郵，亦無截止期限）（2007年起，凡購買公案拈提第一輯至第七輯，每購一輯皆贈送本公司精製公案拈提〈超意境〉CD一片，市售價格280元，多購多贈）。

禪—悟前與悟後：本書能建立學人悟道之信心與正確知見，圓滿具足而有次第地詳述禪悟之功夫與禪悟之內容，指陳參禪中細微淆訛之處，能使學人明自眞心、見自本性。若未能悟入，亦能以正確知見辨別古今中外一切大師究係眞悟？或屬錯悟？便有能力揀擇，捨名師而選明師，後時必有悟道之緣。一旦悟道，遲者七次人天往返，便出三界，速者一生取辦。學人欲求開悟者，不可不讀。　平實導師著。上、下冊共500元，單冊250元。

眞實如來藏：如來藏眞實存在，乃宇宙萬有之本體，並非印順法師、達賴喇嘛等人所說之「唯有名相、無此心體」。如來藏是涅槃之本際，是一切有智之人竭盡心智、不斷探索而不能得之生命實相；是古今中外許多大師自以爲悟而當面錯過之生命實相。如來藏即是阿賴耶識，乃是一切有情本自具足、不生不滅之眞實心。當代中外大師於此書出版之前所未能言者，作者於本書中盡情流露、詳細闡釋。眞悟者讀之，必能增益悟境、智慧增上；錯悟者讀之，必能檢討自己之錯誤，免犯大妄語業；未悟者讀之，能知參禪之理路，亦能以之檢查一切名師是否眞悟。此書是一切哲學家、宗教家、學佛者及欲昇華心智之人必讀之鉅著。　平實導師著　售價400元。

宗門法眼—**公案拈提**第二輯：列舉實例，闡釋土城廣欽老和尚之悟處；並直示這位不識字的老和尚妙智橫生之根由，繼而剖析禪宗歷代大德之開悟公案，解析當代密宗高僧卡盧仁波切之錯悟證據，並例舉當代顯宗高僧、大居士之錯悟證據（凡健在者，為免影響其名聞利養，皆隱其名）。藉辨正當代名師之邪見，向廣大佛子指陳禪悟之正道，彰顯宗門法眼。悲勇兼出，強捋虎鬚；慈智雙運，巧探驪龍；摩尼寶珠在手，直示宗門入處，禪味十足；若非大悟徹底，不能為之。禪門精奇人物，允宜人手一冊，供作參究及悟後印證之圭臬。本書於2008年4月改版，增寫為大約500頁篇幅，以利學人研讀參究時更易悟入宗門正法，以前所購初版首刷及初版二刷舊書，皆可免費換取新書。平實導師著 500元（2007年起，凡購買公案拈提第一輯至第七輯，每購一輯皆贈送本公司精製公案拈提〈超意境〉CD一片，市售價格280元，多購多贈）。

宗門道眼—**公案拈提**第三輯：繼宗門法眼之後，再以金剛之作略、慈悲之胸懷、犀利之筆觸，舉示寒山、拾得、布袋三大士之悟處，消弭當代錯悟者對於寒山大士……等之誤會及誹謗。 亦舉出民初以來與虛雲和尚齊名之蜀郡鹽亭袁煥仙夫子南懷瑾老師之師，其「悟處」何在？並蒐羅許多真悟祖師之證悟公案，顯示禪宗歷代祖師之睿智，指陳部分祖師、奧修及當代顯密大師之謬悟，作為殷鑑，幫助禪子建立及修正參禪之方向及知見。假使讀者閱此書已，一時尚未能悟，亦可一面加功用行，一面以此宗門道眼辨別真假善知識，避開錯誤之印證及歧路，可免大妄語業之長劫慘痛果報。欲修禪宗之禪者，務請細讀。平實導師著 售價500元（2007年起，凡購買公案拈提第一輯至第七輯，每購一輯皆贈送本公司精製公案拈提〈超意境〉CD一片，市售價格280元，多購多贈）。

楞伽經詳解：本經是禪宗見道者印證所悟真偽之根本經典，亦是禪宗見道者悟後起修之依據經典；故達摩祖師於印證二祖慧可大師之後，將此經典連同佛鉢祖衣一併交付二祖，令其依此經典佛示金言、進入修道位，修學一切種智。由此可知此經對於真悟之人修學佛道，是非常重要之一部經典。此經能破外道邪說，亦破佛門中錯悟名師之謬說，亦破禪宗部分祖師之狂禪：不讀經典、一向主張「一悟即成究竟佛」之謬執。並開示愚夫所行禪、觀察義禪、攀緣如禪、如來禪等差別，令行者對於三乘禪法差異有所分辨；亦糾正禪宗祖師古來對於如來禪之誤解，嗣後可免以訛傳訛之弊。此經亦是法相唯識宗之根本經典，禪者悟後欲修一切種智而入初地者，必須詳讀。　平實導師著，全套共十輯，已全部出版完畢，每輯主文約320頁，每冊約352頁，定價250元。

宗門血脈—**公案拈提**第四輯：末法怪象—許多修行人自以為悟，每將無念靈知認作真實；崇尚二乘法諸師及其徒眾，則將**外於如來藏之緣起性空**—無因論之無常空、斷滅空、一切法空—錯認為 佛所說之般若空性。這兩種現象已於當今海峽兩岸及美加地區顯密大師之中普遍存在；人人自以為悟，心高氣壯，便敢寫書解釋祖師證悟之公案，大多出於意識思惟所得，言不及義，錯誤百出，因此誤導廣大佛子同陷大妄語之地獄業中而不能自知。彼等書中所說之悟處，其實處處違背第一義經典之聖言量。彼等諸人不論是否身披袈裟，都非佛法宗門血脈，或雖有禪宗法脈之傳承，亦只徒具形式；猶如螟蛉，非真血脈，未悟得根本真實故。禪子欲知 佛、祖之真血脈者，請讀此書，便知分曉。平實導師著，主文452頁，全書464頁，定價500元（2007年起，凡購買公案拈提第一輯至第七輯，每購一輯皆贈送本公司精製公案拈提〈超意境〉CD一片，市售價格280元，多購多贈）。

宗通與說通：古今中外，錯誤之人如麻似粟，每以常見外道所說之靈知心，認作真心；或妄想虛空之勝性能量為真如，或錯認物質四大元素藉冥性（靈知心本體）能成就吾人色身及知覺，或認初禪至四禪中之了知心為不生不滅之涅槃心。此等皆非通宗者之見地。復有錯悟之人一向主張「宗門與教門不相干」，此即尚未通達宗門之人也。其實宗門與教門互通不二，宗門所證者乃是真如與佛性，教門所說者乃說宗門證悟之真如佛性，故教門與宗門不二。本書作者以宗教二門互通之見地，細說「宗通與說通」，從初見道至悟後起修之道、細說分明；並將諸宗諸派在整體佛教中之地位與次第，加以明確之教判，學人讀之即可了知佛法之梗概也。欲擇明師學法之前，允宜先讀。平實導師著，主文共381頁，全書392頁，只售成本價200元。

宗門正道—**公案拈提**第五輯：修學大乘佛法有二果須證解脫果及大菩提果。二乘人不證大菩提果，唯證解脫果；此果之智慧，名為聲聞菩提、緣覺菩提。大乘佛子所證二果之菩提果為佛菩提，故名大菩提果，其慧名為一切種智函蓋二乘解脫果。然此大乘二果修證，須經由禪宗之宗門證悟方能相應。而宗門證悟極難，自古已然；其所以難者，咎在古今佛教界普遍存在三種邪見：1.以修定認作佛法， 2.以無因論之緣起性空—否定涅槃本際如來藏以後之一切法空作為佛法， 3.以常見外道邪見（離語言妄念之靈知性）作為佛法。如是邪見，或因自身正見未立所致，或因邪師之邪教導所致，或因無始劫來虛妄熏習所致。若不破除此三種邪見，永劫不悟宗門真義、不入大乘正道，唯能外門廣修菩薩行。 平實導師於此書中，有極為詳細之說明，有志佛子欲摧邪見、入於內門修菩薩行者，當閱此書。主文共496頁，全書512頁。售價500元（2007年起，凡購買公案拈提第一輯至第七輯，每購一輯皆贈送本公司精製公案拈提〈超意境〉CD一片，市售價格280元，多購多贈）。

平實居士 著
狂密與真密

正智出版社有限公司 印行

狂密與真密：密教之修學，皆由有相之觀行法門而入，其最終目標仍不離顯教經典所說第一義諦之修證；若離顯教第一義經典、或違背顯教第一義經典，即非佛教。西藏密教之觀行法，如灌頂、觀想、遷識法、寶瓶氣、大聖歡喜雙身修法、喜金剛、無上瑜伽、大樂光明、樂空雙運等，皆是印度教兩性生生不息思想之轉化，自始至終皆以如何能運用交合淫樂之法達到全身受樂為其中心思想，純屬欲界五欲的貪愛，不能令人超出欲界輪迴，更不能令人斷除我見；何況大乘之明心與見性，更無論矣！故密宗之法絕非佛法也。而其明光大手印、大圓滿法教，又皆同以常見外道所說離語言妄念之無念靈知心錯認為佛地之真如，不能直指不生不滅之真如。西藏密宗所有法王與徒眾，都尚未開頂門眼，不能辨別真偽，以依人不依法、依密續不依經典故，不肯將其上師喇嘛所說對照第一義經典，純依密續之藏密祖師所說為準，因此而誇大其證德與證量，動輒謂彼祖師上師為究竟佛、為地上菩薩；如今台海兩岸亦有自謂其師證量高於 釋迦文佛者，然觀其師所述，猶未見道，仍在觀行即佛階段，尚未到禪宗相似即佛、分證即佛階位，竟敢標榜為究竟佛及地上法王，誑惑初機學人。凡此怪象皆是狂密，不同於真密之修行者。近年狂密盛行，密宗行者被誤導者極眾，動輒自謂已證佛地真如，自視為究竟佛，陷於大妄語業中而不知自省，反謗顯宗真修實證者之證量粗淺；或如義雲高與釋性圓…等人，於報紙上公然誹謗真實證道者為「騙子、無道人、人妖、癩蛤蟆…」等，造下誹謗大乘勝義僧之大惡業；或以外道法中有為有作之甘露、魔術……等法，誑騙初機學人，狂言彼外道法為真佛法。如是怪象，在西藏密宗及附藏密之外道中，不一而足，舉之不盡，學人宜應慎思明辨，以免上當後又犯毀破菩薩戒之重罪。密宗學人若欲遠離邪知邪見者，請閱此書，即能了知密宗之邪謬，從此遠離邪見與邪修，轉入真正之佛道。 平實導師著 共四輯 每輯約400頁（主文約340頁）賠本流通價每輯140元。

宗門正義—公案拈提第六輯：佛教有六大危機，乃是藏密化、世俗化、膚淺化、學術化、宗門密意失傳、悟後進修諸地之次第混淆；其中尤以宗門密意之失傳，爲當代佛教最大之危機。由宗門密意失傳故，易令 世尊本懷普被錯解，易令 世尊正法被轉易爲外道法，以及加以淺化、世俗化，是故宗門密意之廣泛弘傳與具緣佛弟子，極爲重要。然而欲令宗門密意之廣泛弘傳予具緣之佛弟子者，必須同時配合錯誤知見之解析、普令佛弟子知之，然後輔以公案解析之直示入處，方能令具緣之佛弟子悟入。而此二者，皆須以公案拈提之方式爲之，方易成其功、竟其業，是故平實導師續作宗門正義一書，以利學人。 全書500餘頁，售價500元（2007年起，凡購買公案拈提第一輯至第七輯，每購一輯皆贈送本公司精製公案拈提〈超意境〉CD一片，市售價格280元，多購多贈）。

心經密意—心經與解脫道、佛菩提道、祖師公案之關係與密意。 二乘菩提所證之解脫道，實依第八識心之斷除煩惱障現行而立解脫之名；大乘菩提所證之佛菩提道，實依親證第八識如來藏之涅槃性、清淨自性、及其中道性而立般若之名；禪宗祖師公案所證之眞心，即是此第八識如來藏；是故三乘佛法所修所證之三乘菩提，皆依此如來藏心而立名也。此第八識心，即是《心經》所說之心也。證得此如來藏已，即能漸入大乘佛菩提道，亦可因證知此心而了知二乘無學所不能知之無餘涅槃本際，是故《心經》之密意，與三乘佛菩提之關係極爲密切、不可分割，三乘佛法皆依此心而立名故。今者平實導師以其所證解脫道之無生智及佛菩提之般若種智，將《心經》與解脫道、佛菩提道、祖師公案之關係與密意，以演講之方式，用淺顯之語句和盤托出，發前人所未言，呈三乘菩提之眞義，令人藉此《心經密意》一舉而窺三乘菩提之堂奧，迥異諸方言不及義之說；欲求眞實佛智者、不可不讀！ 主文317頁，連同跋文及序文…等共384頁，售價300元。

宗門密意—公案拈提第七輯：佛教之世俗化，將導致學人以信仰作為學佛，則將以感應及世間法之庇祐，作為學佛之主要目標，不能了知學佛之主要目標為親證三乘菩提。大乘菩提則以般若實相智慧為主要修習目標，以二乘菩提解脫道為附帶修習之標的；是故學習大乘法者，應以禪宗之證悟為要務，能親入大乘菩提之實相般若智慧中故，般若實相智慧非二乘聖人所能知故。此書則以台灣世俗化佛教之三大法師，說法似是而非之實例，配合真悟祖師之公案解析，提示證悟般若之關節，令學人易得悟入。平實導師著，全書五百餘頁，售價500元（2007年起，凡購買公案拈提第一輯至第七輯，每購一輯皆贈送本公司精製公案拈提〈超意境〉CD一片，市售價格280元，多購多贈）。

淨土聖道—兼評日本本願念佛：佛法甚深極廣，般若玄微，非諸二乘聖僧所能知之，一切凡夫更無論矣！所謂一切證量皆歸淨土是也！是故大乘法中「聖道之淨土、淨土之聖道」，其義甚深，難可了知；乃至真悟之人，初心亦難知也。今有正德老師真實證悟後，復能深探淨土與聖道之緊密關係，憐憫眾生之誤會淨土實義，亦欲利益廣大淨土行人同入聖道，同獲淨土中之聖道門要義，乃振奮心神、書以成文，今得刊行天下。主文279頁，連同序文等共301頁，總有十一萬六千餘字，正德老師著，成本價200元。

起信論講記：詳解大乘起信論心生滅門與心眞如門之眞實意旨，消除以往大師與學人對起信論所說心生滅門之誤解，由是而得了知眞心如來藏之非常非斷中道正理；亦因此一講解，令此論以往隱晦而被誤解之眞實義，得以如實顯示，令大乘佛菩提道之正理得以顯揚光大；初機學者亦可藉此正論所顯示之法義，對大乘法理生起正信，從此得以眞發菩提心，眞入大乘法中修學，世世常修菩薩正行。平實導師演述，共六輯，都已出版，每輯三百餘頁，優惠價各200元。

優婆塞戒經講記：本經詳述在家菩薩修學大乘佛法，應如何受持菩薩戒？對人間善行應如何看待？對三寶應如何護持？應如何正確地修集此世後世證法之福德？應如何修集後世「行菩薩道之資糧」？並詳述第一義諦之正義：五蘊非我非異我、自作自受、異作異受、不作不受……等深妙法義，乃是修學大乘佛法、行菩薩行之在家菩薩所應當了知者。出家菩薩今世或未來世登地已，捨報之後多數將如華嚴經中諸大菩薩，以在家菩薩身而修行菩薩行，故亦應以此經所述正理而修之，配合《楞伽經、解深密經、楞嚴經、華嚴經》等道次第正理，方得漸次成就佛道；故此經是一切大乘行者皆應證知之正法。 平實導師講述，每輯三百餘頁，優惠價各200元；共八輯，已全部出版。

真假活佛——略論附佛外道盧勝彥之邪說：人人身中都有眞活佛，永生不滅而有大神用，但眾生都不了知，所以常被身外的西藏密宗假活佛籠罩欺瞞。本來就眞實存在的眞活佛，才是眞正的密宗無上密！諾那活佛因此而說禪宗是大密宗，但藏密的所有活佛都不知道、也不曾實證自身中的眞活佛。本書詳實宣示眞活佛的道理，舉證盧勝彥的「佛法」不是眞佛法，也顯示盧勝彥是假活佛，直接的闡釋第一義佛法見道的眞實正理。眞佛宗的所有上師與學人們，都應該詳細閱讀，包括盧勝彥個人在內。正犀居士著，優惠價140元。

阿含正義——唯識學探源：廣說四大部《阿含經》諸經中隱說之眞正義理，一一舉示佛陀本懷，令阿含時期初轉法輪根本經典之眞義，如實顯現於佛子眼前。並提示末法大師對於阿含眞義誤解之實例，一一比對之，證實唯識增上慧學確於原始佛法之阿含諸經中已隱覆密意而略說之，證實 世尊確於原始佛法中已曾密意而說第八識如來藏之總相；亦證實 世尊在四阿含中已說此藏識是名色十八界之因、之本—證明如來藏是能生萬法之根本心。佛子可據此修正以往受諸大師（譬如西藏密宗應成派中觀師：印順、昭慧、性廣、大願、達賴、宗喀巴、寂天、月稱、……等人）誤導之邪見，建立正見，轉入正道乃至親證初果而無困難；書中並詳說三果所證的**心解脫**，以及四果**慧解脫**的親證，都是如實可行的具體知見與行門。全書共七輯，已出版完畢。平實導師著，每輯三百餘頁，定價250元。

超意境ＣＤ：以平實導師公案拈提書中超越意境之頌詞，加上曲風優美的旋律，錄成令人嚮往的超意境歌曲，其中包括正覺發願文及平實導師親自譜成的黃梅調歌曲一首。詞曲雋永，殊堪翫味，可供學禪者吟詠，有助於見道。內附設計精美的彩色小冊，解說每一首詞的背景本事。每片280元。【每購買公案拈提書籍一冊，即贈送一片。】

鈍鳥與靈龜：鈍鳥及靈龜二物，被宗門證悟者說爲二種人：前者是精修禪定而無智慧者，也是以定爲禪的愚癡禪人；後者是或有禪定、或無禪定的宗門證悟者，凡已證悟者皆是靈龜。但後來被人虛造事實，用以嘲笑大慧宗杲禪師，說他雖是靈龜，卻不免被天童禪師預記「患背」痛苦而亡：「**鈍鳥離巢易，靈龜脫殼難。**」藉以貶低大慧宗杲的證量。同時將天童禪師實證如來藏的證量，曲解爲意識境界的離念靈知。自從大慧禪師入滅以後，錯悟凡夫對他的不實毀謗就一直存在著，不曾止息，並且捏造的假事實也隨著年月的增加而越來越多，終至編成「鈍鳥與靈龜」的假公案、假故事。本書是考證大慧與天童之間的不朽情誼，顯現這件假公案的虛妄不實；更見大慧宗杲面對惡勢力時的正直不阿，亦顯示大慧對天童禪師的至情深義，將使後人對大慧宗杲的誣謗至此而止，不再有人誤犯毀謗賢聖的惡業。書中亦舉證宗門的所悟確以第八識如來藏爲標的，詳讀之後必可改正以前被錯悟大師誤導的參禪知見，日後必定有助於實證禪宗的開悟境界，得階大乘眞見道位中，即是實證般若之賢聖。全書459頁，僅售250元。

我的菩提路第一輯：凡夫及二乘聖人不能實證的佛菩提證悟，末法時代的今天仍然有人能得實證，由正覺同修會釋悟圓、釋善藏法師等二十餘位實證如來藏者所寫的見道報告，已為當代學人見證宗門正法之絲縷不絕，證明大乘義學的法脈仍然存在，為末法時代求悟般若之學人照耀出光明的坦途。由二十餘位大乘見道者所繕，敘述各種不同的學法、見道因緣與過程，參禪求悟者必讀。全書三百餘頁，售價200元。

我的菩提路第二輯：由郭正益老師等人合著，書中詳述彼等諸人歷經各處道場學法，一一修學而加以檢擇之不同過程以後，因閱讀正覺同修會、正智出版社書籍而發起抉擇分，轉入正覺同修會中修學；乃至學法及見道之過程，都一一詳述之。其中張志成等人係由前現代禪轉進正覺同修會，張志成原為現代禪副宗長，以前未閱本會書籍時，曾被人藉其名義著文評論 平實導師（詳見《宗通與說通》辨正及《眼見佛性》書末附錄…等）；後因偶然接觸正覺同修會書籍，深覺以前聽人評論平實導師之語不實，於是投入極多時間閱讀本會書籍、深入思辨，詳細探索中觀與唯識之關聯與異同，認為正覺之法義方是正法，深覺相應；亦解開多年來對佛法的迷雲，確定應依八識論正理修學方是正法。乃不顧面子，毅然前往正覺同修會面見平實導師懺悔，並正式學法求悟。今已與其同修王美伶（亦為前現代禪傳法老師），同樣證悟如來藏而證得法界實相，生起實相般若真智。此書中尚有七年來本會第一位眼見佛性者之見性報告一篇，一同供養大乘佛弟子。

維摩詰經講記：本經係 世尊在世時，由等覺菩薩維摩詰居士藉疾病而演說之大乘菩提無上妙義，所說函蓋甚廣，然極簡略，是故今時諸方大師與學人讀之悉皆錯解，何況能知其中隱含之深妙正義，是故普遍無法為人解說；若強為人說，則成依文解義而有諸多過失。今由平實導師公開宣講之後，詳實解釋其中密意，令維摩詰菩薩所說大乘不可思議解脫之深妙正法得以正確宣流於人間，利益當代學人及與諸方大師。書中詳實演述大乘佛法深妙不共二乘之智慧境界，顯示諸法之中絕待之實相境界，建立大乘菩薩妙道於永遠不敗不壞之地，以此成就護法偉功，欲冀永利娑婆人天。已經宣講圓滿整理成書流通，以利諸方大師及諸學人。全書共六輯，每輯三百餘頁，優惠價各200元。

真假外道：本書具體舉證佛門中的常見外道知見實例，並加以教證及理證上的辨正，幫助讀者輕鬆而快速的了知常見外道的錯誤知見，進而遠離佛門內外的常見外道知見，因此即能改正修學方向而快速實證佛法。 游正光老師著 。成本價200元。

勝鬘經講記：如來藏為三乘菩提之所依，若離如來藏心體及其含藏之一切種子，即無三界有情及一切世間法，亦無二乘菩提緣起性空之出世間法；本經詳說無始無明、一念無明皆依如來藏而有之正理，藉著詳解煩惱障與所知障間之關係，令學人深入了知二乘菩提與佛菩提相異之妙理；聞後即可了知佛菩提之特勝處及三乘修道之方向與原理，邁向攝受正法而速成佛道的境界中。平實導師講述，共六輯，每輯三百餘頁，優惠價各200元。

楞嚴經講記：楞嚴經係密教部之重要經典，亦是顯教中普受重視之經典；經中宣說明心與見性之內涵極為詳細，將一切法都會歸如來藏及佛性—妙真如性；亦闡釋佛菩提道修學過程中之種種魔境，以及外道誤會涅槃之狀況，旁及三界世間之起源。然因言句深澀難解，法義亦復深妙寬廣，學人讀之普難通達，是故讀者大多誤會，不能如實理解佛所說之明心與見性內涵，亦因是故多有悟錯之人引為開悟之證言，成就大妄語罪。今由平實導師詳細講解之後，整理成文，以易讀易懂之語體文刊行天下，以利學人。全書十五輯，2009/12/1開始發行，每二個月出版一輯，2012年4月全部出版完畢。每輯三百餘頁，優惠價每輯200元。有悟錯之人引為開悟之證言，成就大妄語罪。今由平實導師詳細講解之後，整理成文，以易讀易懂之語體文刊行天下，以利學人。全書十五輯，2009/12/1開始發行，每二個月出版一輯，2012年4月全部出版完畢。每輯三百餘頁，優惠價每輯200元。

明心與眼見佛性：本書細述明心與眼見佛性之異同，同時顯示了中國禪宗破初參明心與重關眼見佛性二關之間的關聯；書中又藉法義辨正而旁述其他許多勝妙法義，讀後必能遠離佛門長久以來積非成是的錯誤知見，令讀者在佛法的實證上有極大助益。也藉慧廣法師的謬論來教導佛門學人回歸正知正見，遠離古今禪門錯悟者所墮的意識境界，非唯有助於斷我見，也對未來的開悟明心實證第八識如來藏有所助益，是故學禪者都應細讀之。 游正光老師著 共448頁 成本價250元。

菩薩底憂鬱ＣＤ將菩薩情懷及禪宗公案寫成新詞，並製作成超越意境的優美歌曲。1.主題曲〈菩薩底憂鬱〉，描述地後菩薩能離三界生死而迴向繼續生在人間，但因尚未斷盡習氣種子而有極深沈之憂鬱，非三賢位菩薩及二乘聖者所知，此憂鬱在七地滿心位方才斷盡；本曲之詞中所說義理極深，昔來所未曾見；此曲係以優美的情歌風格寫詞及作曲，聞者得以激發嚮往諸地菩薩境界之大心，詞、曲都非常優美，難得一見；其中勝妙義理之解說，已印在附贈之彩色小冊中。 2.以各輯公案拈提中直示禪門入處之頌文，作成各種不同曲風之超意境歌曲，值得玩味、參究；聆聽公案拈提之優美歌曲時，請同時閱讀內附之印刷精美說明小冊，可以領會超越三界的證悟境界；未悟者可以因此引發求悟之意向及疑情，真發菩提心而邁向求悟之途，乃至因此真實悟入般若，成真菩薩。 3.正覺總持咒新曲，總持佛法大意；總持咒之義理，已加以解說並印在隨附之小冊中。本CD共有十首歌曲，長達63分鐘，附贈二張購書優惠券。請直接向各市縣鄉鎮之CD販售店購買，本公司及各講堂都不販售。

禪意無限CD 平實導師以公案拈提書中偈頌寫成不同風格曲子，與他人所寫不同風格曲子共同錄製出版，幫助參禪人進入禪門超越意識之境界。盒中附贈彩色印製的精美解說小冊，以供聆聽時閱讀，令參禪人得以發起參禪之疑情，即有機會證悟本來面目，實證大乘菩提般若。本CD共有十首歌曲，長達69分鐘，預定2012年五月中、下旬公開發行，請直接向各市縣鄉鎮之CD販售店購買，本公司及各講堂都不販售。每盒各附贈二張購書優惠券。〈禪意無限〉出版後將不再錄製CD，特此公告。

霧峰無霧—給哥哥的信：本書作者藉兄弟之間信件往來論義，略述佛法大義；並以多篇短文辨義，舉出釋印順對佛法的無量誤解證據，並一一給予簡單而清晰的辨正，令人一讀即知。久讀、多讀之後即能認清楚釋印順的六識論見解，與真實佛法之牴觸是多麼嚴重；於是在久讀、多讀之後，於不知不覺之間提升了對佛法的極深入理解，正知正見就在不知不覺間建立起來了。當三乘佛法的正知見建立起來之後，對於三乘菩提的見道條件便將隨之具足，於是聲聞解脫道的見道也就水到渠成；接著大乘見道的因緣也將次第成熟，未來自然也會有親見大乘菩提之道的因緣，悟入大乘實相般若也將自然成功，自能通達般若系列諸經而成實義菩薩。作者居住於南投縣霧峰鄉，自喻見道之後不復再見霧峰之霧，故鄉原野美景一一明見，於是立此書名為《霧峰無霧》；讀者若欲撥霧見月，可以此書為緣。游宗明 居士著　俟電子報連載完畢後出版之，書價未定。

佛法入門：學佛人往往修學二十年後仍不知如何入門，茫無所入漫無方向，不知如何實證佛法；更因不知三乘菩提的互異互同之處，導致越是久學者越覺茫然，都是肇因於尚未瞭解佛法的全貌所致。本書對於佛法的全貌提出明確的輪廓，並說明三乘菩提的異同處，讀後即可輕易瞭解佛法全貌，數日內即可明瞭三乘菩提入門方向與下手處。○○菩薩著 出版日期未定。

金剛經宗通：三界唯心，萬法唯識，是成佛之修證內容，是諸地菩薩之所修；般若則是成佛之道（實證三界唯心、萬法唯識）的入門，若未證悟實相般若，即無成佛之可能，必將永在外門廣行菩薩六度，永在凡夫位中。然而實相般若的發起，全賴實證萬法的實相；若欲證知萬法的真相，則必須探究萬法之所從來，則須實證自心如來—金剛心如來藏，然後現觀這個金剛心的金剛性、真實性、如如性、清淨性、涅槃性、能生萬法的自性性、本住性，名為證真如；進而現觀三界六道唯是此金剛心所成，人間萬法須藉八識心王和合運作方能現起。如是實證《華嚴經》的「三界唯心、萬法唯識」以後，由此等現觀而發起實相般若智慧，繼續進修第十住位的如幻觀、第十行位的陽焰觀、第十迴向位的如夢觀，再生起增上意樂而勇發十無盡願，方能滿足三賢位的實證，轉入初地；自知成佛之道而無偏倚，從此按部就班、次第進修乃至成佛。第八識自心如來是般若智慧之所依，般若智慧的修證則要從實證金剛心自心如來開始；《金剛經》則是解說自心如來之經典，是一切三賢位菩薩所應進修之實相般若經典。這一套書，是將平實導師宣講的《金剛經宗通》內容，整理成文字而流通之；書中所說義理，迥異古今諸家依文解義之說，指出大乘見道方向與理路，有益於禪宗學人求開悟見道，及轉入內門廣修六度萬行。講述完畢後將擇期陸續結集出版。總共9輯，每輯約三百餘頁，優惠價各200元，將於2012/6/1開始出版，每二個月出版一輯。

總經銷： 飛鴻 國際行銷股份有限公司
231 台北縣新店市中正路 501 之 9 號 2 樓
Tel.02－82186688（五線代表號） Fax.02-82186458、82186459

零售：1.全台連鎖經銷書局：三民書局、誠品書局、何嘉仁書店
敦煌書店、紀伊國屋、金石堂書局、建宏書局

2.台北市縣： 佛化人生 北市羅斯福路 3 段 325 號 5 樓 台電大樓對面
士林圖書 北市士林區大東路 86 號　　書田文化 北市石牌路二段 86 號
書田文化 北市大安一段 245 號　　書田文化 北市南京東路四段 137 號B1
人人書局 北市北安路 524 號　　永益書店 北市木柵路一段 57-8 號
金玉堂書局 三重三和路四段 16 號　　來電書局 新莊中正路 261 號
春大地書店 蘆洲中正路 117 號

3.桃園市縣：桃園文化城 桃園復興路 421 號　金玉堂 中壢中美路 2 段 82 號
巧巧屋書局 蘆竹南崁路 263 號　　內壢文化圖書城 中壢忠孝路 86 號
來電書局 大溪慈湖路 30 號　　御書堂 龍潭中正路 123 號

4.新竹市縣：大學書局 新竹建功路 10 號　　聯成書局 新竹中正路 360 號
誠品書局 新竹東區信義街 68 號　　誠品書局 新竹東區力行二路 3 號
誠品書局 新竹東區民族路 2 號　　墊腳石文化書店 新竹中正路 38 號
金典文化 竹北中正西路 47 號　　展書堂 竹東長春路 3 段 36 號

5.苗栗市縣：建國書局苗栗市中山路 566 號　萬花筒書局苗栗市府東路 73 號
展書堂 頭份和平路 79 號　　　展書堂 竹南民權街 49-2 號

6.台中市縣： 瑞成書局、各大連鎖書店。
興大書齋 台中市國光路 250 號　　詠春書局 台中市永春東路 884 號
參次方國際圖書 大里大明路 242 號
儀軒文化事業公司 太平中興路 178 號

7.彰化市縣：心泉佛教流通處 彰化市南瑤路 286 號
員林鎮：墊腳石圖書文化廣場 中山路 2 段 49 號（04-8338485）
大大書局 民權街 33 號（04-8381033）
溪湖鎮：聯宏圖書 西環路 515 號（04-8856640）

8.南投縣：文春書局 霧峰鄉中正路 1087 號

9.台南市縣：吉祥宗教文物 台南市公園路 595-26 號
宏昌書局 台南北門路一段 136 號　　禪馥館 台南北門路一段308-1 號
博大書局 新營三民路 128 號　　豐榮文化商場 新市仁愛街 286-1 號
藝美書局 善化中山路 436 號　　志文書局 麻豆博愛路 22 號

10.高雄市：各大連鎖書店、瑞成書局
政大書城 三民區明仁路 161 號　　政大書城 苓雅區光華路 148-83 號
明儀書局 三民區明福街 2 號　　明儀書局 三多四路 63 號
青年書局 青年一路 141 號

11.宜蘭縣市：金隆書局　宜蘭市中山路 3 段 43 號
宋太太梅鋪　羅東鎮中正北路 101 號（039-534909）

12.**台東市**：東普佛教文物流通處 台東市博愛路 282 號
13.**其餘鄉鎮市經銷書局**：請電詢總經銷**飛鴻**公司。
14.**大陸地區請洽**：
　　香港：樂文書店（旺角 西洋菜街 62 號 3 樓、銅鑼灣 駱克道 506 號 3 樓）
　　各省新華書店、方廣郵購書店（請詳見：「敬告大陸讀者」文）
15.**美國**：**世界日報圖書部**：紐約圖書部　電話 7187468889#6262
　　　　　　　　　　　　　　　洛杉磯圖書部　電話 3232616972#202
16.**國內外地區網路購書**：
　　正智出版社 書香園地　http://books.enlighten.org.tw/
　　　　　　　　　　　　　　（書籍簡介、直接聯結下列網路書局購書）
　　三民 網路書局　http://www.Sanmin.com.tw
　　誠品 網路書局　http://www.eslitebooks.com
　　博客來 網路書局　http://www.books.com.tw
　　金石堂 網路書局　http://www.kingstone.com.tw
　　飛鴻 網路書局　http://fh6688.com.tw

附註：1.請儘量向各經銷書局購買：郵政劃撥需要十天才能寄到（本公司在您劃撥後第四天才能接到劃撥單，次日寄出後第四天您才能收到書籍，此八天中一定會遇到週休二日，是故共需十天才能收到書籍）若想要早日收到書籍者，請劃撥完畢後，將劃撥收據貼在紙上，旁邊寫上您的姓名、住址、郵區、電話、買書詳細內容，直接傳真到本公司 02-28344822，並來電 02-28316727、28327495 確認是否已收到您的傳真，即可提前收到書籍。　2.因台灣每月皆有五十餘種宗教類書籍上架，書局書架空間有限，故唯有新書方有機會上架，通常每次只能有一本新書上架；本公司出版新書，大多上架不久便已售出，若書局未再叫貨補充者，書架上即無新書陳列，則請直接向書局櫃台訂購。　3.若書局不便代購時，可於晚上共修時間向正覺同修會各共修處請購（共修時間及地點，詳閱共修現況表。每年例行年假期間請勿前往請書，年假期間見共修現況表）。　4.郵購：郵政劃撥帳號 19068241。　5.正覺同修會會員購書都以八折計價（戶籍台北市者為一般會員，外縣市為護持會員）都可獲得優待，欲一次購買全部書籍者，可以考慮入會，節省書費。入會費一千元（第一年初加入時才需要繳），年費二千元。
6.**尚未出版之書籍，請勿預先郵寄書款與本公司，謝謝您！**　7.若欲一次購齊本公司書籍，或同時取得正覺同修會贈閱之全部書籍者，請於正覺同修會共修時間，親到各共修處請購及索取；**台北市讀者**請洽：103 台北市承德路三段 267 號 10 樓（捷運淡水線 圓山站旁）請書時間：週一至週五為 18.00~21.00，第一、三、五週週六為 10.00~21.00，雙週之週六為 10.00~18.00 請購處專線電話：25957295-分機 14（於請書時間方有人接聽）。

《楞嚴經講記》第 14 輯免費調換新書啓事：本講記在第 15 輯校對後，平實導師有重新閱讀而發覺十年前所說法義的部分錯誤，當場作了修改然後出版。但第 14 輯出版前因爲諸事繁忙，未將之重新閱讀而只改正校對時發現的錯別字，故未能發覺十年前所說法義有部分錯誤，於第 15 輯付印時才發覺第 14 輯中有部分錯誤尚未改正。今已重新審閱修改並已重印完成，煩請所有讀者將以前所購第 14 輯寄回本社免費換新，本社將於寄回新書時同時附上您寄書回來換新時所付的郵資，並在此向所有讀者致上最誠懇的歉意。

《心經密意》初版書免費調換二版新書啓事：本書係演講錄音整理成書，講時因時間所限，省略部分段落未講。後於再版時補寫增加 13 頁，維持原價流通之。茲爲顧及初版讀者權益，自 2003/9/30 開始免費調換新書，原有初版一刷、二刷書籍，皆可寄來本來公司換書。

《宗門法眼》已經增寫改版爲 464 頁新書，2008 年 6 月中旬出版。讀者原有初版之第一刷、第二刷書本，都可以寄回本社免費調換改版新書。改版後之公案及錯悟事例維持不變，但將內容加以增說，較改版前更具有廣度與深度，將更能助益讀者參究實相。

換書者免附回郵，亦無截止期限；舊書請寄：111 台北郵政 73-151 號信箱 或 103 台北市承德路三段 267 號 10 樓 正智出版社有限公司。舊書若有塗鴉、殘缺、破損者，仍可換取新書；但缺頁之舊書至少應仍有五分之三頁數，方可換書。所有讀者不必顧念本公司是否有盈餘之問題，都請踴躍寄來換書；本公司成立之目的不是營利，只要能眞實利益學人，即已達到成立及運作之目的。若以郵寄方式換書者，免附回郵；並於寄回新書時，由本社附上您寄來書籍時耗用的郵資。造成您不便之處，再次致上萬分的歉意。

正智出版社有限公司 啓

佛教正覺同修會各地共修處：

台北正覺講堂：
台北市承德路三段二七七號九樓……等（捷運淡水線圓山站旁）
電話：(02)2595-7295（請於晚上共修時聯繫）
(分機號碼：九樓10、11。十樓15、16。五樓18、19。十樓書局14。)

大溪正覺祖師堂：
桃園縣大溪鎮美華里信義路六五○巷坑底五之六號
電話；(03)388-6110

桃園正覺講堂：
桃園市介壽路二八六、二八八號十樓（陽明運動公園對面）
電話：(03)374-9363（請於晚上共修時聯繫）

新竹正覺講堂：
新竹市東光路五五號二樓之一
電話：(03)5724297（請於晚上共修時聯繫）

台中正覺講堂：
台中市南屯區五權西路二段六六六號十三樓之四……等（國泰世華銀十三樓）
電話：(04)2381-6090（請於晚上共修時聯繫）

台南正覺講堂：
台南市西門路四段十五號四樓……等（民德國中北側京城銀行樓上）
電話：(06)282-0541（請於晚上共修時聯繫）

高雄正覺講堂：
高雄市中正三路四十五號五樓……等（復興中正路口捷運信義國小站旁）
電話：(07)223-4248（請於晚上共修時聯繫）

香港正覺講堂：
香港九龍新蒲崗八達街三之五號安達工業大廈二樓C座（鑽石山地下鐵A2出口）
電話：(852)2326-2231（請於週六、週日共修時聯繫）

美國洛杉磯正覺講堂：
17979 E. Arenth Ave, Unit B, City of Industry, CA 91748 USA
Tel. (626) 965-2200　　Cell. (626) 454-0607

正覺同修會網址：http://www.a202.idv.tw
正覺同修會所有結緣書內容之閱讀或下載：
成佛之道網站：http://www.a202.idv.tw
正智出版社　書香園地：http://books.enlighten.org.tw

國家圖書館出版品預行編目(CIP)資料

末代達賴：性交教主的悲歌 / 張善思, 呂艾倫,
辛燕編著. -- 初版. -- 臺北市：正智, 2012.02

　　面；　公分

ISBN 978-986-6431-29-6(平裝)

1.藏傳佛教　2.社會倫理

226.96　　　　　　　　　　　　　101002048

末代達賴

——性交教主的悲歌

編　　　者：張善思、呂艾倫、辛燕

出　版　者：正智出版社有限公司

通訊地址：10367 台北市承德路三段 267 號 10 樓

電　　　話：+886-2-25957295 ext.10-21

　　　　　　（請於夜間共修時間聯繫）

帳　　　號：046001900174 臺灣銀行 民權分行

傳　　　眞：+886-2-25954493

定　　　價：新臺幣貳佰伍拾元

版次日期：初版首刷 2012 年 4 月 二千冊